出版说明

本译丛的第一批共八部，是从英国开放大学出版社（Open University Press）出版的“犯罪与司法”丛书（Crime and Justice）中挑选出来的。“犯罪与司法”丛书是国际专业领域中颇有影响的一套丛书，由英国著名犯罪学家麦克·马吉尔（Mike Maguire）任丛书主编。该丛书是英国乃至整个西方国家“教授犯罪学和刑事诉讼法学的关键资料”。应该说，它是一套教学参考书，注重于为进一步研究“提供坚实的基础”，不仅在书后附有大量参考文献，而且在正文中也给予了提示性的处理，译者基本是原封不动地加以保留。因此，请读者注意：正文中往往有这样的情况，某个论点之后有个括弧，其中有一或两个英文人名，接着有一个或一组数字，这是指此观点见于该作者某某年的出版物的某某页，这个出版物的名称一定包含在书后的参考文献中。恰恰是为了读者寻找到参考文献的原文的便利，我们未将参考文献翻译成中文，而是将原参考文献附在中文版书后。

现代西方犯罪学译丛

丛书主编：［英］麦克·马吉尔

解读刑事司法中的风险

Understanding risk in criminal justice

［英］海泽尔·肯绍尔　著

李明琪等　译

中国人民公安大学出版社

·北　京·

图书在版编目（CIP）数据

解读刑事司法中的风险/［英］肯绍尔著；李明琪等译．—北京：中国人民公安大学出版社，2009.3

（现代西方犯罪学译丛）

书名原文：Understanding risk in criminal justice

ISBN 978-7-81139-352-1

Ⅰ.解… Ⅱ.①肯…②李… Ⅲ.刑法—研究 Ⅳ.914.04

中国版本图书馆 CIP 数据核字（2008）第 198356 号

解读刑事司法中的风险

Understanding risk in criminal justice

［英］海泽尔·肯绍尔 著

李明琪等 译

出版发行：中国人民公安大学出版社
地　　址：北京市西城区木樨地南里
邮政编码：100038
经　　销：新华书店
印　　刷：北京蓝空印刷厂

版　　次：2009 年 3 月第 1 版
印　　次：2009 年 3 月第 1 次
印　　张：15
开　　本：787 毫米×1092 毫米　1/16
字　　数：201 千字

书　　号：ISBN 978-7-81139-352-1/D·304
定　　价：45.00 元

网　　址：www.cppsup.com.cn　www.porclub.com.cn
电子邮箱：cpep@public.bta.net.cn　zbs@cppsu.edu.cn

营销中心电话（批销）：（010）83903254
警官读者俱乐部电话（邮购）：（010）83903253
读者服务部电话（书店）：（010）83903257
教材分社电话：（010）83903259
公安图书分社电话：（010）83905672
法律图书分社电话：（010）83905637
公安文艺分社电话：（010）83903973
杂志分社电话：（010）83903239
电子音像分社电话：（010）83905727

Hazel Kemshall

Understanding risk in criminal justice

ISBN：0 - 335 - 20653 - 0

Simplified Chinese translation edition jointly published by McGraw - Hill Education（Asia）Co. and Chinese People's Public Security University Press.

本书中文简体字翻译版由中国人民公安大学出版社和美国麦格劳 - 希尔教育（亚洲）出版公司合作出版。

北京市版权局著作权合同登记号：01 - 2007 - 4005

译　者：（按姓氏笔画排列）
王宏玉　王　莉　张学超
陈　琴　李明琪　范德华
靳高风

目录

丛书主编序言

《解读刑事司法中的风险》是开放大学出版社成功出版的“犯罪与司法”丛书中的第九本。这套丛书作为大学中犯罪学或刑事司法教学的重要参考已得到广泛的认可，特别是在英国，同时也不断得到海外的认同。从一开始，丛书的目标就定位在为大学本科生和研究生打下相关领域的牢固基础以及培养其继续探索的兴趣。尽管针对的是初涉此领域的新生，并尽可能地使用朴实无华的语言，但丛书并不流于简单化。相反，作者们的出发点是“抓住”读者的注意力，并且促使他们本着批判和质疑的精神探讨犯罪学的知识和理论。

Kemshall 教授是英国犯罪与刑事司法领域中使用风险概念方面的首屈一指的专家。她曾就此课题，特别是与感化工作、风险评估和性及暴力犯罪人管理等有关的问题，撰写过很多著名的著作和文章。她的成果把深入的理论分析与对政策和实践的详细了解不寻常地结合在了一起，显示出她将复杂的概念用易懂的和容易理解的方式表述出来的能力。在本书中，她主要关注的是有关成长中的新刑罚思维模式的重要争论和相关依据，并将这种关注集中在有机的风险原则上：现在，是什么因素与“精算司法”或一种“有风险的刑罚”等词语的出现有深远的联系。她将相关探讨置于由 Beck、Giddens 等人的社会学理论所引起的关于风险的广泛争论（内容包括风险对现代社会后期生活的总的意义等）的范围内，并将其分析建筑在扎实的有关风险评估和风险管理具体程序的研究依据的基础之上，正如个性化的刑事司法制度的有效的和政策性的推进一样。因此，除了关于“风险的出现”及其新文化含义的章节和关于风险在刑事司法中的一般作用的章节，其余章节涉及的主要是风险程度评估所使用的工具、多机构公众保护小组的活动以及风险对感化、警务和犯罪预防等领域之相关研究的短期和长期的影响等。在做这些论述的同时，她也将主要的注意力投放到被夸大的风险上，包括对个人权利和公民自由的侵蚀、社会控制网络的扩大、私有化的“堡垒”城市的发展以及“权力主义”的兴起等。

之前出版的“犯罪与司法”丛书中的其他著作，所有的书名都以“解读”一词开头——犯罪学理论（Sandra Walklate）、刑罚理论（Barbara Hudson）、犯罪统计数据（Clive Coleman and Jenny Moynihan）、青少年与犯罪（Sheila Brown）、犯罪预防（Gordon Hughes）、暴力犯罪（Stephen Jones）、社区刑罚（Peter Raynor and Maurice Vanstone）和白领犯罪（Hazel Croall）。其中两本已经是第二版，其余的也都计划再版。其他正准备出版的新书包含的主题涉及监狱、警务、社会控制、犯罪学研究方法、审判与刑事司法、犯罪与社会排斥等。所有这些都是犯罪与刑事司法类大学学位课程中的主要课题，而每一本书都将为相关的教育单元奠定思想基础。为便于理解，每一本书都在一定的间隔处提供明确总结、关键术语和概念的注释词表。另外，为帮助读者扩展知识，在各章的结尾处还都推荐了深入阅读资料。

麦克·马吉尔

2003 年

鸣　谢

多年来，在就刑事司法和感化之风险进行研究的工作期间，我得到了广泛的支持。在此，感谢所有此间如此慷慨地对我的工作给予帮助并继续帮助我的人。

特别感谢 Chris Nevill 的友谊和关爱，也感谢 DeMontfort 大学的同事们对我工作的持续不懈的慷慨支持。衷心地感谢丛书主编 Mike Maguire 在撰写这本书的早期阶段给予我的指导和中肯建议。我的风险研究之初步计划由经济和社会研究理事会（Economic and Social Research Council）“风险与人类行为”项目提供赞助，授权号码为 L211252018。

引 言

风险评估及其适当的管理是一笔被逐渐发展起来的不惜一切代价避免风险的预防原则所推进的“大生意”（参见 Adams, 1995）。犯罪风险也不例外。风险的识别、评估、预防和管理已成为犯罪政策、实践和研究中的大难题。这种引人注目的事物的延展致使一些评论家声称我们已经进入了一个新的司法时代，而其“精算司法”指的是对犯罪机会和风险分布的管理而非对个别犯罪人和行为的管理（参见 Feeley and Simon, 1992, 1994）。Reichman（1987：153）将其表述为一种以减灾战略如零容忍、目标加固、监视、选择性行为能力剥夺和排斥等为主要特点的“犯罪控制的保险概念”（参见 Kemshall and Maguire, 2001）。例如，在警务工作中，这种概念导致了从“对个别犯罪的反应式调查”向一种“面向未来的、目的明确的犯罪控制战略”的转移（参见 Maguire, 2000: 316）。而在缓刑实践中，传统的改造重点已被风险管理和公众保护议程所取代（参见 Kemshall, 1998）。

犯罪政策中风险的出现已同现代刑罚议程的消亡、认为改造失败的看法和现代刑罚的个性化矫正目标密不可分（参见 Garland, 1995）。现代刑罚中“大叙事式”的、传统的惩戒技术正在走下坡路，取而代之的是 Pratt（1995）所谓的“信息收集系统”，它以风险知识的提供和交流为主要特点。虽然精算司法在何种程度上替代了传统的刑罚仍是一个激烈争论的问题（参见 Garland, 1995；Pratt, 2000a, 2000b），但在当代刑事司法政策和实践的许多领域，“风险逻辑”势不可当地涌现（参见 Ericson and Haggerty, 1997）已是显而易见的。本书探讨的是风险在当代英国刑事司法中的作用，特别是在风险社会中，风险在制定现行刑罚政策时所起的作用。缘于其对警务、感化和情境犯罪风险管理等刑事司法实践的重点领域的阐述，一种新的基于风险的刑罚学研究即将展开。

本书共分为七章。第一章考察的是风险的产生和现代社会基于风险的语境的出现。第二章继续研究刑事司法领域中明显的风险趋势和最近的“精算司法”现状。第三章探讨的是风险评估和其主要工具的出现。第四章至第六章分析了当代感化、社区警务以及犯罪预防等领域中有关刑事司法政策和实践的风险样本。最后一章是以集中线索和简要回顾导致基于风险的刑事司法产生的状况作为全书的总结。

第一章

风险的增长

风险导论

风险一直被看做是世界上最大的产业（参见 Adams, 1995：31）。风险无所不在，遍布各处，形式各样，又具全球性，就像一家报纸头版所提出的“警告”那样：你活着就要冒死亡的风险（参见 Alice Thomson，每日电讯，2000 年 1 月 27 日）。21 世纪是一个多风险的时代，从母亲亲吻婴儿，到免疫疫苗、婴儿猝死、食物风险、孩子上学路上有可能会遭到恋童癖者绑架等都是风险。做 21 世纪的母亲实在是很令人忧虑的差事，时时刻刻都有令人忧虑的事儿！

我们要面对无数的风险，这些风险大致分为两类：一类是我们愿冒的风险（如吸烟、饮酒、蹦极）；另一类是我们无力回天、不得不接受的风险（如环境污染），包括个人风险（如选择的生活方式）和社会性风险（如犯罪）。风险的大小也不尽相同，其可能性、结果与影响也有区别。风险有时发生的可能性极小，但其后果却十分严重。例如，人们有时喜欢小小地赌上一把，花上一镑钱买张彩票，当然，期盼着赢个几百万，并认为即使买不中也是值得的。有些风险是区域性的，比较典型的就是生活在犯罪率较高的地区；有些则是全球性的，其发源地与受影响的地区相距甚远，如由于气候变化所导致的酸雨和洪水泛滥。“风险”这个词本身就有多种含义，既有主动性，又有被动性，且忍受与接受的程度也不尽相同。农民为生计愿意选择在洪水泛滥的平原地带种植粮食，这是因为灌溉便利和土地肥沃的缘故。他们视洪水为自然发生的、季节性的灾害，不得不接受它。被动的风险要比主动接受的风险更可恶。例如，人们对在自己社区中建立违法者收容所或把恋童癖者放回到社区，只能睁一只眼闭一只眼。

风险是个复杂的现象，它不仅仅是对不幸、灾害或危险的估算。虽然“风险”这个词通常被看成是普通的中性词，但就其可能性、结果以及影响来看，却具有政治意义（参见 Douglas，1995）。正如 Lupton（1999a：59）所说，对于风险问题的辩论，越来越充满社会和政治领域，甚至影响到个人。

什么是风险

《牛津英语词典》（参见 Oxford English Dictionary，1989：987）关于风险的解释是："灾害，危险；面临危害。"当代的灾害、危险及严重危害的关系、风险的消极含义已明确了很久。Ayto（1990：446）认为，英语中"风险"这个词是从 17 世纪的法语和意大利语中派生出来的。法语和意大利语对这个词的解释都是"遭遇危险"的意思。17 世纪，英语将这个词也非常明确地释为危害，危难，危险和灾害（参见 Oxford English Dictionary，1989：987）。之后，在约翰逊博士 1775 年的词典中也释为同义（参见 Alaszewski，1998）。同时，拉丁语中对这个词还有一种解释，即"投机"，将风险与赌博联系在一起（如罗马士兵在耶稣的十字架下掷色子聚赌，赢耶稣所穿的衣服）。风险与赌博相联系就必然使风险具有几率或"计算概率"的含义，尤其是在 17 世纪之后，出现了数学模式或统计学公式。风险与危险日益紧密的联系及其消极的结果也同样重要，这反映在海洋保险中。因为计算船只满载又安全地返回港口的概率十分重要。莎士比亚所著的《威尼斯商人》中欠夏洛克的债务就是由于商船失事所致。奴隶贸易的兴起与航海业的发展大大地刺激了保险业的发展。统计学的使用，尤其对死亡率计算的运用，使基于谨慎的保险业兴起。1762 年，公平人寿保险公司（Equitable Life）首先开始了人寿保险业务，这项业务以全社会死亡率统计表格为基础来计算保险（这家公司后来在 2001 年为避免破产被卖掉，这种状况是错误估计未来的财务风险以及随后销售策略过度公开造成的）。

到了 19 世纪，"风险"一词被广泛使用，即表示行动、事件或几率，同时也表示预测或预防未来风险的行业。数学公式的发展与统计学的运用使保险从对个人灾害的计算转到风险可能性的计算（参见 Daston，1987）。一般可能与极有可能的预测被联系起来，而对风险的计算也被视为制约偶然性的途径（参见 Hacling，1987，1990）。难以预测的本质可以用可能性计算公式来推算。但是，风险的解释并不完全是消极的或不情愿的。在 18 世纪和 19 世纪，风险对于资本主义的发展起到了关键性的作用。人们把风险看成是企业和风险投资的主要特征（参见 Higgs，1931）。资本主义的这种特征一直延续至今。

精算意义上的风险，或者说对风险可能性的推算派生于基于总体人口的统计学公式，并在 21 世纪广泛运用于社会和商业的各个领域（参见 Rowe，1977）。保险业也从商业公司通过个人保险与人寿保险渗透到私人领域。工人开始自保以防失业与疾病。工人俱乐部、工会通过会员们的集资对个人风险提供安全保障。第二次世界大战后，福利国家通过国家保险和国家医疗体系等形式采取集体保险政策。

到了 20 世纪，出现了几率低、影响大的风险，如随着科技的发展和工业化的进程所出现的核废料排放问题（参见 Douglas，1986）。为精确地估计、管理并控制那些“虚拟的风险”（参见 Back，1992ba，1992b；也见 Giddens，1990，1991），应将规模庞大的风险置于科学与工程学的框架之中（参见 Ansell and Wharton，1992）。这就产生了评估风险的人为方法，风险被看做是客观物质，需要客观的计算与测量（参见 Horlick－Jones，1998）。1983 年皇家社会报告（Royal Society report）对风险的表述就是完全以这种概念解读的。报告将风险问题全部置于科学和工程学的范畴。社会主要关注的是对风险的精确、客观的鉴别并作出妥善的管理，纠正关于风险的“夸大其词”的看法，纠正公众对风险信息反应上的失误（例如，要加强社会医疗的功效）。除了这种人为评估和应对风险的方法，对于风险的这种认识也体现了从事风险行业人士的审慎的观点，如果专家们提供了正确的信息，那么人们就会作出谨慎的、合理的选择。风险信息一直被看做是专家们的领域，外行难以涉足，专家与外行人士的关系是说教与被灌输的关系。事故被看做是由人类活动中的错误造成的，人们可以从中吸取教训并在今后同样的风险环境中加以避免。“零风险”的人类社会是最终目标，像壳牌（Shall）这样的大公司就持有这种观点，并标榜自己是具有终极风险意识的工作者（参见 Visser, 1991）。

“审慎”的概念常伴随着事后调查及偏见，它们的特点是错误责任的分担及“以此为鉴”。关键的问题是今后不会重蹈覆辙。但事实是重蹈覆辙不可避免（参见 Sheppard, 1996）。Adams（1995：16）就这种观点提出了质疑，他认为“零风险”的人类是安全行业的臆想，是根本不可能实现的。因为人类既不愿有风险而同时又是冒险者。碰运气的、赌博的人类是真实的存在，并且在很多行业中冒险有着丰盛的回报并为人们所颂扬。正如 Adams（1995）所指出的，现在的石油工业正是产生于早期的风险投资和“莽撞计划”。风险是把双刃剑，它平衡了积极的冒险所获得的利益和为此所必须付出的代价。

在 21 世纪初，“可计算性的神话”受到了挑战（参见 Reddy, 1996），这主要是对风险及安全的偏见（参见 Furedi, 1997）和风险自身的挑战性。这种变化一直与从现代向现代后期或后现代的转变相联系，这些概念是引起对当代关于风险本质争议的原因。社会学关于这种转变程度和本质的争议（参见 Kellner, 1999），是伴随着对现代、现代后期和后现代等词汇在使用上的争议的产生而产生的。像 Giddens 这类学者（1990，1998a，1998b，1999），他们把这个转变看做是一种渐进的过程，所以他们偏好的词汇是“现代后期”；而那些把这个变化看做是一种激烈、快速的过程的学者们（参见 Leonard, 1997），则更喜欢“后现代”这个词。简言之（将在风险与犯罪篇中作进一步探讨），作为一个历史时期，现代时期是指从 18 世纪后期的启蒙时代一直到 20 世纪 70 年代。其特征是相信理性、推崇科学知识与进步、资本主义的发展（尤其在西方）和社会秩序的演变（Leonard 1997）。

以 Giddens （1990，1998a，1998b，1999）和 Beck（1992a，1992b，1999）为代表的当代社会理论家坚持认为，自 20 世纪 70 年代以来，资本主义受到了严峻的挑战，劳资关系、公民意识与国家关系都发生了剧烈的变化。这主要体现在全球市场化、信息技术的进步与传播。因为这些变化最大限度地重新分布了市场与产地。同时，伴随着文化与社会的变化（参见 Leonard，1997），普遍真理遭到了质疑，科学与理性正屈从于挑战与争议。

后现代是指 20 世纪 70 年代后期开始的这一段时期，以及始于 21 世纪初期的社会变化。后现代的特征是全球性风险，以及这种风险几率的不确定性、偶然认识性及未来风险结果、影响的不确定性。后现代也被赋予“确定性的终结”和“差异政治”的特征（参见 Leonard，1997：12），而资本主义后期，是以劳工与资本供给的灵活性、大规模的全球生产和市场的转移为主要特点。

犯罪学家们在对当代风险与犯罪进行分析时也采用上述术语，将注意力集中于风险、后现代社会及新刑罚方式之间的关系（参见 Feeley and Simon，1992，1994），以及威胁社会控制新形式的核心问题（参见 Rose，1996a，1996b，2000）（在风险与犯罪篇中将详细讨论）。

Giddens（1990，1991）及其他评论家赋予“现代”一词已知的、可计算的风险特点，因为风险可以预测，因而就可控。风险的“人为处置方法”源于客观的、科学的知识，由于部分社会和自然界都“可以测量和计算，因此就可以预测”（参见 Lupton，1999a：6）。可以通过统计模式和可能性词语来认知风险（参见 Bernstein，1996），基于对“有规律地、经常发生于整个社会的风险的发生模式和频率的了解，对其进行预测，就可进行保险”（参见 Giddens，1998a：27）。实质上，积累对于过去发生的事件的认知，有助于对未来进行预测（如死亡率可用来预测人寿，从前的犯罪可预测未来的犯罪）。然而，Beck（1992a，1992b）和Giddens（1990，1991，1998a）一直认为现代后期或后现代的特点是全球性、不确定性、无法决定性和我们对其了解的偶然性。我们所面对的风险经常超出我们用来评估、“控制”风险的技术和手段，这样就出现了吉登斯1999年在里兹讲演中所提到的“一个失控了的世界”（参见Giddens，1999）。现代后期的工业化和技术发展产生风险，或“大批量的不确定性”及意想不到的结果，这个问题只有在事后才被认知。正如Giddens所表述的那样，“我们事先无法得知其结果，因此谈虎色变”（参见Giddens，1998a）。只有走到了那一步，我们才能得知未来风险的后果。

现代后期已将风险从盖然的、可计算性的人为处置物变成不确定性的东西，由于认知上的模糊性和对众多的“看情况而定”的屈从，人类备受困扰。由于传统的认知世界的模式遭到了挑战，评估风险并作出反应本身就充满着风险（参见Giddens，1998a）。

个人生命旅程也无法用确定性来勾画。人们作出的选择及由此而产生的风险需靠个人来驾驭。然而，“作出怎样的选择”（参见Giddens，1991：80），无人能助，因此，个人常陷于不断的反思之中，不断地处理风险、适应风险信息，同时又作出无数的风险选择。这个过程既增加了个人的风险决断责任，同时也增加了其对决断正确性的忧虑。自我监督和忧虑是现代后期或后现代个人风险经历的主要特点。

小结

我们面对着多样的风险，风险也具有多种含义。虽然风险常以中性词的面貌出现，实际上风险还有着很强的政治意义，且其概念也存有争议，在历史的长河中，风险在含义和使用上都发生了变化。现代对风险的看法是：它是人为造成的、可测量的和可认知的，人们能计算出风险的大小并可以预测。现代后期或后现代时期，风险的特点是不确定性、无法对其作出决断、有偶然性，还具全球性的影响。当代的风险要求个人作出抉择并自己驾驭，这样就产生了更大的不确定性，增加了个人的忧虑和不断的反思。

现代后期及风险社会里：新的风险的出现与看待风险的新途径

20 世纪后期，社会理论的重大转变使人们越来越多地强调后现代的影响，这尤其体现在工业化和全球化方面以及 Beck（1992a）所定义的“风险社会”的兴起上。风险的增加及其快速的传播，加上由于全球化所造成的紧缩了的社会空间的影响，使风险成为当代理论家们（参见 Turner，2001）关注的主要问题。传统社会意义上的风险，一直以来以宿命论为特点而被置于文艺复兴前命运论的框架之中，人们把风险看成是命运和上帝意愿的产物（参见 Green，1997）。对黑死病的解释就是个明例，人们把它看成是无形的，是上帝的偶然念头所致。事后二十一世纪聪明的我们对其进行了再认识，此时对黑死病的看法与过去大相径庭：它是一种毁灭性极大的疾病，由鼠背上的虱子传播，它来自于中东地区，由于东西方贸易而引入。但是，对于德比郡伊亚姆的村民们来说，是可怕的上帝的毁灭之手，轻轻一挥就将他们抹掉了。

现代的风险一直具有越来越可计算、被认知，并通过数学公式和科学的进步加以控制的特点。自然的风险可以驯服，“上帝的意愿”的观点被弃之如敝屣。19 世纪医学的进步使人类能降服无数的“自然风险”的威胁，霍乱、伤寒、天花和淋巴腺鼠疫等各种病变都屈服于科学（参见 Adams，1995）。但 Beck 认为正是由于社会的工业化，又产生了新的风险——“新科技”，“原子能泄漏”，“生态灾难”，所有这些都源于科学技术的发展过程，并与现代化、工业化和全球化紧密相关（参见 Beck，1992a）。对于 Beck 而言，这些风险是不同的（不同于自然风险的——译者注），其本质是全球化的、影响极大的、无形的，可以任人定义和解释。自然不再是风险之源，而恰恰相反，自然也正遭受风险的威胁。风险社会也成为高度自卫的客体，充满了恐惧和焦虑，“焦虑的社会取代了需求的社会”（参见 Beck，1992a：49）。现代的“阶级社会”一直都关注于社会产品的平均分配（每个人能公平地分享收益），风险社会关注的是风险的平均分配，尤其关注避免风险：“人们所关注的不是获得什么样的事物，而是要防止不好的事情发生。”（参见 Beck，1992a：49）风险社会的核心特征是“预防原则”，未雨绸缪总胜于事后后悔，这句名言出自一位进步的启蒙时期的批评家之口（参见 Leonard，1997），人们也缺乏对专家们的信任（参见 Frendenberg，1998，93）。风险社会也呈现出由日益发展的风险民主化所带来的特点。Beck 承认弱势群体会更容易受到最高程度风险的困扰，又缺乏必要的资源成功的风险管理，实际上，所有的人都或多或少地遇到这个问题。酸雨对社会阶层可是一视同仁的。

一些评论家们认为 Beck 风险社会的概念是夸大其词（参见 Steuer，1998：Turner，2001）。风险社会批评家们围绕着下面的中心议题展开辩论：

- 有关传统的和现代后期的风险之差异的辩论是夸大其词
- 风险可以管理及社会对于科技控制的弱化使得风险升级的观点是错误的
- 传统契约的终结加剧了风险的主张是夸大其词
- 风险的增多被过分强调了

传统的和现代后期的风险的差异之辩论是夸大其词

Beck 认为现代后期的风险是无形的、全球化的，但如

Adams（1995）和 Turner（2001）所指出的，这些特点并不新鲜。疾病，尤其是影响大、传播广的疾病，如淋巴腺鼠疫、天花具有同样的特点。致命的疾病一直都存在着；所改变的是我们通过医学发现它们的能力。正如 Turner 所指出的，14 世纪的黑死病从中东传播到格陵兰岛（参见 McNeill，1997），其病源则是 1346 年攻击克里米亚的蒙古大军，这场瘟疫毁灭了欧洲 1/3 的人口。这个事实不仅对 Beck 的传统“危险”和“现代制造出的风险”的二分法理论提出了挑战，同时对其理论中所暗含的历史周期性也发起了挑战。Rigakos 和 Hadden（2001）就不赞同“风险社会”是现代后期的现象的观点，并将其与 17 世纪资本主义的发展相联系，而不是与 19 世纪兴起的概率论相联系。他们将风险和与风险相伴的对公共政策及管理进行计算的态度看做是根源于早期资本主义社会用来计算利润与损失的会计体系。这种 17 世纪概率论上的计算方法实际上就是 19 世纪概率论科学及精算学运用于公共政策和人口管理的先驱。风险及监督在社会秩序管理方面的运用有着较长的历史，在管理人口方面还伴随着具有政治色彩的数学的运用（参见 Lynch，1996）。

更近一段时期，现代后期的艾滋病（AIDS）与中世纪时期的黑死病有很多共同之处；当然它不是“愤怒的上帝”用来惩治人类邪恶行为的，当代社会所出现的这些洪水猛兽是人类行为的恶果（参见 Smith，1992）。因此，Beck 所持的当代风险的观点是全新的观点，很难被完全接受。由于 Beck 过分注重影响大、可能性低的风险，如切尔诺贝利灾难，其观点便更加使人难以接受。正如 Turner 所反驳的，或许更精确地说，它们可能被当做“环境灾难”。但是，并非所有的风险都可归咎于环境灾难（参见 Douglas，1986）：道路事故的风险与核原料排放的风险不可同日而语；由于吸烟所造成的身体疾病的风险与辐射物和被动承担的风险之间有着巨大的差异；科技进步带来的风险及违章造成的风险与由于社会生活复杂化所造成的风险也有着重大的差异。

风险可以管理及社会对于科技控制的弱化使风险升级的观点是错误的

Giddens 把现代后期社会描述为“一个失控的世界”：这是一个失控的世界（参见 Giddens，1992：2），其未来的风险是个未知数，只有到了那里我们才可知晓。对他来说（1993：3），“我们所面对的风险是历史上从未有过的”，最好的例子就是由于全球变暖而产生的环境灾害。其主要的论点是全球化已经传递了风险的可能性及影响。科学技术不仅没能帮助控制风险、降低风险，相反却带来了风险（如酸雨、核原料排放：参见 Wildavsky，1998）。这些风险具有跨国性，其影响的地区可以远离发源地，并且这样的风险由于全球社会经济的变化而加快了速度。这些风险也根植于资本主义社会的发展定位和风险计算的态度。风险与投资、经营、利润和损失相伴。Giddens 认为，这是当代风险和传统灾害的区别，“风险，是与未来的可能性相关联的、被估量了的灾害”（参见 Giddens，1999：22）。对未来风险可能性的计算、反思是现代后期理论的标志。

风险的多样性和全球性需要借助多样化的管理体系，除了国家政府所提供的管理外，还包括企业管理、自我管理和非政府部门的管理，还有像欧盟（European Union）那样的超国家机构的管理。这必然会导致这些体系的统一性、承担管理失误的政治责任等问题的产生。Phillips 的报告表明，英国政府对牛海绵状脑脊髓炎（bovine spongiform encephalopathy，BSE）危机的反应既不恰当又遮遮掩掩（相当于不诚实：参见 Phillips，2000）。这不仅是由于技术的复杂性引发了风险的问题，而且还是被动承担风险、风险输出和风险失控的问题。这是技术带来的错误，还是政府没有确保有效控制而造成的恶果呢？这便产生了一个重要的差别：

愿意承担的风险，指的是政府认可的社会变化所不可避免的风险（如交通事故）；而不愿承担的风险，指的是没经政府掌握或承认的外来的风险（如酸雨和全球变暖）。

（参见 Turner，2001：13）

对这种风险有效的控制现在越来越多地置于审计体制中（参见 Power，1999），那就是有效的规则、管理和例行审计、监督程序。体制取代了裁决，风险评估的有效手段和风险管理程序取代了行业的自主性（参见 Kemshalletak，1997）。从本质上说，审计取代了信任，尤其是在业内人士和专家那里。来源不同的信息和建议也不尽相同，这对专家的信任度是种损害，使人们对科学是否能用来管理风险越来越产生怀疑（参见 Beck，1992a，1992b）。这就促使 Hood 等评论家们提出了同样的质疑，他认为这种问题并非是对风险的管理问题，而是管理形式和公众对于现行的风险管理体制的信任度问题。

在关于风险的争论和不同理解中，信任度是最关键的问题，尤其是在风险的可接受程度方面（参见 Douglas，1986）。信任是在持不同风险观点的人们之间构筑桥梁的至关重要的因素，如在刑事司法专业人士和公众之间就对待恋童癖的问题构建一座信任的桥梁。较之陌生人，孩子更可能被父母性骚扰甚或杀害，但“陌生人即危险”的观点仍然支配着公众的反应和公共政策的回应（参见 Wyre，1997；Kitzinger，1999a，1999b）。在防预风险、注重规避风险、防止受害的社会里，对风险的管理更能引起公众的审视与关注。

由于人们对风险的关注日甚，因此在审视风险的同时，就会自然带着一个疑问，谁来负责，或如 Mary · Douglas（1992：27）所称的“风险的法医学功能”，她将当代对风险先入为主的观点表述如下：

我们现在所处之处（体制）总是将每起死亡事件记在什么人的账上，认为每一起事故都是由什么人的犯罪过失引起的，一个人生了病也是什么人的责任。究竟是谁的错？这是第一个问题。

（参见 Douglas，1992：15－16）

如 Green 所阐述的：事故是发生的，但风险是被引起的。所有的风险都置于“事后的审查”程序中（参见 Carson，1996），由于要做大量的事后调查，对风险决断的具有重要意义的测试才能使这些调查具有辩护力（参见 Kemshall，1998），不管是应对媒体审查还是诉诸公堂。这就产生了一种怪象，即随着风险越发变得不可预测，不可认知，又具有偶发性，用来评估、管理风险的正式体制茁壮地发展起来了（参见 Kemshall et al.，1997）。风险的“日益程序化”（McDonaldization）一直是对不确定性的主要反应（参见 Kemshall，1998），这尤其体现在社会风险领域（如福利、医疗、社会保险、社会管理和刑事司法等领域）。当今对风险的不确定性的反应及与其相伴的责任问题是通过惯用的规则来加强管理的。但这些惯用的规则在捕捉风险上都显得无能为力，更不用说对变化着的风险作出有创造性的积极有利的反应了（参见 Hood and Jones，1996），以及对“日益程序化”作出切实的响应，而且这些规则不能把握风险抉择的来龙去脉，也无法识别众多风险的本质（参见 Wynne，1992）。

传统契约的终结加剧了风险的主张是夸大其词

Giddens 一直认为全球化的主要影响是出现了一个“全球化都市社会”，在那里，“传统的东西终结了”（参见 Giddens，1999：43）。自然的世界已被人造的世界所取代，这个人造的世界当然离不开人的力量。在这个世界里，人们所信奉的真理和传统的行为都受到了挑战。失去了传统的生活也对自我认同提出了挑战；自我意识不断地受到别人不同的观点的挑战，也受到了我们流动的社会背景的挑战。

同样，Beck（1998：12）辩论道：“传统的终结即风险的开始。”传统契约的削弱和诸如社会地位等社会因素使得人生的旅程不再具有可预知性。在短时期内风险极有可能在现行的不平等的社会中分布（参见 Beck，1992a：35），人们仍可以就“生活方式、亚文化、社会细节和认同面等”作出不同的抉择（参见 Beck，1992a：131）。Beck 所说的“个性化”过程由于失去了传统的确定性和细节，也由于对生命旅程的个人控制与责任的日益强调，加上由公民向热心消费者的转变（参见 Beck，1992a，1992b）而具有了新的特征。在这样一个世界里，一个人的阶级地位的重要性远不如他的风险地位重要，这包括一个人所面临的风险和处理风险的能力。但是，Engel 和 Strasser（1998）反驳了后现代化社会都由“阶级社会”转变为“风险社会”的观点。后现代社会确实对传统的社会结构形式提出了挑战，但是也不能因此认为传统形式的社会不平等将被风险所根除。正好相反，传统的社会不平等可能会因风险而加剧，若想远离这种不平等现象，就要由个人在微观层面上进行处理和解决。

从对年轻人生活所做的实质性研究中，Furlong 和 Cartmel（1997）分析了风险对结构性不平等的影响。生活中的机会和选择对 Furlong 和 Cartmel 所研究的青年人来说是颇具局限性的，而他们所面临的风险和处理风险的能力又受到他们的阶级地位的限制。风险社会的重要差异在于风险是以个人形式构成的，要由个人来处理。风险是个人评估、反思、抉择的问题，而不是社会地位和结构性不平等的问题。不能恰当处理风险是个人的失败而不应理解为是个人控制力之外的社会进程所致。这种个性化的影响仍潜伏着社会不平等、集体式反应的非正统化。“公共的问题”实际上转化成了“个人的烦恼”（参见 Wright Mills，1970）。另外，全球经济的转变及工作场所的技术进步对中产阶级生活过程的相对稳定性和确定性发起了挑战。人们记忆中的职业中产阶级的相对安全保障首次遭到了侵蚀，因而人们变得越来越不安，也越来越关注风险。

风险的增多被过分强调了

风险社会是更加危险并充满着危机的社会吗？风险在不断升级吗？现代后期的风险在本质和程度上与先前的风险有所不同吗？Beck 提出了这样的问题：

> 所有的风险不是至少和工业化社会一样古老吗？或许要比人类本身更加古老？所有的生命不都面临着死亡的风险吗？在任何历史阶段上的所有的社会不都是“风险社会吗”？
>
> （参见 Beck，1992b：97）

毫无疑问，过去一直存在着风险，但对于 Beck 而言，当代的风险与过去的不同，这不仅指现在存在着众多的风险，而且这些风险在本质上具有全球性，而且完全是由人力所致。这些风险来源于人类的决断，而非上帝的行为。在工业化的社会经济和政治进程中，风险的分布增加了个人所面临的危险。因此，风险随处可见。非致命性的风险是可以避免的。如果这种风险是由组织的失误或人力造成的，那么这类风险就一定可以预测并加以预防吗？加强管理和分担责任是对当代风险常见的反应。人类宁愿抵制风险而不乐于接受风险，而管理体系是用来更好地弥补缺陷、保护好我们自己的手段。在这个意义上，风险社会可以与传统社会相区别。在现代后期或后现代时期，在偶然的语境和竞争的意义里，风险越来越被当做是不确定的。这些在摒弃启蒙进步议题、摒弃科学提供的确定性和风险防范的作用上得到了充分的证明（参见 Leonard，1997）。人们不再相信专家，风险的观点（包括科学的观点）被看成是受到了既得利益的驱使，尽管其本身值得信赖（参见 Freudenberg，1988，1993）。对当代风险出现了争议，不同的世界观和价值观纷纷登场。

小结

风险社会是新的风险抑或仅仅是看待风险的新方式？当

然风险一直就存在着，包括低可能性、高影响力的风险（如致命的疾病），并且一些风险具有全球性。但这类风险具有可认知性的特点，我们有能力去发现这些风险（起源、本质和潜在的程度），同时，这些风险是人类自身力量造成的，而非上帝的意愿。对致命风险的论述被发展起来的关于风险不确定性的论述和争议所取代，其主要特点是责任分担和对管理体系的质疑。不确定性（尤其是在生命旅程方面）与风险决断从社会到个人转移的共同作用，提高了个人的责任能力，也加重了人们对风险的忧虑，虽然不应将这种不确定性的影响看成在所有人类中都是一致的。风险绝非一致，环境灾难与源于不确定的变化着的社会生活风险之间的差别是有意义的，当代风险具有冲突性、责任分担性和个人处理性的特点。当然有些风险是新出现的，如核原料排放的危险或有毒废物的危险等。独特的结构及其对风险而非风险激增的关注或许是对风险社会最恰当的刻画。

风险与犯罪

风险社会和后现代中的刑事司法、社会控制、犯罪管理等词语的含义一直为人们所探讨（参见 Pratt，2000a，Rose，2000，Sparks，2000）。实际上，建立在刑罚救治手段基础上的现代主义的惩罚工作一直都受到挑战，主要是因为这些手段在通过改造和矫治犯罪人来实现犯罪控制方面不尽如人意（参见 Garland，1995，1996）。Garland 认为现代刑罚阶段始于 1895 年，其特点是“由私人的、特定的、慈善性的机构向更加组织系统化的、公共资助的国家机构的转变”（参见 Garland，1985：22）。为使方法标准化，通过其对犯罪人的评估和分类关注，他勾画出现代刑罚的特点。尽管刑罚的分类并不是新事物（教改场所通常都对监狱中的犯人进行分类），现代刑罚承认与“普通公民”相“比较”，犯罪人呈多样性。这样就催生了评估这个概念，因为这是回答“你是谁”这个问题所必需的，而且也是对犯法者进行分别处罚的基础。Garland 将这个转变做了如下总结：

> 过去根据犯法者的严重程度将之置于标准化的级别结构之中（罚款，收监，死刑），现在开始转为根据其违法程度将其嵌入到不同的多样化的坐标方格中，在这些方格中，根据对他或她的情况和恰当的救治方法的诊断对犯罪人进行标注。
>
> （参见 Garland，1985：28）

对 Garland 而言，这是从个人主义向个性化的重要转变。其核心是使用"心理"学科来进行评估和鉴别（Foulault 1977），这种方法随后扩展到了福利以及像社会工作这样的社会控制的"软"领域（参见 Donzelot，1980）。约束被使其正常化所取代，这是通过改革处置手段（如缓刑）和救治来实现的，实质上就是用符合预定的标准化要求的矫正治疗取代"禁律和刑罚"。现代刑罚认为应当相信"正常的人"可以通过各类社会公共机构（如教育和福利机构）实现"国家引导下的自我控制"（state - induced self - control）。在刑事司法领域，缓刑服务机构（Probation Service）在这个标准化程序中占有主要地位，它提供个性化的评估并对违法者进行分类，也可以进行旨在防止违法并灌输可接受的行为准则、态度和行为的个别指导。

现代派理论的消失

20 世纪末，现代派刑罚受到困扰。现代刑罚实践不能有效地控制犯罪（参见 Pratt，2000a），而其在救治实践中的延伸又逐渐地暴露出了压制性（参见 Leonard，1997）。随着"改革，进步，人道主义""美妙"理想的破灭，加之对科学与专家们表达的改造违法者的承诺缺乏信任，使得现代刑罚的优势地位受到挑战。特别是将作为社会问题的犯罪结构通过个性化干预而纳入社会工程的观点，早在新右派（New

Right）政治年代就在英语国家遭遇到挑战，如英国、澳大利亚和美国。“犯罪的原因”，尤其是那些与社会剥夺相关联的概念受到蔑视，将“犯罪行为”视为其他社会问题征兆的想法被摒弃，被改造，特别是通过矫治实现的改造被当做一个失败，Martinson（1974）的著名阐述“无关紧要的工作”是这种观点的代表，只有监狱才是一个自然而有效的办法。英国在撒切尔时代（Thatcher years in Britain，1979 – 1990）对犯罪猖獗现象有一种普遍的看法，那就是，犯罪是一种个人邪恶面的体现和道德的沦丧，因此理应诉诸严厉的刑罚。因此，那个时期首开了“监狱工作”和严厉的社区惩罚之先河。正如 Flynn（1978）所指出的，20 世纪 70 年代后期，在美国和英国均可见到从“拥有较大的选择余地和复杂程序的用于犯罪的控制和矫正方法”（参见 Flynn，1978：13）向强硬的惩罚的社会氛围的转变，在这种氛围之下，国家对司法的行政掌控得以加强，羁押的扩大使用是其主要特征。

经济社会的变化也值得注意，特别是“国家空心化”（参见 Jessop，1993）、向残余福利国家地位的退步和向后福特主义生产模式转变。然而这一切并没有根除社会问题，相反，福利国家却似乎通过依赖性和“道德腐蚀”助长了这些社会问题（鼓励那些不道德的和非法的决定）（参见 Parker，1982；Giddens，1998b）。社会福利成本的激增没有被看成是“等价的”交换，而被看成是对私人企业的阻碍（参见 Longan，1998）。市场化和私有化的发展被看做是解决公有制产业效率极低、官僚泛滥的办法，通过引进审计制度和私营部门的管理手段，使公私产业相协调（参见 Clarke and Newman，1997）。其结果必然产生这样一个残余福利国家，享受福利的条件苛刻，而且其所强调的是回归工作的“积极的福利”，而非“道德腐蚀”的消极福利（参见 Jiddens，1998b；Kemshall，2002a）。

全球化的市场对劳动力提出了要求，即增强灵活性，工人们要准备再培训、重新掌握新技术，接受非标准的工作条件和具有弹性的工作模式。福利国家的安全网要鼓励这种适应性，而不是通过使其具有依赖性和道德腐蚀来打击其适应性行为。Jessop（1993）认为，全球市场对国家市场形成了严峻的挑战，传统的资本主义经济要想有竞争力就应适应不断的革新、灵活的劳动供给和灵活的生产模式，其结果是对“公民与国家间关系”重构（参见 Clarke and Neaman, 1997），而绝非是降低公民应受到国家保护的权利。福利国家模式使国家对社会工程承担的义务大大缩减了（参见 Jordan, 1998）。

Leonard（1997）指出，由于人们越发地认识到对于正常化和包容性的追求一直与压制和社会排斥相伴，现代派理念受到了挑战。自从 Foucault（1965，1973）首部著作开始，作为“行为准则”的福利压制社会控制的功能开始受到关注，将下层阶级永久性置于福利照护范围的观点受到了很大程度上的批判（参见 Murray, 1990）。那些最受惠于现代派福利理论的人，如妇女、儿童和老人，实际上一直被拒之门外。正如 Leonard 所说，社会的包容性是通过对另类人群如“坏妈妈”、“懒汉”和“寄生虫”的排斥才得以促进的。在“残酷的经济萧条现实”面前，在“日益加大的两极分化”（如贫富，就业与失业，男女，白种人与黑种人）（参见 Leonard, 1997：25）的形势下，这种通用规则的一致性迅速瓦解。犯罪人当然是这一分化过程中的一类人，他们被改造、矫正、治疗等允诺包着，同时也被“拯救”这样的语境以及监狱这样的刑罚排斥手段排斥着。

后现代及风险的增长

关于风险社会和后现代的“伟大推理”在犯罪学中得到传播。它体现在下面领域中：

- 当代社会理论向犯罪学的推理和分析的渗透（参见 Sparks, 1997；Garland and Sparks, 2000；Loader and Sparks,

2002）

• 风险理论在社会控制和社会管理等问题上的运用（参见 Rose，1996a，1996b，2000）

• 随着建立在风险和精算司法基础之上的“新刑罚”的兴起，惩戒实践已经发生了根本改变的论点（参见 Feely and Simon，1992，1994）

关于后现代的争论一直被描绘为“争议浪潮”（参见 Kellner，1999：639），一些评论家如 Giddens（1990）等将后现代的特点看做是仅仅对现代化某些方面的强调：现代后期。像 Leonard（1997）那样的评论家视之为剧烈的、改革性的变化，其中，现行的结构和范畴都受到了挑战，未来笼罩着不确定性。对于术语的争论是毫无益处的，正如 Bauman（1997：79）提出的：“我们可能生活在后现代时期，也可能不是。”但在不同的观点中也有一致性：

• 传统文化和社会模式遭到削弱，并为全球化所取代。人们不再无条件地接受进步的启蒙工程的确定性，对普遍真理和通用知识的论断也再难立足（参见 Leonard，1997）。关于改变的范围及影响也是有争议的，Giddens 等现代后期的理论家认为这是一个渐进性的变革。而 Leonard 等理论家则认为作为资本主义后期的当代，具有更加激进的、与现代彻底决裂的特点。对 Leonard（1997：22）而言，我们正生活在“新时代”

• 由于隐涩的风险语境和“风险气候”，不确定性、需要不断反思被视为后现代时期生活所特有的（参见 Giddens，1990，1998b）

在犯罪学中，这两种理论的特点在关于“新刑罚”适用范围及在后现代条件下刑罚实践变革程度的争议中可略见一斑（参见 Giddens，1996；Praff，2000a，2000b，2000c）。如果注意到日益政治化的对待犯罪的方法（参见 Garland and

Sparks, 2000）以及作为一种风险争议现象的围绕刑罚政策的争议，就可以认识到这些理论的影响（参见 Sparks, 2000, 2001a, 2001b）。另外，风险社会本体论的不可靠性一直与日益发展的刑罚平民主义相联系，按照这种观点，所有的公民都具有“犯罪感”（crime - conscious），“与犯罪问题合拍，很多人表现出很高程度的忧虑与犯罪”（参见 Garland and Sparks, 2000: 200）。

风险理论一直运用于社会控制和社会管理议题，其中包括 Rose（1996a, 1996b, 2000）对风险理论在管理和控制策略方面重要意义的详细分析。Rose 认为高级自由社会的核心特点之一就是通过精细的、分散的惩教手段进行远距离管理的方法。直接的国家强制被如此削弱，个人的自由得以保障，权力的微观体系通过错综复杂的日常生活得以运用：就业、家庭、各种场所及公民的责任。Rose 认为，从本质上讲，这种控制是“分子水平上的”一套管理体制（规范行为的），在这个体制中，活跃的公民需要自我规范、自我管理，使自己成为一个“负责任的公民”，或者通过责任化管理（也见 Loader and Sparks, 2002）。福利机构的“软治安”及其正常化手段（参见 Donvelot, 1980; Rodger, 2000），在 Foucault（1973, 1977, 1988）看来是识别、归类和管理异常群体所必需的，但正被为实现预先设定的谨慎的高级自由社会的目标而进行的个性化的风险管理所取代。通过教育、培训、医疗健康活动及道德重塑，国家成为稳妥主义的促进者。见识广博的公民将作出谨慎的选择，依照高级自由的愿望进行自我约束。这种稳妥主义要求公民秉承对其所有决断都深思熟虑的态度，不管是面对劳动力市场上的风险还是成为犯罪受害者的风险。这样，个人而不是社会就成为风险管理的基本点，“好”公民被再塑成谨慎的公民。那些不能如期作出明智抉择的公民则被再塑造成不谨慎的、冒失的、应受谴责的，并应对自己的不幸负责任的人。落后与排斥被诠释为选择问题，而不是结构程序问题，犯罪本身就变成了不理智、不谨慎的选择。归入了不谨慎类的公民则被认为应该做好重新提升道德的准备，通过“培训，咨询，授权及社区活动”，“像积极的公民那样，再造伦理”，Rose 将之冠以“政治伦理学”（参见 Rose，1990：60；2000；另见 Ruikshank，1996）。对道德再塑和责任化事项来说，违法者当然是其关键群体，如通过旨在纠正认知及行为的新的改造方案，促使他们“正确地思想”和“理智地选择”。

稳妥并非新的概念（维多利亚时代十分强调稳妥，并将之视为区分应当受贫和不应当受贫的基石）。稳妥主义当代用法的新含义是，不分政治倾向，不分理念派别，以管理为基础，“在一个积极的社会里构建积极的公民行为”（参见 Rose，1990：60；2000）。在现代，“福利事业”和刑罚行使着“惩罚的权力”（参见 Leonard，1997：55）；在先进的自由主义的后现代社会里，自我监督是被当做“更有效率的，更有效力的社会控制”来追求的（参见 Foucault，1991；Leonard，1997：56）。管理职业具有一种强化了的作用，这方面的专业技能用来保证自我监督、自我管理，通过这些手段鼓励谨慎的个人作出合理的选择。

与 Rose 的先进自由社会管理方法的分析相对的观点是现代的惩罚活动已经为基于风险和精算司法的新的刑罚所取代（参见 Feeley and Simon，1992，1994）。Feeley 和 Simon 特别指出这种策略性的、基于风险的刑罚方法具有如下特点：

- “客观判断和报应性判决”被风险计算、风险的可能性评估，即“精算主义”所取代
- 司法方面的系统方案越来越强调适当地管理违法者而不是确保其复归。控制犯罪本身，取代了对个人责任能力或应受惩罚性的关注
- 对新的犯罪控制的手段的追求，如锁定违法者，将违法者作为整体来管理，环境犯罪风险管理，犯罪防范手段，

对诸如危险的性犯罪人群强化监管等

• 管理转化为刑事司法的主要目标

（参见 Feeley and Simon, 1992: 450, 1994）

对于 Feeley 和 Simon 而言，这代表了从“旧”刑罚学主要关注个人、罪责、责任、义务和对个体违法者进行剖析并予以矫治，向基于精算司法、将“背离行为作为正常行为”予以接受的“新”刑罚学的转变（参见 Feeley and Simon, 1994: 173）。由于对犯罪控制持更加悲观的观点，他们认为，刑罚的作用已经由犯罪归因、改造的机械模式向具有风险归类、对“危险人群”实行管理约束的单一行政功能转变。随着自由主义改革理念的消亡，对于“危险阶层”的管理和约束被提上了议事日程（对精算司法、“新刑罚学”的探讨见第二章）。

Feeley 和 Simon 认为目前的三种刑罚实践验证了这个转变：使能力丧失、预防性羁押和画像。使能力丧失作为犯罪管理的策略目的不是对个体违法者进行改造，而是将风险由社会重新收入监狱，这个政策目前已通过采取选择性能力丧失的方法使高危违法者和少数大案惯犯丧失犯罪能力而得到加强（参见 Halliday, 2001）。预防性羁押，包括预防性监护，与选择性能力丧失并用，量刑不是根据犯罪的严重程度而是根据犯罪的风险因素，在对性犯罪、暴力犯罪的量刑中，“未来的危害风险”起了重要作用（参见 Wasik and Taylor, 1991）。罪犯画像也已经推广（参见 Canter, 1989；Hopton, 1998），用风险因素锁定可能的违法者和可能的犯罪情境，找出“犯罪高发区”后在这一地区实行强化治安，列出恋童癖和暴力犯罪者及毒品贩子，可更加有效地使用监管资源。

不管怎样，精算司法在刑事司法中运用的程度一直遭到怀疑（参见 Garland, 1996；Lynch, 1998, 2000；Kemshall and Maguire, 2001）。怀疑基于两点：第一，刑罚政策及实践并没有发生剧烈的改变，只是这种改变情况被过分强调了（参见

Garland，1996）；第二，风险计算也并没有对现实的一线工作有大的改变，而精算司法不过是渲染而已（参见 Kemshall and Maguire，2001）。

关于基于风险的刑罚和报应性刑罚之区别一直存在争议，对于风险与刑罚的“周期性”探讨也不断出现争议（参见 O’Malley，2001a）。一些理论家主张在风险和惩罚之间进行明确的划分（参见 Shearing，2001），即惩罚性司法目的在于“治愈过去”、处罚、威慑及象征性惩罚（参见 Shearing，2001：200），而精算司法则致力于避免未来的损害及减少风险；其他理论家则将二者看成是共生关系（参见 O’Malley，1992，1999a）。例如，Garland（1997a，1997b）就将之表述为经济的与富有理性的刑罚之间的关系。犯罪控制的经济理性基本上可理解为“环境工程”及危险与风险的经济管理，它强调“风险、理性、选择、犯罪机会、市场份额及客户”（参见 Garland，1997a：4），“这是将经济思维模式和计算用在了犯罪学领域的一种说法”（参见 Garland，1997b：185）。然而，他指出这种犯罪控制的经济语境很快就会为另一种表述所取代，而且在平民主义取向及象征性惩罚主张下，对控制刑罚消耗的理性探讨也可能被取代（参见 Bottms，1995，Sparks，2000）。最近，媒体和立法机构对性犯罪和恋童癖的反应就是明证，刑罚政策既受到媒体宣传和公众意见的驱动，也受到风险的驱动（参见 Sparks，2000，2001a，2001b）。

Pratt（2000b）一直持这样的观点，即行政性惩罚虽在 20 世纪 70 年代后期起十分重要的作用，“情绪性的和夸张的”惩罚也浮出了水面。他提出了两种趋势以表述其观点：Braithwaite（1989）主张的恢复耻辱刑，以及让公众参与对性犯罪的谴责、羞辱及社区风险的管理［如 2000 年由《世界新闻》（News of the World）所引起的及之后的《撒拉法案》（Sarah’s Law）的要求］。前一种趋势意在重新恢复刑罚，而后一种趋势则是排斥犯罪人群和使之成为人人皆畏的魔鬼。对 Pratt

而言（2000b），这些趋势与后现代刑罚的理性、官僚化及管理主义的发展方向并存，象征着探究刑罚的途径是二元的和矛盾的（参见 Hudson，2002）。他将自己的观点立于 Norbert Elias（1978，1982）的文明化过程的概念之中，用以检查这种双重性，并认为刑罚权反映出“文明化和去文明化的影响，以及由此将惩罚推向竞争和矛盾的可能性”（参见 Pratt，2000b：431）。全球化、技术进步及大众通信被看做是文明化过程的起因，这个过程实际上是创建了一个使私人的联系及独立性都得到加强的“地球村”及一个多元化社会。但全球化对国家主权和国家权力也是一种挑战，并且腐蚀了传统的契约关系及现存的权力形式。多元主义削弱了而不是强化了容忍，公民认为自己受到日益增长的风险威胁而国家却不能保护他们（参见 Giddens，1990）。

社会越来越被认为自身就存在着风险，而且又不稳定，安全保障在这样的社会里仅仅是为人们购买的商品。这种购买需要并不一定来自于国家，有效的风险控制业并非仅仅是国家主权问题。对 Pratt（2000b）而言，对于惩戒的粉饰实际上在某种程度上是对国家在其他领域，诸如在风险管理以及对风险充满恐惧的公众的保护方法上的无能所作出的补偿。“平民主义惩罚”（参见 Bottoms，1995）被看做是这种广泛的文明丧失的一种体现，这种对特定犯罪行为的魔鬼化的结果是两种相反的刑罚趋势竟然结合在一起（参见 Pratt，2000b：432）。

惩罚和刑罚的结果都是激烈争论的领域，这其中表现刑罚的情绪性惩罚与精算司法的冷静计算同生共存。风险的不可抗拒的逻辑（参见 Simon，1987）并不一定是从刑罚实践的经验主义证据中派生出来的。在直线发展过程中并不存在达尔文主义的易感性（参见 Simon，1988；O’Malley，1992）。O’Malley（1992：257）认为并没有一条贯穿始终的“权力逻辑”，而权力术语也无法孤立于使用这些术语的真实的政治纲领之外：

监狱的历史或犯罪防范上的精确手段的历史……不应被理解为对更有效的权力手段的逐渐侵蚀，而是不稳定的和妥协的……政治程序的补充，其结果是……有效手段的设置。

（参见 O' Malley，1992：258）

这种不稳定性表现在对偏离的反应及公共机构应对风险的实践中，这便提出了一个问题，是风险逻辑决定了公共机构的实践，还是为现存的公共机构形式和日常的运作所决定和调整？比如，O' Malley 就告诉我们在概率船险的早期，海员们是如何为了积累每起个案的信息而摒弃精算模式的（参见 O' Malley，2001a：88）。在缓刑官员们对在不断应用于缓刑实践的精算主义的反应中也有同样的发现（参见 Kemshall，1998）。例如，Kemshall 和 Maguire（2001）就支持多机构公众保护性刑罚（Multi – Agency Public Protection Penels）的观点，他问道：

这种多样性的发展模式是否已被有说服力地描绘为限制在特定方向上的运动的一部分，抑或目前的发展是否该被认为已经形成了一个不明确的、混乱的景象，并且在不同方向上又都显现出了多种趋势。

（参见 Kemshall and Maguire，2001：246）

Garland 认为刑罚在物质形式上的变化应当是显而易见的，同样，在其“客观性和方向性”上也是显而易见的（1995：200）。对公众保护小组的地方实践的详细研究表明，根据新的风险刑罚学的推导所引出的体系不一定能展现其所有特点。简言之，小组成员就如 O' Malley 所提到的海员们一样，从“职业判断”、“本能”和指示中得到信息，这和从正式的风险评估工具中得到信息是相类似的。精算工具并没有取代职业判断，而风险评估朝着二合一的方向发展，评估者将精算分数与绝对的实地判断相互转换。这种判断本身源于特定机构的文化和目标，伴随着关于风险、复归、社区预防与个人权力之间的主要价值的争论。在既定政策、管理目标及职业人士的风险观点之间也有不和谐的音调，管理者、政策制定者看中的是精算出来的基本认识的连续性和可解释性，而职业人士看中的是职业的、个性化的判断对个人因素所具有的灵活性和反应性（参见 Kemshall, 2000）。对风险的理论的接受和施行情况也有所不同，与管理人员相比，一线工作人员对新的刑罚理论更加抵制（参见 Kemshall, 1998, Lynch, 1998; Kemshall and Maguire, 2001）。这不仅仅是落实“能力差”或不能贯穿始终的问题，而是反映出刑罚的程序及政策并非只是“单义的”，相反，是“多义的，有内在争议的，并……经常有内在的矛盾性”（参见 O' Malley, 1997: 513）。

新的基于风险的刑罚学绝非清晰明了的，由于具有非连续性、抗拒性、可转换的而非连续的以及无任何“不变的逻辑”，使得风险常常容易识别（参见 O' Malley, 2001a），而且，其许多重要特点都已体现在刑罚实践之中，在这一点上我们的观点与 O' Malley 的观点是一致的，即这个问题被夸大了，其他所谓重要的发展也缺乏验证（参见 O' Malley, 2001b）。

小结

在风险社会里，犯罪与风险越来越休戚相关，尽管在这种全新的变化了的休戚关系的程度上还存在争议。对“危险阶层”的成见以及这些群体对社会的威胁一直并存着，风险的概念有时也成为社会控制及管理的组成部分（参见 Rigakos and Hadden, 2001）。同样，风险在刑罚政策中一直起着重要作用，这体现在从对矫治场所最基本的风险分类到现今正式风险评估手段的复杂性等方面。对于风险常识的争论可能价值不大（参见 O' Malley, 2001a, 2001b），尽管风险具有多种结构，并具有不同表达方式，但在风险社会之前对风险的认识就一直被用来鉴别、区分、评估、惩罚及处理违法者，这十分重要。这种重要性在于其结构类型及使用模式，而非什么固定的风险逻辑。风险及其对多种机构实践和组织形式的同化通常是一种辩论、协调和抗拒的过程。物质形式与既定目标及方向之间的界线可能被扩大了。后续的章节将考察风险在一系列刑事司法的环境、政策和实践中的角色及作用。所选的内容反映了当前有关刑事司法风险争论的主题，如性犯罪人注册工作、公众保护性刑罚、硬性指标和零容忍等的风险；风险与缓刑实践，包括当前的风险政策及危险犯罪人处置；在犯罪危险情境管理中风险的作用等。尽管这些所考察的内容是筛选出来的，而且在其他领域也可能被选择，但这里所选的内容是当前关于风险在刑事司法和刑罚政策的辩论中所处地位的范例。然而，在探讨这些内容之前，我们将先在下一章回顾一下当代刑罚政策中风险的作用。

深入阅读

Beck，U.（1992）Risk Society：Towards a New Modernity. London：Sage.

Feeley，M. and Simon，J.（1994）Actuarial justice：the emerging new criminal law，in D. Nelken（ed,）The Furtures of Criminology. London：Sade.

Garland，D.（1995）Penal modernism and postmodernism，in T. Blomberg and S. Cohen（eds）Punishment and Social Control：Essays in Honor of Sheldon Messinger. New York：Aldine de Gruyter.

Rose，N.（2000）Government and control，British Journal of Criminology，40：321 –39.

第二章

风险在刑事司法和刑事政策中的作用

新刑罚导论

尽管在风险的作用程度和完全精算意义上的司法结构等问题上还存在争议（参见 O’Malley，2000；Hudson，2002；

Loader and Sparks, 2002)，但风险在当代刑事政策和刑事司法中的作用已得到很好的证明（参见 Feeley and Simon, 1992, 1994; Hudson, 1998, 2002; Brown and Pratt, 2000; O' Malley, 2000)。对风险的普遍关注以及精算主义对刑事司法组织和运行的影响都是"新刑罚"留下的痕迹（参见 Feeley and Simon, 1992, 1994)。同时，也可以看到以风险为基础的政策和实践的重要事例，如风险对于缓刑实践（参见 Kemshall, 1998）或者在"目标"监控（参见 Marguire, 2000）中日益显示出的中心地位。在新刑罚中可以看出许多明显的趋势：

- 重点强调危险和社会管理以及对"危险的另类"的社会排斥
- 对"严重危险"人群实施预防性的刑罚［如《1991年刑事司法法》（Criminal Justice Act 1991）第2（2）（b）部分］
- 用正式的精算风险工具代替临床的、职业的判断
- 把风险管理技术扩展到非刑事犯罪领域，如反社会行为规则（Anti - Social Behaviour Orders）（参见 Maguire, 1998)，并增加非正式管理系统的使用
- 朝着利用监测、监控和控制技术系统的方向发展，同时不再区分个人权利的优先次序
- 与刑罚专家信任度和影响的降低相伴的是"平民主义刑罚"的兴起（参见 Bottoms, 1995)。精算司法的"经济理性"与一种富有表现力的、象征性的惩罚理性交替发挥作用
- 越来越多地利用合作关系并筛选非国家机构控制犯罪，在刑事政策的执行中更多地综合使用多种方法。这经常与新的、分散的责任形式相联系
- "管理主义"的兴起，并越来越多地使用审计、业绩考核指标以及"等价"这样的经济学语言。这常反映在对投入与产出、效率和财政管控的狭隘关注上，而较少重视成效与结果（参见 Simon, 1993)

（摘自 Kemshall and Maguire，2001：245）

Feeley 和 Simon（1992，1994）特别强调，新刑罚学中的精算司法不仅代表了犯罪管理领域中的一个关键性的转变，而且也表现在个体素质中。现代刑罚通过人文科学的知识基础把个体塑造成了干预的主体和评估的对象（参见 Garland，1985，1996）。重要的是，个体已被造就成为道德主体，能够自责、懊悔和转变，并通过福利机构的社会关怀和改造加以改变（参见 Garland，1985，1996）。有证据表明的现代主义者的刑罚事务的衰落（参见 Garland，1985，1996，1999；Pratt，2000a，2000b）导致了刑罚学的转变，即从被 Simon（1988）描述成"弥合了分类与标准之间的空缺"的"规范"向"调整"的转变，也就是说"对分类中的变化作出回应"，特别是风险的分类。正像 Simon 继续声称的那样，调整是更便宜的、更有效的选择，"因为改变人是困难的、成本较高的……在现有的社会情况下，了解并根据人们的缺点作出计划比使人们遵守规范成本更低"（参见 Simon，1988：773－4）。

正像 Feeley 和 Simon（1992）所说的：

> 新刑罚学……较少关注个体犯罪人的责任、过错、道德感、诊断、干预或处理。相反，它更关注对被认为是危险群体的识别、分类和管理。其任务是管理性的，而不是改造性的……它寻求的是对越轨行为的管控水平，而不是对个体违法者或社会异常的干预或回应。
>
> （参见 Feeley and Simon，1992；如开始强调的那样）

对个体的诊断被成批的风险预测指数以及有关可能性的统计表格所代替。划分类型和归类因而成为对人们进行管理和控制所必需的，相应地，风险就占据了后现代刑罚学的中心。

风险的增加与精算司法

Simon（1987）在一篇评论精算活动的兴起和影响以及风

险管理中的保险手段的重要文章中认为，这种活动具有一种使个体客观化和集中化的倾向。商业保险的兴起以及这种活动在所有社会生活方面的扩张（参见 Rowe，1977），包括福利国家的机构，都是以用于个体之集合的精算工具以及对其风险因素所作出反应为基础的。精算风险工具根源于数学统计和对可能性的规范的计算（参见 Hacking，1975），它至少可以追溯到 18 世纪［一些人如 Rigakos 和 Hadden（2001）认为，这种情况起源于 17 世纪以及早期的资本主义和商业公司］。统计技术因而被用来从数据集合中推导出可靠的风险因素，这些风险因素又被用来预测和描述犯罪者。在刑事司法中，这种技术的最早例子之一是 Burgess（1928，1929，1936）的假释预测技术。在这个技术中，先把有关假释成功或失败的因素的数据收集起来，然后再把这些数据应用于个案中以获得确认，最后再用这些经过验证的数据预测违反假释的可能性。然而，正如 Feeley 和 Simon（1992）所说，Burgess 的工作虽然以统计和风险为基础，但它仍然属于社会犯罪学的广义的规范化范畴，关注的是对关键性个体的识别以及有助于违反假释的社会因素（醉酒、失业）。与之相比，“精算犯罪学”产生了它自己的概念，如职业犯罪人、高风险犯罪人（参见 Feeley and Simon，1992：466）。

因此，当个体信息被收集起来后（在上述事例中是指关于对个体的假释成功与否的信息），统计技术就把这些个体信息转变为作了分类的数据（参见 Rigalos and Hadden，2001）。这样，风险就具有了双重功能：一方面通过个人责任化以及打破传统的社会联系而使之个性化，另一方面又通过集合和分类而将个人归类和客观化。风险通过个性化与客观化的结合而使个人只不过成为风险因素的集合，成为一个能够被管理的风险清单。在 Simon（1987，1988）看来，这从根本上改变了公民与国家之间的关系。公民不再必然地依赖国家一系列的传统保护，公民与国家的契约也不再具有道德的基础，而只不过是经济契约，本质上则是风险的成本—收益等式。

对基于精算司法的兴起，在一些评论者如 Feeley 和 Simon (1994) 的描述中存在着争议。Simon（1987，1988）认为精算司法根源于以保险为基础的风险计算在 20 世纪所有社会生活方面的急剧扩展，与之相伴的则是现代主义刑事福利计划的衰亡（参见 Garland, 1985)。其他人则认为当前的风险计算以及对危险阶层的管理产生于 20 世纪之前，17 世纪的记录保存系统、稳妥主义以及资本主义社会“人口”的“经济构成”（参见 Rigakos and Hadden, 2001：64)，都对精算风险管理的产生有着关键性的驱动作用。尽管对于精算正义的历史根源以及历史分期还存在争议（参见 O’Malley, 2001a; Rigakos and Hadden, 2001)，但在精算司法的主要先驱和核心主题方面已经达成了一些一致意见：

- 资本主义的兴起和扩张，特别是管理和控制劳动力的手段的发展
- 通过精算风险活动来保证市民社会的稳定和社会秩序
- 对“危险阶层”管理的风险和对“坏人”风险的关注
- 对风险的社会功能所作的思考，特别是对现代理性的影响，以及关于经济与立法的发展催生社会和刑罚政策的理性思维
- 犯罪管理的经济压力以及对如何使刑事司法系统的管理更加有效的关注
- 在高级自由主义条件下，对自由主义的犯罪管理和刑罚政策的抛弃

理论路径：是阶级至上还是政府至上

在追溯风险社会和风险刑罚的起源或“系谱”时，可以发现两个主要的理论路径：一个是广义上的马克思主义路径，它以资本和阶级概念为特色，并把其分析奠基于发达资本主

义条件下阶级结构的重组；另一个是管理路径，以 Foucauldian 的知识体系和权力理论为基础，在这种理论中，管理问题即如何使用管理机制是其分析的中心（参见 Foucault，1991）。而 Rigakos、Hadden（2001）与 O' Malley（2001a）之间关于风险起源的争论，实际是这两种理论路径及其导致的对风险社会和刑事司法的分析之间的争论。其本质的不同可以表述为认识论和存在论（不如说是实体分析）的不同。以阶级为基础的分析经常与现实主义的认识论相联系，关注的是经验性的事件，它总是在“总体性的”、原因性的“理论场景”中进行表达（参见 O' Maley，2001a）。坚持管理路径的著作（也有一些例外，如 O' Malley et al. ，1997）则从个体主体以及局部微观的角度而不是从整个国家的角度来设置和检验管理活动，Rose（1996a）称之为“行为政治学”（ethopolitics）。这并不意味着忽略了国家的管理，相反，管理的路径却致力于政府如何通过特定的计划以及体现在实际管理活动中的“精神规则”而实现其目标。对于 O' Maley 等人（1997）来说，上述做法在对个体的微观的、每天活动的分析与关于政府的抽象的、宏观的技术之间建立了一种重要联系。例如，在高级自由主义社会的促进健康运动中，个体管理自己的健康风险的责任能力（参见 Petersen，1997），被概括为“保持良好的任务”（参见 Greco，1993）。Dean（1999）把这种情况描述为“行为的管理”（另见 Foucault，1982，1991；Gordon，1991），是关于“我们的行为、我们的活动甚至我们的举止”的管理，关涉的是自我指导和自我引导，其预设的目标被设定为“个体和群体应该为之奋斗的理想”（参见 Dean，1999：10）。这样，“个人的目标和愿望”就与“社会秩序和稳定”连接起来（参见 Cruikshank，1993：327）。这种情况又以一种理念为支撑，那就是行为可以通过控制机构，如教师以及其他力量和机构（包括旨在塑造品行的机构），朝着上述目标进行控制和调整。管理在本质上是通过规范我们各个方面行为的机构来实现的（参见 Dean，1999）。

这就与以阶级和国家概念为基础并在阶级分化、资本主义生产方式和“掩盖了不平等的……社会秩序”（参见 Garland，1990：126）的国家机器的背景下考察管理的宏观理论形成了对比。例如，Rigakos 和 Hadden（2001：61）就把风险关注的出现与 17 世纪英国资本家的技术、目标和利润以及早期商业资本主义社会所形成的社会关系联系起来。对他们来说，精算思想以及由此产生的刑罚活动都根植于 17 世纪的经济思想和“新生的理性国家……的逻辑”（参见 Rigakos and Hadden，2001：79）。就刑罚来说，以阶级为基础的解释强调的是刑事司法体系在监控和减轻新自由主义市场改革和全球化的负面效应中的作用（参见 Stenson，2000a），以及在缺乏社会安全网络的情况下构建一个“监狱网”中的作用（参见 Feeley and Simon，1992）。然而，Garland（1990）反对把将生产方式和刑罚方式之间的关系构建成一种简单的因果决定式的关系。相反，刑罚方式“是在这些社会结构所设定的限度内协商形成的”（参见 Garland，1990：128）。对于 Garland 来说，以阶级方法对刑罚进行分析的主要贡献在于以下五个方面：

• 刑罚在一个阶级对另一个阶级进行管理和调整过程中的作用

• 刑罚在支持“政治目标和统治集团的意识形态性承诺”中的作用

• 刑罚通过法治在加强国家权力和强制力中的作用

• 将刑罚与管理穷人的政策的狭隘性相关联（如传统的福利国家）

• 刑罚在“将警务和社会政策手段相结合管理穷人以及寻求对问题人群进行监管”中的关键性作用

（来自 Garland，1990：129 – 31）

这些实质上的和概念上的问题决不是阶级分析所独有的，它们在最近关于刑罚管理的分析中也起着极为重要的作用（参见 Garland，1990；Stenson，2000a；O' Malley，2001a）。

管理主义者关心的是“权力—认识”间的联系，在这种联系中，风险得以形成和展开。与 Beck 不同，管理主义者并不把风险仅仅看成是意识形态形式或者社会结构，也不把风险看成是扩大了的、经过社会过滤的“非真实风险”以及不可知的未来的产物（参见 Beck，1992a：33－4）。相反，他们关心的是描绘和分析“管理心理和风险技术”（参见 O' Malley，2001a）。另外，阶级分析关注的是勾勒风险社会中的唯一风险轨迹，而管理主义者则把风险谱系看成是更加复杂的东西，它具有多种非连续性。然而，每种路径的许多核心方面又有重叠，我们现在就来研究这些方面。

风险与资本主义

就风险的精算活动与资本主义的兴起之间的联系问题，特别是控制和训练劳动力的技术发展问题，人们已经进行了一些具体研究（参见 Rigakos and Hadden，2001）。资本主义的兴起不仅伴随着工业劳动力的壮大，而且也伴随着对“危险阶层”日益增加的成见。这些危险阶层大量分布在“被永久地从社会流动性和经济一体化中排除出去的”下层阶级中间（参见 Feeley and Simon，1992：467）。这种危机决不是新的，它反映了在制造一个大的剩余劳动力“蓄水池”与一大群被边缘化的受排斥的公民所代表的潜在危险和不守秩序之间的紧张关系。

对管控的关注以既作为惩罚机制又作为训诫的边沁主义（Benthamite）监狱的产生为代表。在 Foucault（1977）对这种发展的根本性的考察中，它被说成是从主权执行到监狱的规范性训诫的转变，也就是指既在监狱内又在监狱外的总体监督概念。Rigakos 和 Hadden（2001；另见 Rigakos，1999）把这种情况描述为“全景式的推动”，其典型表现是 17 世纪通过统计信息以及用来对个体进行分类和管理的日趋政治化的数学方法，对社会生活的所有方面进行控制的计划。确实，这种方法开始把个体转变成“人口”，并导致对问题人群的全景式的监督，以保证市民社会的稳定和经济繁荣。例如，17 世纪 Petty 的为政治服务的算术就旨在“劝导个体规范他们自己的行为，并从自己的意志出发自愿接受社会控制”（参见 Greengrass, 1996：17；Rigakos and Hadden, 2001：69）。风险和社会秩序的核心主题包含着对犯罪和经济的双重关注，这以在今天仍然流行的“内在的和外在的”社会结构为基础（参见 Leonard, 1997）。其结果就是 Gordon（1991）所称的经济主权的现代体系和关于管理威胁着市民社会稳定和社会秩序的成见。

风险与社会秩序

对影响市民社会稳定和社会秩序的风险的捕捉已经有很长的历史了。Rigakos 和 Hadden（2001）把它追溯到 17 世纪对公民进行全景式监督和管控的关注，特别是在那些正在萌发资本主义的城市，如伦敦（参见 Mykannen, 1994）。这种网络是风险社会的先驱的代表，在这种社会中，通过对人们进行“了解”和“归类”来配置训练技术，并通过对个体进行评估和画像的统计技术来控制危险人物以强化监督，并在必要的时候进行隔离，特别是通过监狱和收容所进行隔离（参见 Bartlett, 1997）。然而，现代全景式的监督机构与现代后期或后现代的相应机构之间有重要的区别。前者关注的是通过社会福利制度和社会工程的全景式系统，变偏离为正常（参见 Donzelot, 1980），并以复归和改造为主要目标。后者的计划则更加令人沮丧，它认为社会永远存在下层阶级和犯罪人口。在这种情况下，风险并不是减少了，而是被储存到监狱中（或者通过集中的风险管理和监控策略而包含在社会内部），本质上是把危险人群与社会中的其他人口分离开来（参见 Feeley and Simon，1992）。这样，风险被处理掉了，而且由于监控网络在社会生活各个方面的不断扩张，风险本身就变成了自我辩解的理由。风险，特别是风险的预防，代替个体权利成为司法审判的核心原则，同时它也成为公民与国家关系的核心元素（参见 Rose，2000）。避免风险的代价逐渐上升，而个体权利在弱化。

风险避免与“不良管理”

虽然冒险是企业家资本主义和商业活动的核心，但避免风险和处置风险却成为精算风险活动发展的必要的组成部分。主要的“不良”来自于“危险阶层”的永久威胁，这被证实为在 17 世纪的社会政策主要关注的问题（参见 Rigakos and Hadden，2001），也成为 19 世纪和 20 世纪的重要问题（参见 Pratt，2000c）。这部分地反映出现代社会的脆弱本质以及由一些重要人群对市民社会稳定和社会秩序所造成的极大威胁。这些人群中有“工会、城市人口、政治煽动者、被剥夺了的农业工人、犯罪人、流动人口”，所有这些人构成了这个时代的“危险阶层”（参见 Pratt，2000c）。Pratt 认为，由于这些威胁通过社会改革而在 19 世纪后半期得到改善，“危险”概念开始明确地指向犯罪人。有趣的是，它不仅包括惯犯，也包括那些臭名昭著的和严重的罪犯，后者在 1887 年的英格兰和威尔士达到了 40000 人（参见 Solly，1887 in Pratt，2000c；Crackanthorpe，1902）。与这种情况相伴随的是记录保存（如警察索引和指纹印记）和数据收集技术的发展使风险变得既可知又可计算（参见 Pratt，2000c）。这类技术使得不确定、不可预测的危险阶层变得可知、可计算并可以控制。的确，公民的可知性和风险的可知性是现代国家的特点。可知性和可计算性对风险避免和风险处置的控制来说是必要的。

Pratt（1997）认为，在危险的历史上，19 世纪和 20 世纪见证了两种处理危险的方法：一是不断加强对危险的分类、监控和隔离；二是国家分化出更多的权力来保护公民免受犯罪人的侵害。现代性最终是使风险的保护从个人转移到国家(参见 Foucault，1979)，但正如 Pratt（1997）所说，其代价是加强了对我们生活的干预和管控。

风险与现代思想的作用

现代主义思想的重要性也受到关注，在法学和经济学中兴起的添加进 Feeley 和 Simon（1994：186）称之为“社会功用分析或精算思想”的政策考虑就是一例。Leonard（1997）注意到“理性”作为一个概念在现代思想发展和把启蒙工程应用到科学和社会进程中的重要影响。理性概念的核心是合理性概念，它以普适的真理主张、当前时代的知识、根据已被证实（依据科学的方法）的知识制定大家共同接受的规范和法律的运行为基础。因而，对于启蒙工程来说均具有重要性的数学和科学，构成了规范精算风险活动发展的基础。

Rose（1993）考察了专业技术，特别是经济学、审计学、工商管理方面的专业技术在自由主义国家的调整机制中的作用。这种专业技术为社会规划、社会工程以及按照预先设定的规范管控人口提供了一个独立、客观的权威，这集中表现在 20 世纪的社会政策趋势上（参见 Kemshall，2002a）。Rose 把这种情况表述为“通过社会来管理”，通过像福利国家以及各个方面的专家与专业人员的活动这样的复杂网络（实际上，政府近在咫尺)，使个体的活动符合预先设定的规范。国家并没有明确指出希望人们遵守的规范，或者直接迫使人们遵守这些规范，而是将任务移交给各种专业人员（如福利工作者）和福利国家的“软”社会控制者。在此情况下，专家所主张的真理和知识是极为神圣的，并使国家对那些被认定为确实需要矫正、重新社会化和规范化的人所作的全面的强制和“矫正”合法化。在 Rose 看来，如此利用专业技术是现代国家及其解决“秩序问题”的特点（参见 Rose，1993，1996a，1996b，2000）。

O’Malley（1992，2001b）用图表说明了新自由主义国家福利鉴定的社会原则向实证的、量化评估的心理原则的转变。后者要进行大量的成本—收益评估（如“起作用的”），表现为职业计算和行为预测（如对犯罪人的精算风险评估工具），并广泛利用这种技术以使公民成为对其犯罪负责的积极的、富有责任心的个人。例如，缓刑服务机构（Probation Service）就经历了一个从以犯罪的社会原因理论和福利主义为依据的改造机构向以犯罪原因的认知行为心理学和个体犯罪原因理论为依据的“有效的实践”机构的巨大转变（参见 Robinson，2001，Kemshall，2002b）。“人文科学”与其说是被代替，不如说是在高级自由主义的责任理论和“行为政治学”计划中得到了改造。

经济的犯罪管理和精算风险实践

经济的犯罪管理和精算风险实践之间的联系也得到了研究（Flynn 1978；Posner 1985；Feeley 和 Simon 1994），虽然这种联系在多大程度上是近期的问题或在多大程度上是长期的问题还不清楚（参见 Stenson and Sullivan，2001）。事实上，如何惩罚和收容那些 19 世纪 80 年代被关进感化院的犯罪人更经济（参见 Cotswold District Council，1994），如何管理经常出现的“危险阶层”成本更少，这些问题困扰了刑罚评论人员较长的时间（参见 Solly，1887；Pratt，1997）。20 世纪 70 年代后的经济压力，特别是英语国家的福利和司法体系的压力，被认为是对刑事司法进行有效管理发展过程中的主要驱动力（参见 Flynn，1978）。其中，可以看出两个主题，即一套关于司法的系统方法，以及根据风险程度合理配置资源的技术。系统方法具体是指把刑事系统的机构联合起来，并将系统理论和程序运用到犯罪管理中，识别出系统中的障碍以及快速追踪、看护和牵制，重点是目标、经济和效率（参见 Heydebrand and Seron，1990；Davies et al.，1995）。在英国，这种情况又以 20 世纪 80 年代针对青少年犯罪人的系统方法为典型（参见 Thorpe et al.，1980；Morris and Giller，1987）：为主要刑事司法机构如缓刑服务机构引介国家目标（参见 Home Office，1984a；Faulkner，1989）以及最新的正确尝试，使之联合起来（如 Joint Prisons and Probation Review：Home Office，1998）。类似的发展也在美国出现，特别是作为对“需求升高、资源减少”（参见 Heydebrand and Seron，1990：81）以及更加关注司法的理性和管理而非司法功能的响应而出现。伴随这种情况的是开始强调对低风险犯罪人的牵制，以及快速追踪并有选择性地控制住那些 1982 年 RAND 公司（RAND Corporation）关于量刑的报告里所说的那些最危险的人（参见 Greenwood and Abrahamse，1982；Blackmore and Welsh，1983）。

“选择性剥夺行为能力”这一概念反映出人们不仅关注对危险人物的管理，而且关注对危险人物施行监禁的成本。例如，Flynn 在 1978 年就谈道，“美国刑事系统”正在被“巨大的不满浪潮所冲击，它的目的、目标和方法也处于极大的混乱中”（参见 Flynn，1978：131）。她注意到人们对“强硬路线”、提高效率、使用强制判决以及增加监禁的使用等的要求。Flynn 撰写这些内容的时候，正是人们贬低改造理念并对其不抱幻想的时期，也是刑事司法系统的改造计划正在遭受攻击的时期。累犯率高得让人无法接受，强制改造也被认为是失败的。同样的倾向也在英国出现了（参见 Stenson，2001）。然而，Flynn（1978）也注意到，从“改造”向“应得”的惩罚的转变注定也要失败，这不仅是因为威慑力量不能得到保证，常习犯也许不会受到其影响，而且因为需要“重新评估监狱的功用……以找到降低其人口增长速度的方法，使其功效与公众安全保持一致”（参见 Flynn，1978：133）。“应得的”量刑在整个 20 世纪 80 年代的英国和美国出现的大量的监狱人口中的作用已经有很好的记录（参见 Young，1999）。正如 Flynn 所预言的，监狱人口肯定要超出监狱的承受能力和建设计划，在这种情况下，就必须积极寻找决定谁需要监禁、谁可以被移交至社区刑罚或者谁可以被尽早从监狱中释放的技术。

新右派犯罪政策、新自由主义与风险

研究人员也把精算司法的出现与新右派政治和高级自由主义关于犯罪控制的计划联系起来（参见 Christie，1994；O'Malley，1996；Stenson，2001；Sullivan，2001）。从 20 世纪 70 年代晚期开始，资本主义世界经历了全球性的政治、经济和文化的巨大变化，在此期间，对这些当时面临着多元主义和多样性管理的重大课题的自由主义社会来说（参见 Rodger，2000；Stenson，2001），犯罪及其有效管理成为一个核心问题。这个时期见证了西欧以及英语国家犯罪控制的不断政治化，以及与这些国家相伴的备受媒体关注和公众指责的“平民主义惩罚”倾向的增长（参见 Sparks，2000，2001a）。正如 Stenson 所指出的，这种情况甚至出现在最自由主义化的国家荷兰。从 1975 年起，这个国家的监狱容量增加了 5 倍（参见 Van Swaaningen，2000；Stenson，2001）。

Stenson 把这种情况描述为传统自由主义的退却（这种趋势一直持续到 21 世纪的大西洋两岸，而不管其个性化政府的政治倾向如何），尤其是贝弗里奇（Beveridge）福利国家的自由的福利主义的退却。自由的福利主义围绕着安全网络支持和针对市场的反复无常的最小保护，在公民和国家之间提供了一个特定的契约。根基于社会进步和社会正义的现代承诺，福利主义以追求包容的、平等的、充分的和安全的就业以及社会稳定为特征（参见 Jordan，1998），社会关怀和刑罚的复杂性被认为正好是专职专家们的研究范围，大多消失于公众和政治安全的视野之外（参见 Stenson，2000a，2000b）。Rose

(1993, 1996a, 1996b) 认为，这种统治策略从 20 世纪 50 年代早期开始已经发生了根本的变化，起因多半是由于对福利成本的认识以及福利国家并没有实现它所说的目标的缘故。荒谬的是，福利国家在协调国家统治、形成规范和配置专业技术方面的成功，部分地促进了这种变化。Rose (1996a: 41) 所称的“高级自由主义”的统治“以不同的方式依赖于专业技术”。专业技术不再只是被福利之网所利用，它还被理解为是普适的和没有争议的。专业技术也存在于市场和消费者领域，与选择相联系，而这种选择是一种建立在充分的信息基础上的谨慎选择，其中，专业技术在对管理进行规范和调整个人的谨慎选择上具有关键性的作用。这就是 Rose (1996b) 所说的“社会的死亡”。作为“政府的目标”的“个人”被重构为能够预防风险的、精于计算的、谨慎的个体，“他能够积极地管理自己的事务”（参见 Rose, 1993: 296)。“专家”不再只是把规范灌输给公民，相反，积极的、谨慎的公民需要建议、忠告和专家的意见，以便能够作出谨慎的、理性的风险选择。这样，有关专业技术的官僚体制（以福利国家为代表）被一个多元的专业技术市场所代替，这种市场的关键是消费者不再是福利的接受者。的确，市场本身已通过国内市场和买卖活动增进了福利技术的商品化。

Rose 的“后社会”世界以个体的自我规范和个体的负责能力为特征，其中，个人预测和管理风险的能力是关键（参见 Rose, 1996b)。在这样一个世界中，专家的作用由革新、改造、处置和改变转变为风险的评估者和风险的管理者 (Castel 1991)。现在，专家们负责计算和减少风险，包括来自于他们专业成果中的风险和由他们的诊断对象所带来的风险，也包括“普通大众”所造成的风险（参见 Rose, 1996b: 349)。这种专业技术的利用对于 Rose 所说的“边缘人物的管理”是必不可少的，这些边缘人物是指那些由于能力不足、没有能力或不妥协而没有能够采取谨慎的风险选择的人。下层阶级当然是一个典型，它与穷人的质的区别在于其“反社会行为”、道德堕落以及缺乏作为成熟的有经济生产能力的公民的能力（参见 Murray，1990）。虽然“内在与外在”（included and excluded）的二元概念里很早就阐述了社会秩序方面的紧张状况（参见 Leonard，1997），但最近的社会和刑罚政策评论家认为，这种紧张状况由于 20 世纪 70 年代之后向后福特（post – Fordist）的经济转变中所产生的一个下层阶级的持久存在而恶化（参见 Jessop，1993，1994，2000；Rodger，2000）。简单地说，后福特经济以资本的全球化、市场的相互依赖、信息技术、不断的革新以及要求灵活的劳动力供给和多样性技术为特征（完整的评论见 Kemshall，2002a）。

犯罪控制和刑罚的一个具体结果是形成了一个由没有受到良好教育、没有技术的男青年（虽然不绝对是男青年）构成的无法被雇用的下层阶级。这个阶级通常存在于城市内日渐无序、暴力和危险的、萧条的社区中（参见 Campbell，1993；Stenson，2000a）。下层阶级和危险分子成为新刑罚学所关注的相互缠绕的主题（参见 Feeley and Simon，1992），表现在转移危险人群（通常是转移到监狱）、通过驱散“危险人群”使风险与非风险分离以及对被威胁的公共区域再度移民的双重目标中（参见 Stenson，2000a）。这不仅是指转移“英国中产阶级堡垒”中的风险，而且也包括转移“努力工作的工人阶级”中的风险（参见 Jordan，1998）。通常认为后者特别容易遭受风险，最不能保护他们自己以对抗风险（例如，他们负担不起安全保护和其他私人保护的费用）。这些人认为他们承受着高比例的税额负担以支持他们社区不活跃的经济和混乱状态（参见 Murray，1994；Jordan，1998）。在这种社区中，风险转移技术（如“零容忍警务”）和情境犯罪预防技术［如闭路监视系统（CCTV）］、邻里守望、反社会行为规管和“封闭的社区”已经被接受（参见 Blakey and Snyder，1997；Hughes，1998）。

“社会的死亡”、福利国家的衰亡以及后福特经济的影响对于“社会政策的刑事化”都起到了重要作用（参见 Crawford, 1998）。正如 Feeley 和 Simon （1992） 所深刻地指出，随着救济式安全网络的收缩，它的地位被监狱式安全网络所替代，犯罪控制问题也成为“过去二十年自由民主主义的”中心任务（参见 Stenson, 2000a：230）。例如，Stenson 曾认为，英语国家民主的政治演说中发生了一个重大的转变，其表现是新右派体制下福利国家合法性的丧失以及社会管理的重新定位，即从关注福利国家及其社会工程的手段转向刑罚领域。在 Stenson 看来，这种情况的代表是 20 世纪 70 年代尼克松用“针对犯罪的战争”代替了传统自由主义的“针对贫穷的战争”，以及随后里根和克林顿的政策。

在英国，相同的倾向也出现在撒切尔夫人时代（1979—1990）的新右派纲领中。James 和 Raine （1998） 在一篇关于“刑事司法新政策”的重要评论中，认为上述转变的关键时期是在 1979 年到 1997 年之间，这个时期“以方向的分化、急剧的立法和政策的改变为特征”（参见 James and Raine, 1998：3）。除了把这个时期看成是不连贯的刑事政策的发展时期外，他们对这种巨大转变的四个关键性的动力做了如下概括：

- 犯罪的政治化和犯罪控制
- 管理主义和不断增加的责任
- 向前推进的行政管理
- 公众的声音和参与，以及平民主义的兴起

（参见 James and Raine, 1998：4）

他们认为，这种转变是在刑事司法的效率不断受到挑战（参见 Uglow, 1995；McLaughlin and Muncie, 1996）、犯罪率上升、公众更加关注犯罪（特别是暴力犯罪）以及对刑事司法的“福利主义”范式的认识越来越清醒的情况下发生的。“福利主义”范式用社会的和“心理的方法”来解释犯罪原因并

对犯罪进行阐述，并特别强调犯罪的社会学分析和社会原因。根据记载（参见 Garland，1990），在 Martinson（1974）著名的内容为“不起什么作用”的文章家喻户晓之后，这种范式的影响逐渐减弱，玛格丽特·撒切尔（Margarter Thatcher）用其著名的论断将此概括为“没有这样的社会”。迅速代替福利主义范式的是强调个人的责任、罪过和过失的司法的范式；用“应得的惩罚”方法来进行量刑，在这种量刑中，惩罚应该与犯罪而不是犯罪人相适应；惩罚优先于改造；“强硬地对待犯罪”肯定了羁押中心地位。20 世纪 80 年代与 90 年代早期的英国刑罚政策就以“强硬地对待犯罪”和“法与秩序”以及借鉴于美国的刑罚政策和策略为特征。对这种借鉴起关键性作用的是推出“监狱工作”主题的 Charles Murray 的著作（1997），这被看做是对 Howard 时代的监狱工作哲学的肯定。然而，Murray 的著作具有更广泛的影响，它不仅将成本—收益计算引入刑罚过程，实质上更是把监狱风险计算当做了一种犯罪控制策略。按照他的著作来分析下层阶级（参见 Murray，1990，1994；Lister，1996），Murray 有效地捕捉到了对用经济的犯罪控制策略如监狱对下层阶级进行管控的关注。在其著作《下层阶级：危机加重》（Underclass：The Crisis Deepens）中，Murray（1994）预测了“新暴民”（New Rabble）的形成，这是一个主要从事犯罪活动的无技术、没有工作的下层阶级，是一个会越来越多地遭受监禁或社会监管（如宵禁和集中监督）、逐步成为公众敌视和排斥的对象的阶级。虽然“新暴民”这个词在社会政策术语中已经被带有较少轻蔑色彩的“被社会排斥的人”所代替（参见 Alcock，1996），但对此群体的有效管理大部分问题却留给了刑罚领域，并构成自由主义民主国家的一个长久问题。正如 Harris（1999）所说的，自由主义管理的核心问题是如何协调独立的、有经济活力的市民与那些依赖性强的、无经济活力的市民之间的关系。这个问题因后福特主义社会的多元化和思想崩溃而得到加剧

(参见 Rodger, 2000)。

新自由主义政府模式之下的犯罪控制已经重新构建了公民与国家之间的契约。对于那些处于社会之中并具有经济活力的公民来说，国家为他们继续提供保护以排除犯罪风险。然而，其传送机制越来越分散到包括私人和非官方部门的混合经济中，不管是中央的还是地方和社区的（参见 Garland, 1996; James and Raine, 1998; Stenson, 2000a; Stenson and Edwards, 2001)。个人的风险管理责任得到了强化，如避免到有风险的地方，确保恰当的安全措施，对人身和财产犯罪保持足够的警惕（参见 Rose, 1996a, 2000）等。这种多元主义和个人化在犯罪控制中的混合就产生了不确定性和恐惧（参见 James and Raine, 1998; Sparks, 2001a)。不仅政府和政策制定者感到不确定性和恐惧，工人和公民也感到不确定性和恐惧。不断增加的犯罪风险管理的个人责任也强化了个人对人身风险和易受伤害性的认识，其结果是增加了对与个人受害经历无关的犯罪的恐惧（参见 Lupton and Tulloch, 1999)。正如 James 和 Raine（1998: 30）所声称的，这种不确定性和恐惧的混合产生了政府和公众都急切地对犯罪采取一种严厉姿态的条件。

小结

有大量的迹象说明精算司法和以风险为基础的刑事处罚的存在，虽然关于其在一种新的刑罚结构中的影响程度还有争议（参见 Pratt, 2000a; Kemshall and Maguire, 2001)。精算司法的起源和兴起也同样具有争议，在这种争议中，可以看到两种理论路径。不管怎样，作为向以风险为基础的刑事处罚转变的最初表现，上述主题的重叠显而易见。最需要指出的是对管理、调整和社会秩序的关注，以及高级自由主义社会中“统治的问题”。而统治问题的中心是在犯罪控制中公民与国家的关系的转变，它导致了个性化和个人对风险和犯罪管理责任的强化。在这种情况下，强硬的刑罚作为对在后福特主义社会多元化和思想崩溃中逐渐产生的恐惧和不确定性的一种回应，已经变得正常了。

刑罚权与危险处境

Garland（2000）简要地表达了在高级自由主义社会中犯罪控制所面临的困境。简言之，就是在一个对犯罪的恐惧普遍存在、高犯罪率已成为“一种常规性的社会事实”、刑罚—救济方案已被证明为失败、公民已看到国家不能提供充分的个人安全的社会中（参见 Garland，2000：348；2001：140），该如何有效地控制犯罪。Garland 发现了两种主要回应：“强调预防与合作关系的适应策略”和“强调增强控制和有效惩罚的主权国家策略”（参见 Garland，2000：348；重点和原来的一样）。正如将要看到的，风险在这两者中都起着关键性的作用。

应对策略

犯罪预防和合作关系是这种应对策略的特征。本质上讲，国家承认其在提供安全保护方面的有限作用，并把其责任和义务转移给了地方社区，而旨在实施犯罪预防（参见 Hughes，1998）、高风险罪犯的社区管理（参见 Kemshall and Maguire，2001）、地方犯罪与违法管理（参见 Stenson，2000a）的新的混合型机构受到了关注（参见 Garland，2000）。其特征是早期识别、评估和预防的风险逻辑。这种合作的核心特征是：

- 分散了的义务，把风险责任从中央转移到地方和新的混合机构（参见 Leiss and Chociolko，1994；Kemshall，1998），并排除中央政府对犯罪产生的责任
- 国家与非政府机构的结合，私人机构在犯罪控制中起着越来越重要的作用（参见 Garland，2000，2001）
- 企业家资本主义在犯罪控制中的作用日益增强，如在

为普通公民重新取得“被威胁的空间”（如市内的重建，港口住宅区的发展：参见 Stenson，2000a），同时用“零容忍”警务排除问题地区的“不利因素”（参见 Stenson，1999）

这些特征不仅代表了犯罪控制模式的改变，而且代表了风险管理模式的改变。正如 Hope 和 Sparks（2000：3）所说：“它们……预示在国家机构、商业组织和个体消费者之间分担安全供给的新方法。”

重要的是这种转变而不是合作本身。风险，特别是与经济和社会断层相联系的问题性的、地方性的和长期性的风险，被转移到了地方社区。Stenson（2000a：233）把它描述为“社区安全”，其重点是强调各地犯罪控制的社区行动与责任。本质上讲，社区是被“责任化”了（虽然更经常用“授权”这个词），背负了越来越多的非正式社会控制、清除不利因素、通过重建和社会包容来清除犯罪机会的任务。然而，正如 O’Malley（1992）所注意到的，这种语境下的社会包容不应该与社会正义相混淆。重复性被害人的研究显示，这种策略并不一定降低风险，或者把风险从最不能忍受风险的人那里排除出去（参见 Karmen，1990；Walklate，1997）。犯罪风险也许只是被控制在适当的位置，最糟糕的是转移到了其他易受伤害的地方（参见 Barr and Pease，1992；Walklate，1997）。

把犯罪风险分散到社区也反映了高级自由主义与传统的福利国家以及集中和管理风险的普适策略的分裂（参见 Giddens，1998b）。随着“社会的死亡”（参见 Rose，1996b）（或者至少都是它的改造），风险的集中被个体和社区所代替。这种情况在新劳动党（New Labour）的“第三条道路”（Third Way）下得以持续，并伴随着政府政策与后福特主义所带来的经济和社会影响的斗争，以及“在所有层面上形成一种包容的社会团结而同时又不失去那些令人可怕的、财政上保守的中产阶级的支持”的需要（参见 Stenson and Edwards，

2001：68）。Stenson 和 Edwards 把这种紧张关系描述为第三进步的管理方法的“内含的二难选择”，其本质是如何在包容到下层阶级的同时又不疏远那些经济上活跃的、守法的公民，更为重要的则是没有提高税额。社会包容政策因而受到较低的公共支出和公众对广泛干预策略接受程度较低的严格限制。在这种情况下，社会包容政策的合法性只能通过一种经济的花言巧语来实现，这种花言巧语通过劳动力市场而不是通过福利国家来强调包容（参见 Jordan，1998），这是一种“强烈爱护”的社会政策，它强调公民与国家之间存在一种“以物易物”的契约（参见 Jordan，1998）。福利安全网络被定向的社会投资政策所代替（参见 Downes，1998；Stenson and Edwards，2001）。在这种政策下，把向自由主义民主提出重大挑战的社区看做干涉与重建的目标。“重建”这个词本身就是一种经济性的构想：“社会投资”代替了社区和社会工作之类的传统的术语；重建的前提条件是“社会资本”的增加；将捕获犯罪之网和社会政策置于广义的社会包容概念之下（参见 Hope，1996；Stenson and Watt，1999；Walklate，2000）。本质上看，社会政策被重铸为经济政策，这种政策以对没有经济活力的人的犯罪控制为核心特征（参见 Rodger，2000）。

Stenson 和 Edwards（2001）把“社区安全”明确为以下三种犯罪控制技术：

- 把受到威胁的地区从违法和犯罪群体手中收回
- 目标加固，包括有利于犯罪人的目标和对犯罪时机有利的目标，这根植于早期的风险评估和预防风险管理策略，如预防性警务
- 地方安全措施的发展，如私人安全、“有人守卫”的社区

（参见 Stenson and Edwards，2001：72）

然而，通过社区进行管理也不是没有困难，不仅是由于

随后形成的合作的混杂和实质上的不协调，而且还有各地方的分布和人员、地方政治和经济文化以及当地人对重建计划的接受情况的影响（参见 Stenson and Edwards，2001）。设定目标本身就必须把一些人划进来而把另外一些人排除出去，社会投资也在冒着失败风险，而当那些“可怕的中产阶级”认识到社会投资是一种成本较大的错误时，失败便会导致声名败坏。在被划进来和被排除出去的人之间以及在中央政府和社区之间，存在着不满、不信任和不能容忍的潜在因素。

主权国家的策略

当代刑事政策的这种双重本质已经被许多评论家所注意。其中最突出的是 Garland（1996，1997b，2001），他发现了两个相互联系的方法，即经济的犯罪理性，它以预防、重构和成本（在初级经济学的犯罪控制语境中的）为基础；表达的理性，它以严厉的、强硬的处罚和成本（在一种有特殊意义的、惩罚的合理性中的）为基础（参见 Garland，2000：350；2001：140）。对于 Garland 来说，当代刑事政策是以下两方面的奇怪混合：

> 很典型的是，每种措施都以两种不同的登记方式进行运作：一种是表达性的、惩罚性的标准，它运用定罪符号并允许其信息的传播；另一种是工具性的登记方式，适用于公众保护和风险管理。那种受欢迎的惩罚性表达模式也是一种重要的刑罚隔离模式和标记。今天的政策所考虑的既不是纯粹的惩罚也不是只因公众保护而行动。新刑事理念是公众得到了保护且其感情也得到了表达。
>
> （参见 Garland，2000：350；重点如开始所说）

表达性的、惩罚性的刑事处罚主要针对的是两类关键人群：一类是危险的暴力犯罪人、性犯罪人（特别是恋童癖者），另一类是最近时期的累犯（参见 Halliday，2001）。政策和法令都反映了对这种目标不断增长的关注，并有选择地剥夺这些罪犯的能力并根据其风险程度对这些群体进行集中性的社区管理。这种方法是在缺乏已有高度信赖的风险预测工具（参见 Kemshall，1998；Kemshall and Maguire，2001）以及缺乏这种策略能够有效地减少风险和危险的确凿证据（特别是有选择地剥夺罪犯的能力）的情况下出现的（参见 Young，1997）。与 20 世纪 70 年代的"危险性之争"相比，新右派采用的刑罚措施很少遇到抵制，除了法官（参见 Freiberg，2000）和那些需要进行大量的意识形态调整的刑事司法工作者（参见 Millar and Buchanan，1995；Kemshall and Maguire，2001）。最引人注目的变化是 1983 年对暴力和性犯罪人假释的限制，后来成为 1991 年《刑事司法条例》《Criminal Justice Act 1991》的内容，以及根据风险对暴力和性犯罪人量刑的采用（参见 Wasik and Taylor，1991）；随后采用的依照 1997 年《犯罪量刑法案》（Crime Sentence Act 1997）对第二次被定罪的暴力和性犯罪罪犯作出强制性的无期徒刑的做法；按照 1997 年《性犯罪条例》（Sex Offender Order 1997）大大加强对性犯罪人的管理和监控；根据 1998 年《犯罪和动乱法案》（Crime and Disorder Act 1998）引入性犯罪罪犯规定。美国的刑罚也有相似的发展，最著名的是"三振出局"（three strikes and you' re out）立法、追踪并从社区中清除性犯罪人、刑期更长的量刑并严格假释的条件。澳大利亚的立法中也可以看出同样的趋势，虽然 Freiberg（2000）已经注意到，这种情况受到法官的比美国更强烈的抵制。这种趋势绝对不是英语国家独有的现象，在北欧的自由主义民主国家中也可以看到（参见 Van Swanningen，2000）。

这种混杂的进程的核心是平民主义的作用、高度政治化的犯罪控制计划（参见 Bottoms，1995；Sparks，2001a，2001b；Loader and Sparks，2002）以及对受害者位置的突出强调（参见 Walklate，1998；Garland，2000）。虽然媒体的影响已经得到足够的注意（参见 Gerbner，1987；Sparks，1992），但这不仅仅是一个媒体影响公众对犯罪风险的认识的问题。例如，Garland（2001）曾认为，现代后期社会的特定社会和文化条件是惩罚平民主义的重要先导。在现代社会晚期，犯罪变成了一个普通的、每天都经历的事情；即使是自由主义的中产阶级也越来越受到犯罪的影响。被人们察觉到了的犯罪活动，特别是传统上属于低犯罪带的毒品犯罪，已经成为破坏具备专业知识的中产阶级所支持的福利主义方法犯罪控制的有力理由和重要机制。这种情况与职业性的专门技术的转让以及大多数福利主义职业群体的权威和地位的基本消失联系在一起，去除了刑罚政策领域公民与国家之间的一个重要缓冲器。20 世纪 70 年代的福利国家的崩溃也使中产阶级受到越来越多的攻击：失业、不安全以及“危险阶层”的渗透。恐惧和不安全已经成为每天必须经历的事情，它要求持久的自我监控、保持警惕并反省（参见 Giddens，1991；Garland，2001）。按照 Hope 和 Sparks（2000）的话说，对犯罪的恐惧及其带来的持久的不安全是新的“私人问题”（参见 Wright Mills，1970）。

平民主义及其恐惧与不安全的核心特征，也因后福特主义的社会断层和新右派的社会政策而恶化（参见 Rodger，2000）。全球化对传统工业的影响导致许多工人阶级社区转变为被剥夺的、被社会排斥的社区，与之相伴的是犯罪和失业流行，以及与社会稳定和秩序相伴的各种问题（参见 Campbell ，1993；Morris，1994；Rodger，2000）。已察觉到的对“正派公民”的威胁加上风险社会中普遍的不安全，造成了 Garland 所说的“犯罪意识的制度化”（参见 Garland，2000：367；2001）。在这种情况下，个人一直意识到犯罪威胁并对之进行持久的适应。这就为面对惩罚时更富感情色彩的、更加强调惩罚的态度的得以扎根的沃土。犯罪政策不仅关注刑事司法的工具性、效率性目标，它们还要反映深层的感情和象征性的要求（参见 Freiberg, 2001）。正如 Freiberg 所说，这也许意味着，犯罪控制的“成功”是指“捕获公众的想象而不是控制犯罪的成功”（2001：273）。在这种情形下，惩罚性的刑罚获得了极大的成功，其表现就是保守党内政大臣 Michael Howard 与新工党（New Labour）的 Jack Straw 在 1997 年大选前就“强硬的”法律和秩序政策所进行的“竞选战”（参见 Stenson, 2001：17），以及随后新工党常强调的“强硬地对待犯罪和强硬地对待犯罪的原因”。

然而，应该注意到一个重要的告诫。“平民主义惩罚”是一个复杂的问题，而不仅仅是狡猾的政客、愤世嫉俗的媒体与易受欺骗的公众之间简单的相互作用的产物（参见 Young, 1999；Freiberg, 2001；Sparks, 2001a，2001b）。公众在变化，政治家的主张要成功就必须赢得公众的“共鸣”（参见 Tonry, 1999；Freiberg, 2001）；虽然媒体的报道对于公众的风险概念来说有重要作用（参见 Kitzingger, 1999a），但公众不应该仅仅被看做是“易受媒体欺骗的对象”（参见 Young, 1999）（见 Young 在 1999 年关于对犯罪的恐惧和公众的反应的简单分析的重要批判。见 Sparks 2001a 中对平民主义以及媒体在公众风险概念和对犯罪的恐惧中的作用的集中分析）。对风险和安全的认识体现在日常经验、地方状况和条件、个人在地方和重要的网络机构中的投资，以及安全的或受到威胁的程度和免受犯罪威胁的防护程度（参见 Hope and Sparks, 2000；Sparks, 2001a）。

对于 Sparks 来说，这种“地位的苦难”能够帮助说明在“犯罪风险方面的不耐烦的关注，这种烦躁造成了许多当代社会的特征”，以及“对‘自己的地盘’进行防御和领土保护的特征”（参见 Sparks, 2001a：206；Loader and Sparks, 2002）。其结果是一种奇怪的防御性焦虑和“不容忍任何对业已形成的安宁与秩序意识的侵扰”（参见 Sparks, 2001a：206；正如开始所强调的）。另外，Young（1999）反对把对犯罪的恐惧和对更强硬措施的要求仅仅看成是一种对后现代社会本体不安全的隐喻。这个问题并不一定是关于真实的犯罪率、真实的风险和已感觉到了的危险的政治的或公众的“非理性”问题。这个问题更是一个许诺与要求的问题：

在一些情况下它们会升高，在一些情况下它们会被夸大，但重要的是随着对较高质量生活的要求，评价的基线已经提高。要强调的是，我们在不断地抬高我们的社会安全水平和要求。而且，关于风险的争论的确存在（其中，风险方面的作家们是这种争论的参与者的一部分），其本身就是现代社会后期的收获之一。与其说现代社会没有兑现其提供一个无风险社会的承诺，倒不如说现代后期已经严肃地对待这个承诺，要求得更多并完成了更困难的任务。

（参见 Young，1999：78；正如开始所强调的）

小结

风险在现代刑事政策中起着一个核心但又具有差异性的作用，Garland 把其特征概括为“刑罚权”。它的表现一方面是社区安全上的应对策略，另一方面是表达性的、惩罚性的刑罚。然而在应对策略中，犯罪控制技术各不相同，且分散和地方化到社区内；在主权策略中则高度政治化、以立法为驱动并形成普及，其根本原因是高级自由主义社会的犯罪控制的问题。这被说成是第三条道路管理中“变形的二难选择”：既包容危险阶层又不疏远在实体上不安全、恐惧和焦躁的中产阶级而达到精妙平衡。这种政策目标是为了应对日益增强的“制度化了的犯罪意识”与对安全和避免风险的越来越多的要求而设立的。其结果是对风险的荒谬认识以及对避免风险的渴望。

这种自相矛盾的荒谬说法在犯罪领域越来越没有市场。每天的生活都以“不稳定和不安全”为特征（参见 Garland，

2001），随之而来的是，要求国家完成其风险管理的义务的呼声越来越尖锐和没有耐心。在一个我们必须“小心翼翼”并要为此支付经济和情感代价的世界里，我们不能原谅那些使风险持久存在的人和那些没有保护我们避免这些风险的专业人员。在 Garland 看来，最显著的结果是“集体的犯罪意识”的制度化或者他所说的“现代后期犯罪的复杂性”（参见 Garland, 2001）。对犯罪可能性的持久认识、受害者的持久恐惧以及自我保护以避免犯罪风险的持久需要，使得公民不仅很务实地适应犯罪风险的日常现实，而且不再同情犯罪人的需要。同情被谴责所替代，相应地，改造既被认为是不现实的也被认为缺少道德支持（参见 Garland, 2000：368）。面对经济和感情的成本、恐惧和愤怒，轻微犯罪与暴力掠夺性犯罪之间的区别开始松动：所有犯罪、任何犯罪都是不可忍受的。

这些犯罪控制趋势可以被看做是对后现代社会的多元主义和多样性的一种激烈反应的一种特征（参见 Rose, 2000）。具体来讲，它是刑罚措施向固定的确定事物倒退的信号：通过风险形象来确定个人的身份（参见 Leonard, 1997）；分割和固定人口中的不同部分，如“捣乱分子”、“下层阶级”（参见 Simon, 1993，1997，1998）；通过监控和划分技术设定界限（参见 Lianos and Douglas, 2000；Lyon, 2001）；通过限制“捣乱分子”进入市民社会来减少市民社会所受的威胁（参见 Campbell, 1993）。

深入阅读

Feeley, M. and Simon, J. (1992) The new penology: notes on the emerging stratrgy for corrections, Criminology, 30 (4): 449 – 74.

Garland, D. (2001) The Culture of Crime Control: Crime and Social Order in Contemporary Society. Oxford: Oxford University Press.

Stenson, K. and Sullivan, R. R (eds) (2001) Crime, Risk and Justice: The Politics of Crime Control in Liberal Democracies. Cullompton, Devon: Willan.

第三章

对风险的态度与危险性评估工具

前言：对风险的态度与“两种文化”

人定风险

结构主义风险

小结

风险认识论和风险管理

人定风险和静态的风险管理

社会风险与议定型风险管理

小结

风险评估工具

精算工具

第三代工具：犯因性需要的介绍

小结

性犯罪和暴力犯罪人的挑战

性犯罪者和相关工具

暴力犯罪人和相关工具

总结

深入阅读

前言：对风险的态度与“两种文化”

“商业风险”因“两种文化”（参见 Jasanoff, 1993）或两种概念上的“理想主义模式”（参见 Otway and Thomas, 1982）而独具特色，尽管有人宣称它们经常“在实践中混淆”（参见 Bradbury, 1989：381）。这种情况被看做是：人定风险和构造主义或社会结构风险。Lupton（1999a）将它描述成“风险的变化逻辑”，不仅在专业人员和“非专业公众”中展开，也在风险较集中机构的劳动者和管理者中展开（参见 Kemshall, 2000）。

如何定义风险（像人定风险或构造主义风险）和后续的评估方法与政策之间的关系已经被大量地探讨过了（参见 Douglas, 1986；Bradbury, 1989；Hood et al., 1992；Wynne, 1992, 1996；Hood and Jones, 1996）。对风险不同的定义方法反映在对风险评估工具的选择与构建（参见 Wynne, 1992；Hood et al., 1996）以及如何构建和解决风险的问题上（参见 Jones, 1996；Pratt, 1997；Brown, 2000）。

本章将探讨风险的不同概念以及它们是如何反映在刑事司法政策和刑罚策略中的，尤其是风险评估工具的构建与使用。正如 Brown（2000）所提出的，这使我们停止“将风险想象成一种现象，它有相似的定义但有不同的衡量方法”，在“它的概念化”中变化（参见 Brown, 2000：95）。对大量不同的、有时矛盾的刑事策略来说，这样的“风险”被当做是“正当的提议”，与认识行为疗法、防御性量刑以及可选择的对最危险的犯罪人剥夺犯罪能力是不一样的。这种方法对传统的、刑事司法领域中线性的风险评估的发展形成了挑战，如 Bonta（1996）提出的“第一代”实际工作者的直觉已经被第二代或第三代统计工具所代替。正如 Brown 所说，这样的历史以一个根本性的误解为基础：认为风险是相似的，但测量方法不同。然而，关于在一线工作者、政策制定者和工具制造者之间工具使用的讨论并不是关于工具的有效性和精确性的，而是关于风险的本质和它的可测量性的（参见 Kemshall, 1998，2000）。对缓刑官来说，风险是“可移动的宴席”，属于大多数“它依赖”有高度前后关联和高度偶然性的政策要求、立法和个案环境（参见 Kemshall, 1998）。事实上，他们展开了风险的结构主义概念。政策制定者和工具制造者倾向于使用风险的人定概念，在技术和统计语境中构建风险，在这种语境中偶然性被可能性所代替。下一节将考查对危险性的不同态度的一些主要特征及其评估与管理。

人定风险

在人定的路径中，风险被构建成客观的、可知的和可能计算的（参见 Horlick - Jones, 1998），如把它当做一个“确实的危险技术属性”（参见 Bradbury, 1989：381）。20 世纪早期，科学与工业的风险处理方法与技术风险安全管理对此作了概括，如在核工业领域（在本书第一章中讨论过；也见 Ansell and Wharton, 1992）。这种风险的概念“深深地根植于科学的历史中”（参见 Horlick - Jones, 1998：84）。它根植于风险研究的经验主义、科学的信任、可能性思考以及现实主义认识论（通过研究者对自然世界与社会的探索和了解，认识论被定义为理论与价值体系）。风险常常通过一步接一步的流程图模式的决定而被处理，它被描述成“重复的情境”，在此，根据程序步骤减少模糊性和不确定性（参见 Kemshall et al.，1997），而且判断被作出决定的系统方法所代替。预测的数学和统计模型（复杂变化程度）在经历了 19 世纪和 20 世纪后得到发展，从工业和科学领域进入社会和刑罚领域。因为风险测量和管理可靠程序的发展，随着市场提供了主要的刺激，风险评估技术也在商业和保险领域得到了很好的发展（参见 Rowe, 1977），尽管这部分在风险评估方面远不是没有过错。

人定风险与刑罚领域

在刑罚领域，这种风险的概念被追求统计有效性和对累犯与被假释暴力犯预测有用的风险因素所概括。这种方法在 Hart（1923）和 Burgess（1928，1929，1936）的著作中作了概括，在这里，试图在特别的个体风险因素、累犯与被假释暴力犯之间建立一个统计上的有效的相互联系。这个原则一直被 Burgess 使用，形成了当今假释精算预测的核心（参见 Copas et al.，1996）。事实上，根据对大量案件的研究，与暴力犯罪或成功假释有统计上联系的确定因素得到了筛选。在对案件进一步地考查后，确定每一起案件成功或失败的总的可能性，Burgess 选择了 22 种初始因素。随后，构建起经验性的图表并运用在那些对暴力犯罪低预期和高预期的案件中（参见 Burgess，1936：228 –9）。在这种方法中，根据统计可能性，假释成功或失败的指示被有效地追溯与运用。商业保险使用了相似的技术。

普遍存在于 19 世纪末 20 世纪初的危险性的类型，也是风险构造的模型。在社会与刑罚领域的分类与类型以达尔文（1859）的科学原则为基础，如优生科学，试图对“退化”（degeneracy）与“危险”（dangerousness）进行区分与分类（参见 Pratt，1997）。统计方法被用来给优生运动以及犯罪遗传的概念和一种“犯罪阶层”以科学的地位（参见 Pratt，1997：42）。在精神病学领域，“悖德狂”在 19 世纪末被重构成“先天性缺陷”，习惯性犯罪人被认为与精神病学的语境和分类有关。通过 Pratt 的犯罪人类学描述，习惯性犯罪人的退化证明了他们被排斥在外并对他们进行分类是不能改变的，所以通过分类对他们进行隔离被扩大了。

这些原则有助于对犯罪人和犯罪进行分类，而且在 20 世纪初，同危险性分类如习惯性和非习惯性相比，渐进的风险概念被修订了。二元制分类被个体等级评估所代替，既包括风险也包括责任。风险仍然被当做个人品质特性而被定义，通过识别风险因素能够确定测量的范围和程度。20 世纪福利主义国家加强了风险的个别化评估，包括那些“在风险中”和那些正在遭遇的风险。到 20 世纪初，“可知性”被看做是“控制性”的关键。当犯罪被记录、再犯被追踪时，个体犯罪人，尤其是那些有“习惯性”嫌疑的犯罪人不能够被必要地了解。比例惩罚、累积和监禁判决的重复使用对控制再犯潮来说是失败的。现在需要的是“一个政府计划，允许国家对特别犯罪人的危险性进行正当干预，而不是简单的罪刑相适应”（参见 Pratt，1997：45）。

风险代替了严重性，风险性犯罪人代替了严重犯罪。目前的量刑需要与“个别犯罪人的人身危险性和他或她对其他人的潜在危险性”相适应，刑罚个别化需要对个体犯罪人进行分类、分级、评估和诊断（参见 Pratt，1997：47；也见 Garland，1985；Rose，2000；Garland，2001）。平均刑罚周期和急剧中断刑罚在刑罚历史中不是必要的证据（参见 O' Malley，2000；Garland，2001），19 世纪末 20 世纪初是刑罚个别化的决定性时期。O' Malley（2000）已证实 19 世纪自由主义政府对社会防卫和防御性控制的偏爱是刑罚个别化过程中意义重大的先驱，尤其是通过惩戒性风险管理技术对可疑阶层的管理（如工厂、监狱、学校和收容所）。这些机构设置也是实证派人文科学贯彻与传播的中心，在 19 世纪，对危险性犯罪人的个别化管理是决定性的：犯罪学与监狱、精神病学与收容所、社会化与学校的帮教。科学不仅使分类、分级和犯罪人评估更容易，而且它们对个人责任的重构也有帮助。这不是一个新的概念，20 世纪初把犯罪人责任的重构看做是一个相对的标准，因此确定行为的个人责任可能被损害（如“智力发育迟缓”、“低能者”：参见 Pratt，1997 following Crackanthorpe，1902）。对同一种犯罪，自身不同的责任可能导致不同的制裁，但也与转变能力和道德改造有重要的联系。刑罚制裁旨在实现未来的公正，但是可能不会达到防止公众受到伤害的目的——因此，预防性和不定期刑罚对犯罪人来说可能是公正的。问题的关键是如何证明谁是可挽救的，谁是有过度危险性的。

这也是一个实证科学和计算的时代，几乎在生活中的每一个领域都可以举例证明。精算项目表，自 18 世纪末就因商业目的而使用（参见 Rowe, 1977），以频率和分配的统计计算为基础，但事实上与规律和预测有联系（如死亡）。实证科学从物质世界和社会的角度证明自身有义务调查与解释。一个世界通过"宇宙科学测量与秩序"（参见 Foucault, 1989：56）来做计算，在这里"没有神秘、不可计算的力量"，而且所有的事情都被计算所掌握（参见 Weber, 1949：139）。一个可计算的个体当然是可预测的个体，一个可知的个体能够从一个阶层中分离出来，如从危险性阶层中分离出危险性个体。

矛盾的是，对所有的个别化、分层和隔离的能力来说，实证派人类学有（仍有）"很差的预测力"，而"精神病学"规则被描述成至少是可精算的（参见 O' Malley, 2000：22, 24）。这导致了在科学认识和风险预测之间的一个有趣的紧张局面。从规范中偏离能够被识别却不能被有必要地预测。"异常"和"越轨行为"能够被诊断出来，一旦发生此类行为也能够解释并弄明白，但对它们的可预测性却是难以理解的（参见 Grubin and Wingate, 1996）。越是不经常的行为可预测性就越小，而且最有关联的行为常常也是最难预测的。相反，商业保险关心的是最可能的事件：死亡。社会保险沿袭了相近的模式，注意规律性和相对频繁的行为与事件，如失业与职业事故（参见 Simon, 1987），不频繁的风险经常存在于"精神病"训练和他们的临床（个体的）技术。

20 世纪和福利国家时代特别注意以社会政策为目的的社会问题和经济生活的精算方法（参见 Daston, 1988；O' Malley, 2000：23），以及通过以训练如精神病学为临床基础的危险个别化之间的紧张关系。

科学划分出各种各样的病理学和社会问题，它们的改进通过大量的个体化规则转移到个体身上（参见 O' Malley，2000；Garland，2001）。

假释预测的发展与转移就是这种紧张关系的一个很好的例子，它试图通过有效的统计预测代替逸事型的、以案件为基础的判断。前者是大规模精算的例子，以大量男性被监禁者为样本，对假释“成功”与“失败”的预测进行有效统计（参见 Burgess，1936；Nuttall et al.，1977），很多国家在运用它，包括美国（参见 Ohlin，1951）、澳大利亚（参见 Challinger，1974）、加拿大（参见 Nuffiele，1982）以及英国。然而，假释委员会致力于制定个体化决定并且轻视由 Carlisle（1988）介绍的以风险为基础的测试，来自高度个体化的决定已经被证明是存在疑问的（参见 Glaser，1975；Polvi and Pease，1991；Weatheritt，2002）。Hood 和 Shute（2000a）发现，同 Carliale 委员会的期望相反，《1991 年刑事司法法》（CJA）介绍的假释的变化导致了一个“比初始期望更多的与风险相对的处理方法”（参见 Hood and Shute，2000a：4）。他们不仅将此归咎于内务大臣令（Home Secretary Directions）也归咎于假释委员会成员的解释。他们的主要发现是：

- 在新的系统下，假释下降了大约 1/3
- 大约 87% 被假释者有条件获得许可（双倍于《1991 年刑事司法法》之前）
- 同精算的风险预测相比，假释委员会成员经常过高估计风险

样本中一半的被监禁者具有较低的假释期间因严重犯罪被重新定罪的精算风险，而在他们中间仅有一半被准予假释

（参见 Hood and Shute，2000a，2000b）

Weatheritt（2002）认为这些结果在很大程度上可解释为委员会成员对外部信息来源的信任，如缓刑官报告以及其他

的假设和判断（常以临床评估为基础）。委员会决定的作出因很大程度的假设性、可协商性以及临床性而独具特色。

这些“第二代”静态风险工具被 Bonta（1996）命名的“第三代”或社会动态因素与精算风险因素相连接的联合型工具所代替（第三代工具随后在本章中讨论）。动态因素可以理解为社会的、有背景联系的以及与犯罪行为有贴切联系的情境因素，如居住与失业，尽管将它们作为风险因素使用的合法性常得到大规模超级分析的支持，在大规模超级分析中这些因素与再犯有最普遍的联系（参见 Andrews, 1995；McGuire and Priestley, 1995）。这种工具试图利用超级分析研究和大规模精算统计以便更好地在工具“结构性”评估范围内找出风险因素，常常通过从业者如缓刑官、监狱心理学家以及假释官进行个体化临床会谈。

评估与分类代替预测是这种工具的主要目标，但它们进行外部预测的“纯”精算方法的能力是受到质疑的（参见 Raynor et al.，2000；McIvor et al.，2001）。尽管没有必要更多地预测，个体犯罪人被认为是更“可知的”（因此也是更能控制的）。也许它与最具实证性的人类学——心理学不一致，但对第三代工具的设计有最深厚的影响，并试图弥补风险计算的科学认识和以临床为基础的心理健康与社会工作评估之间的缝隙。正如 Walklate 所说，对风险评估的科学认识论的追求将风险构建成一个必要的法庭概念，作为一个避免风险和回避归因的机制。Walklate 给我们留下一个“零风险”概念作为最后的底线，一个普适的观点是风险是负面的和不受欢迎的。强调风险避免的结果导致对犯罪风险效果与分布的管理存在偏见，而不是对犯罪原因——因此，以风险为基础的行政犯罪学同科学认识紧密联系在一起。

结构主义风险

到了20 世纪末，这种人定风险的方法受到了风险“社会”视角的强烈挑战，这种观点强调风险决定作出的背景与社会本质。被用于示范的广义结构主义有大量不同的构成要素。Lupton（1999a：35）概括了根植于不同风险概念中的由“弱”到“强”的作为统一体的结构主义风险的变化特征。

在弱结构主义当中，人们对感知和评估风险的主观过程的作用了解得很有限。例如，深入调查为什么公共健康运动的专家关于“性安全”和“醉酒驾车”的建议和评估对非专业公众不起作用，或为什么风险评估者没有准确或可靠地评估风险（参见 Reason，1990）。主观过程被构建成一个对客观风险现实有效计算的“撞击”或障碍。为了纠正一些事情而去理解一些事情（如 Slovic，1992），客观风险被作为一个标准进行预测。社会风险的“弱的”范畴是根本的唯物主义，并在心理测验学范例中运用，其中对“社会的”关注即将成为过去（参见 Slovic et al.，1985）。“谨慎的”和“理性的”的行动者对这种情境来说始终是必不可少的，研究将问题集中在谨慎和理性没有根据标准恰当运用的原因上（如 Slovic，1980），如尽管风险已经被广而告之并被广泛传播，但人们仍继续吸烟。

另外，强结构主义提出“风险经常是社会的产物”（参见 Thompson and Wildavsky，1982：148），其中文化理论是主要的理论代表（参见 Douglas，1992）。其重点在于公众关注的风险是如何被选择和合法化的，以及组织成员和风险感知是如何被内在地联系在一起的。这种对风险的态度包含风险经常被行为与文化系统之间的相互作用化解。Lupton（1999a：26）把它当做功能结构主义进行描述，即“对社会和文化的结构与系统是如何维持社会秩序与地位状态的”。然而，这并不意味着文化理论忽视争论；恰恰相反：

> 文化理论能够被看做……对具体的社区怎样考虑风险的一种解释……并且这种争论与辩解在充满风险的课题如核安全、遗传工程、犯罪与惩罚之中产生。

（参见 Sparks，2001b：163）

社会结构主义同文化理论也有相似的联系，而且同样把对大多数风险的含义和风险有争议的本质作为调查范围（参见 Rayner，1992）。例如，Rayner 研究了一所医院中的职业群体中对放射性危害物的不同感知和反应，并论证了这样的感知是如何被社会过程（如一个职业群体的成员）、组织生活的个人经历（如规则系统中的相信）和当专业知识变得声名狼藉时“非专业”知识的调动所化解的（参见 Rayner，1986）。对抗风险的理性是该研究的重点，尤其是一些理性是如何赢得信任、接受与合法化的，而其他一些却不能。Wynne（1982）在核问题调查的细节分析中发现一些风险的语境被合法化并产生作用，而其他的一些则被轻易地取消了。在这个讨论中，合法性和根植于风险语境中的可信性来源于风险评估、成本—效益核算以及对核工业是唯一可能减少燃料资源使用的替代品的不容置疑的信任的科学理性。外部风险构建被当做难免有错的边缘性主张而毫不夸张地不予考虑。在后切尔诺贝利时代，它可能会被重建，目前核工业被认为是有高风险的，难免在管理过程中出错，如果没有外部调节可能会失败（参见 Beck，1992a），所以应当寻找替代的燃料资源。在这种风险的处理方法中，风险常常是“历史的、社会的和政治上的偶然”（参见 Irwin and Wynne，1996；Wynne，1996）。

小结

尽管“理性类型”在运用中名声有时受到污损，“商业风险”也因两个范例而具有特色。风险文献将它们构建成“人定”和“结构主义”风险（参见 Jasanoff，1993）。在结构主义方法中，存在大量的不同层次、统一排列、从弱到强的结构主义成分，强调风险社会构建的外部延伸。这些不同的风险概念包含了如何评估和管理风险。在下一节中我们将探讨这些风险认识论以及它们在犯罪学和犯罪风险管理中的运用。

风险认识论和风险管理

人定风险和静态的风险管理

人定风险的概念和它的现实主义认识论导致了静态的风险管理（参见 Hood et al.，1992；Hood，1996；Hood and Jones，1996），因规则、依照既定标准的严格监视系统、技术控制和矫正行为以及在一些使事情变糟的事件当中的“失败—安全”程序而具有特色。这是对均衡的一个假想，在系统中又返回到了以前设置的规范（参见 Dunsire，1990）。Blumstein 等（1997）提出了一个刑罚领域统计与均衡的相似的系统，强调刑罚的稳定性“所以有一个大致不变的人口比例经常受到惩罚”（参见 Blumstein et al.，1997：317）。

工程学有很长的风险管理历史（参见 Ansell and Wharton，1992），如在核工业领域对“废弃物”管理的技术处理方法（参见 Bradbury，1989）。静态风险管理认为风险是一个确定的现象，一步一步作出的决定是可简化的，在这样的程序中错误被看做是故障，人们往往不遵从专家建议，作出易犯错误和非理性的决定（参见 Fischoff et al.，1978；Slovic，1987；Reason，1990）。静态风险系统常常伴随着风险失败的调查和矫正办法，并寻求调节劳动者（实际上的公众）远离风险的选择或行为。信息给予、训练和社会化被看做是矫正最重要的组成部分，它是为了使谨慎的、理性的劳动者或谨慎的、理性的公民有更好的（更少危险性的）的选择。20 世纪 80 年代的艾滋病意识运动强烈要求“性安全”，而且后续的运动改变了吸毒者静脉注射的习惯是社会政策领域的两个例子。在工程学领域，北海油井对“谨慎的人”的不懈追求或前切尔诺贝利时代核工业领域的“失败—安全”程序是另外的例子。

静态的和矫正方法的风险在工程学领域占有优势，它也被转移到了社会和刑罚领域。在社会政策领域，现代主义者的福利计划以对越轨群体的"软性政策"为基础，与既定的标准化结果相联系（参见 Donzelot，1980；Garland，2001）。随着世纪的推进，公众政策大大地被风险的非专业的知觉和经常与政府信息不一致的原因所左右。这使让公众焦虑与不安的问题具体化，主要是围绕着核风险，公众对其他的环境危害，如有毒废弃物的感知，以及来源于科学和技术的风险，如转基因食物。研究者试图找出非专业知觉的主要作用。例如，"梦"的作用以及在提高风险知觉过程中大规模灾难的冲击（参见 Slovic et al.，1980）。这项工作为自 20 世纪 80 年代"艾滋病认识"和后续的公共健康运动增加了原动力，这些运动的目标是改正有风险的行为，提高对健康政策领域的健康促进（参见 Department of Health，1992）以及像 Petersen（1977）所称的"前风险自我"需要自我关心和自我调节的关注。如果仅是正确的信息被传递并被正确地接收的话，作为一种理性选择行为可以作出正确的选择，因此这种健康促进活动的风险结构，对构建风险评估有很大的影响（参见 Petersrn and Lupton，1996；Lupton，1999a）。正如 Lupton 所指出的：

> 这个模型依靠对人类行为的了解，在风险知识、一个人面临风险的发展态度和采取预防风险发生在自己身上的实际行动之间存在线性联系。
>
> （参见 Lupton，1999a：21）

静态风险管理与犯罪学

这个模型也对犯罪学、刑罚政策以及 Young（1986）所称的"行政犯罪学"有影响。这项工作在 20 世纪 80 年代以来的新右派政府政策和这个时代的社会和健康政策的发展下得到了进一步的发展（参见 Kemshall，2002a 的一个充分讨论）。将犯罪人看做是可能的选择并不特别新奇（参见 Walklate, 1998），重点是个人责任和个人决定的作出反映了一个政策时代，在这个时代中，既作为原因又作为解释因素的“社会的”因素在很大程度上被避开了（参见 Rose, 1996b）。这种风格的犯罪管理集中在两个方面：个人选择和犯罪机会。

构建的重点在于选择和机会的“情境管理”，而不是犯罪原因（参见 Young, 1992，1994），特别是在犯罪预防政策方面。在对犯罪人的直接工作中，个体在选择的经济语境中被重组，个人犯罪决定的作出要考虑成本—效益、风险与回报以及被作为“职业危险性犯”被逮捕和惩罚等条件。犯罪中止的研究（如 Cornish and Clarke, 1986）特别将问题集中在了决定作出的成分上，试图找出是什么使犯罪人停止犯罪和在什么条件下犯罪成本大于收益。在犯罪预防中，它被转化为通过严格监视提高抓获犯罪人的机会的策略（如 CCTV），使通过夜盗或汽车盗窃获得财产变得更难——因此，提高犯罪成本减少犯罪收益，也降低了犯罪机会。无论是降低犯罪还是仅仅将它转移到缺少更好保护的地方是一个有些争论的问题，即语境上的将“堡垒般的城市”转移出风险（参见 Hughes, 1998）（将在第六章进一步讨论）。

理性选择理论和行政犯罪学根植于对犯罪人直接干预的矫正课程的发展。在“什么起作用”的幌子下，反映了对犯罪的社会原因和 Young（1986）所称的福利国家“社会民主实证”的失败不再抱有幻想。在刑事司法的经济框架内（参见 Garland, 2001），“新改造主义”（参见 Rotman, 1990）不是一个“一般的普适的法规”，而是特殊的“目标指向那些可能有效使用这种昂贵服务的个体”（参见 Garland, 2001: 176）。成本—效益决定的中心是危险性水平和 20 世纪 90 年代大量风险评估工具的发展，它可以决定风险水平和认识行为干预的适合性（更多的细节在第四章讨论）。这种“风险原则”［McGuire 1995；内务部和缓刑官协会（Home Office and

Associate of Chief Offenders of Probation，ACOP）1997］对检查目标和效率是必要的。它根据风险的人定概念和规范框架预测，在该框架内，风险预测被当做准确的定义和衡量方法。

刑事司法机构的风险活动被静态方法所控制，在这种方法中，规定的工具与程序稳固地替代了职业判断和裁决（参见 Kemshall et al.，1997；Kemshall，2000）。20 世纪 80 年代和 90 年代，特别是在职业主义者和刑事司法专家中可看到一种怀疑主义和对一线工作者恰当地管理风险缺乏信任（假如听任其自行其是的话）［如 1995 年对危险犯缓刑的主体考查：Majesty 的缓刑观察（HMIP）1995］，并与中央政府在面对正在发生的风险管理失败时对风险的厌倦相联系（如 Dunblane—1996 年 3 月 13 日 Thomas Hamilton 在苏格兰 Dunblane 小学的枪击案，他用枪射死了 16 名孩子和一名教师后自杀）。以临床为基础的职业判断受到了进口（经常来自大西洋国家）决定工具的挑战（如果不必全部代替）。这样的工具既能替代有偏见和不一致的临床判断（如假释预测者的逸事型假释决定：参见 Glasser，1955，1962，1975；Copas et al.，1996），又能朝着管理期望的方向构建（如在缓刑中危险性/需要评估工具的使用：参见 Kemshall，1998）。介绍这样的工具是为了替代反复无常的个别化决定，使用从属于质量保险、调节与审计的定型化工具（参见 Clarke et al.，1994；Kemshall et al.，1997；Parton et al.，1997）。

在静态的人定语境下，将风险构建成一个规定的技术工具，是恰当的技术能力而不是职业判断或经验性知识（参见 Kemshall，2000）。在这种环境中训练工作人员使用危险性工具的技术，而且为了保证完整使用，责备是重要的策略。对工作人员和犯罪人而言，在风险问题上的不一致和不顺从是责备与强制、训练与再社会化中呈现出来的问题。

静态风险管理办法的限制

风险评估者的理性选择，无论是被害人、犯罪人还是工作人员，都以风险评估的静态处理方法和后续的管理程序为基础。然而，风险构建受到了结构主义认识论研究的挑战，在结构主义认识论中，强调危险的偶然性和背景，同时有关风险的不同看法也属于研究的范围。这项工作发现了在社会科学调查中环境风险非专业知觉的表现（参见 Douglas and Wildavsky, 1982），并在 20 世纪 80 年代对风险知觉如何作用于健康行为做了调查，特别是围绕艾滋病和药物滥用（参见 Lupton, 1993，1995；Hart and Boulton, 1995）以及静脉毒品注射的使用（Bloor 1995）。早期的一些工作同健康风险的非专业知觉的准确性以及非专业人士运用专业建议的失败相联系（参见 Robertson, 2000），这些“非理性风险”的矫正调查被风险的社会理论所替代，在社会理论中，风险被理解为是动态的、可协商的和不确定的（参见 Adams, 1995），同时风险也被理解为是个体与社会因素之间的相互作用（参见 Rhodes, 1997）。这项工作为以下主要领域决定风险的静态和理性选择提出了限制：

• 选择不仅仅是个人的，风险知觉和所伴随的决定受组织成员和社会因素的影响。理性不仅是复数的，也是“情境的”，规范的理性可能被情境决定合理地取代（参见 Rayner, 1986）

• 在风险知识、对待风险的态度以及避免风险的行为之间的线性模型是构建风险研究心理测量的理想模型。知识、风险预测与后续的行为远远比风险和个人在充分了解事实后仍选择继续从事风险行为方面的“道德恐慌”例证更为复杂（参见 Lupton, 1999a）

• 选择受它自身的束缚，特别是受做其他事情的能力与机会（参见 Bloor, 1995）以及关于选择是否合理与合法的预测的束缚（参见 Grinyer, 1995）

• 静态风险管理系统在实践中是花费巨大并不具有效益的。责备与强制（或劳动者或犯罪人）强调的是最终的自我保护（参见 Hood, 1996）。动机与监禁被过度的调节所侵蚀，工作人员“认识不和谐”的经验脱离了机构的目的与运行模式，犯罪人因他们自己的“非理性选择”和不遵守规范而被打上烙印并受到责备（参见 Kemshall, 2002b）

• 静态系统因“预期主义”而具有特色（参见 Hood, 1996），它与预期和避免每一个可能发生的不测事件的风险有经常性的联系。这个趋势导致了前置的和昂贵的风险评估程序和对遵从制度的不间断检验。程序和政策增加了“仅仅在案件中”的基础和防御风险倾向的组织性反应。实践因体系而不堪重负，仅留下很少的时间接触工作。工作者们为了完成工作而巧妙地运用它们，使他们自己和机构面临责备，并使事情变得更糟。专业的失败—安全体系因实践的必要性和工作者们“职业的幸存”而被中间化（参见 Satayamurti, 1981；Wynne, 1988, 1989, 1996）

最近，犯罪管理的日常活动理论将理性的、总是在做打算的犯罪人重新铸造成一个能不断适应变化、成本—效益均衡的人（参见 Ekblom, 1997）。正如 Ekblom（2001：38）所说，“犯罪总是在变化”与“犯罪人适应对策”。因此，犯罪预防的建立也会逐渐过时。预防的服务、系统和产品被不断地公开滥用，并将犯罪人“在新的环境中行为失常”、“现在对抗犯罪的安全体系是易受侵害的”看做是犯罪人的适应和环境的变化（参见 Ekblom, 2001：38）。对 Ekblom 来说，唯一对抗这种不断适应性变化的方法是通过“犯罪远景预期”，一个以对抗犯罪计划和设计机会为中心的长远预期。事实上，我们全都是被迫地去“认定盗窃犯”并忙于进行犯罪证明的。这反映在政府减少犯罪的“转向街角”（Turning the Corner）政策上（见 www. foresight. gov. uk），其重点描绘的是防御犯罪的设计。这需要常规性的根植于组织与个人生活之中的围绕着政策、程序、设计与体系的风险和效果评估。它同时也需要高度可信的预测方法以及一个能超过 20 年的预测。

Ekblom 提供了一个从 Cohen 和 Felson 的“日常活动理论”（Routine Activities Theory）发展起来的以经验为基础的概念框架，在“日常活动理论”中，11 种遗传因素被用于描绘犯罪人、环境与潜在犯罪机会之间可能的相互关系（参见 Ekblom，1997，1999，2000，2001 的进一步细节描写）。这种方法的长期功效是可见的。风险意识的萌发与以完好的风险预期管理为理由的方法本身就是高风险策略。高风险甚至因为用于预测的计算模型中极小的瑕疵就将导致犯罪预防的失败，并仅在事后显示出来。这种方法同时也带来了这样的危险性，即这种几乎在我们生活中的每一步都充斥风险的方法将提高公众风险意识，唤醒必不可少的焦虑，并降低公众对犯罪、威胁和不安全的忍耐力。

社会风险与议定型风险管理

社会行为理论通过将它作为“特殊关系或情境的社会能动性”的产物，重新构建了风险的概念（参见 Rhodes，1997：216）。风险被当做是社会相互作用、有特殊关联并受组织规范和价值约束的一个可议定的概念与产物而被定义（参见 Douglas，1986）。这种相互作用重新认识到风险决定是可议定的并从属于强制与机会（参见 Bloor，1995）。在与艾滋病传播有关的危险的性行为的研究中，Bloor（1995）调查了男性娼妓和毒品静脉注射者关于风险的决策酝酿，发现“习惯性”和“日常性”决定了风险决定的作出，并且这种日常的风险承受的突然变化在男娼和他们的主顾的世界中很少被考虑到。由于受到了群体规范和关于危险可能性（艾滋病传染）的偶然性知识的限制，意志与选择是根据对顾客喜欢或不喜欢的了解来考虑的：避孕套的使用导致顾客沮丧并降低收益。眼前没钱的风险超过了将来可能的艾滋病风险。分享注射器也是一个习惯性行为，对群体联系和获得信任很重要。这种风险概念的含义是权力和群体过程，在选择练习和机会预测中起了主要作用，而且风险是一个有高度相互作用和可议定的概念。

议定型风险管理与犯罪学

在犯罪学中，处理风险的社会方法集中体现在与风险有关的工作上，特别是围绕着恐惧与被害，在“对恐惧犯罪的社会结构主义方法”中，“知识、语境以及人们构建风险与恐惧概念的经验”是调查的范围（参见 Lupton，2000：23）。传统的二元概念，如“真实的”与“想象的”恐惧、风险的“非专业”与“专业”预测被大打折扣，有益于关注到这种恐惧与风险是如何成为特殊的产物，并且有时是冲突的语境和“文化理解”。例如，Lupton 对犯罪恐惧的研究（放在强结构主义一段）就涉及被调查者中存在的在“规范化犯罪”和现代后期避免犯罪风险主观责任问题上所反映出的不同的和有时甚至是矛盾的对犯罪的恐惧（参见 Lupton，2000；也见 Lupton，1999b；Lupton and Tulloch，1999；Garland，2001）。犯罪被认为是经常的，因而“某天”发生的可能性很大，但也偶然根据是谁、在哪里和什么时间可能发生。这种普适的风险，尤其是财产犯罪，与关于个人伤害的随意性和妇女在公共场所更易受伤害的感知的焦虑相适应。这就产生了一个关于犯罪的矛盾的反应：一种关于普适的财产犯罪的宿命论，一种个人可以为此上保险的现代晚期的生活事实；以及关于个人暴力犯罪与公共空间提高了的个人计算。被调查者对犯罪有双重的处理办法，围绕犯罪可能性的宿命论，把警告和增加对抗个人受威胁的自我保护责任联系在一起。

最近对理论语境和实践之间关系的关注对在犯罪学中重新构建风险概念是很重要的（参见 Sparks，2000）。正如 Lupton（1999a：15）所指出的那样：“理论划定了界限并使可以说可以做的现象都成为可能，如风险”，事实上，在组织框架内，一些风险获得了合法性与具有特色。在这种风险的认识论框架内，问题的核心不在风险的个人管理，而是在为何选择一些风险而不选择另一些风险。事实上，它包含了对风险分类、刑罚问题以及根植于它们之中的政治理性和策略的含义与象征意义的关注（参见 Sparks, 2001b）。

最近的评论探索了在同一时期刑事司法系统内风险的概念是如何被不同的人提出和拓展的。例如，Brown（2000）对比了刑罚政策制定者与刑事司法者提出的风险概念。他指出，政策制定者对风险持不固定的概念，将风险构建成一个变化的但可测量的整体，尤其是通过风险描绘和风险分解。风险能上升也能下降，但通过以问卷表为基础的统计预测的定型化评估工具是必要的、可知的。Brown 的非固定风险概念与风险语境中的人定风险是相近的。Brown 提出这种风险概念与刑事司法中的“明确了的”风险是不一致的。明确了的风险通过法律和政治的过程与概念的连接而被定义。例如，独立于行为与犯罪人人格的犯罪人类型对重大危险与风险的构建，通过强制性的“三振出局”判决来表达，即根据英国《1991年刑事司法法》（Criminal Justice Act）以及可选择的剥夺犯罪能力的二部制判决。在这种方法中，对公众的风险司法赏识型判决被当做是“保护公众”的公正判决，而且并不被人定风险评估所影响。这对人身危险性低的犯罪人可能产生一些高风险回应，无论是根据“对公众严重伤害的可能危险性”[《1991年刑事司法法》第2部分（2）（b）]，还是当“第三振”比前两种犯罪有明显小的人身危险性时。

非固定和明确了的风险不同于认识论和本体论。Brown（2000）在必要的实证认识论范围内论述了科学领域中非固定风险和风险原因的概念。明确了的风险被设置在对风险必要的处置方法内，将风险看做是不依赖于评估方法的“理智的”和“直觉的”，并将它确定在结构主义认识论范围内，在该范围内，政治和司法程序都起了非常重要的作用。非固定风险展现了理性主义本体论，在这里，根据统计精算合计（参见 Hacking, 1986）和临床判断的洞察力，个体被文学化地“虚构”了（本体论与现实的本质与存在以及在此关联中的自然界和社会的本质相关，如社会和社会内个体是如何被定义的）。明确了的风险展现了唯心主义本体论，在该理论中，融入了基本的人类品质特性，如罪恶，作为关于犯罪人常识的一部分而被常规性地展开。例如，英国刑事司法将在判决中对这种常识拓展的自由看做是必要的。这种常识的合法性在科学领域没有被发现，但出现在“社会和制度上的秩序”中（参见 Brown，2000：103）。例如，Pratt（1997）调查了从 19 世纪以来这种常识如何在关于风险的政策发展中展开。这种合法的必要性是道德价值和所属的概念，对这些犯罪人的定义是他们“超越界限”或使他们成为“我们中的魔鬼”（参见 Simon，1998）。

小结

不同的风险认识论能够在犯罪学理论和后续的对犯罪人、被害人、犯罪行为和犯罪控制回应的构建中被辨别出来。人定风险的实证主义认识根植于理性选择理论和行政犯罪学，以及在增加的矫正干预科目中同犯罪人直接接触的工作中。风险的社会结构被被害化、犯罪恐惧和犯罪控制所特别影响，并为探索风险及风险冲突的推力提供了一个机制。

对风险的社会理论来说，用图表说明风险如何获得合法性和具有特色是有潜力的，更重要的是使不同的风险感知之间的对话更为便利（参见 Lupton，1999b；Lupton and Tulloch，1999）。风险的认识论分析也能使作为风险概念化的实例的风险工具较之仅作方法论上的改进更受重视（参见 Brown，2000）。风险工具是本章的最后一节。

风险评估工具

风险评估工具的历史因试图通过使用定型化的评估与计算方法“克服偶然性”和减少不确定性而具有特色（参见

Hacking, 1987, 1990; Reddy, 1996)。例如, Bonta (1996) 提出该历史作为朝更精确工具发展的“一代”, 直觉判断逐渐被由科学知识产生的定型化工具所代替。他提出对犯罪人的划分已经有很长的历史, 不仅仅是“对复归来说是决定性的而且对好的矫正实践来说也是必要的” (参见 Bonta, 1996: 18)。他把第一代工具定义为“主观的评估、职业的判断、直觉和内在感觉”, 并将第二代工具定义为系统的并以经验为基础的 (参见 Bonta, 1996: 19)。事实上, 在职业临床评估和以格式化工具为基础的精算统计分析之间存在区别。临床方法是必要的诊断技术, 根植于心理健康与精神健康 (参见 Monahan, 1981) 以及个别化并与治疗的社会工作类型有着最经常的联系。由于偏见和大量研究的高错误率, 这个方法显然不被相信 (见 Kemshall 1996 年评论), 尽管它一直在刑事司法中被评估者当做职业判断继续使用 (参见 Kemshall, 1998) 并被量刑者当做常识。最近更多的工具试图构建临床评估以加强对行为解释、动机评估和对治疗的可能反应。

精算工具

在保险工业领域, 精算风险评估有它的根基, 以统计计算的可能性为基础。这种风险预测类型以预测来自于相似环境中其他行为的个体可能性行为为基础, 或者用其他在过去被证明有风险的个体的相似行为预测风险。假释预测者是第一个真正试图提供这种经验性和有效的统计工具的 (参见 Burgess, 1928), 并且在20 世纪可以看到各种各样的假释预测表 (参见 Gottfredson and Gottfredson, 1985, 1993; Gopas et al., 1996)。问题的关键是统计的历史因素被看做是这种工具的主要限制。当他们在累犯与被假释暴力犯的高风险和低风险中作区分时, 他们不能明确潜在的变化因素、指导训练计划, 或在变化的衡量方式中提供帮助 (参见 Bonta, 1996)。他们同样不能充分地帮助刑事司法人员作出个人决定, 因为他们不能在群体中区分个体。虽然比临床评估更精确（参见 Quinsey et al.，1998），但精算方法也有自身困难，最突出的是：

- 统计谬误
- 总体分析的限制
- 低基础比率

统计谬误

精算风险评估以对过去发生事件汇总的个体行为相似点的对比为基础。然而，这种方法也受到了挑战，不仅仅是因为“统计的谬误”（参见 Dingwall，1989），从民众到个体信息的转移也是受到质疑的。回顾大量了风险预测研究，Grubin 和 Wingate（1996：353）证实来自公众的经验性证据不必转化成另外的证据，最集中的预测评分在 40% 左右［犯罪人群体重新定罪量表（Offender Group Reconviction Score）声称有 71.4%；Copas 等，1994］。从大量白人男性监狱人口向妇女和少数族裔传递的群体信息特别强烈。Grubin 和 Wingate（1996：351）认为即使有 40% 的比率，也仅表示“超越了偶然性的重大改进，对必须作出释放决定的人没有特别的帮助”。这样的预测仅仅说明了在 100 个案例中有 40 个案例有潜在的风险，而且不能可靠地预测在一个任意的个体案例中的风险。这就出现了错误的肯定和错误的否定这种无法摆脱的忧惧，有一些案例被错误地预测为存在风险，有一些案例被错误地预测为不存在风险（参见 Moore，1996）。此外，在缺少个人感性认识的情况下，这样的工具不能统一对风险进行分级并在广义范围区别低风险或高风险，或者在低风险、中等风险和高风险的分类中进行区分。这又证明了对与风险等级相关联的从业者的质疑，需要在案件资源配置和案件管理优先权之间作出区分。此外，分类图表也需要根据犯罪人群体的变化而变化。例如，保险公司修订精算图表和它们的保险费以适应变化的事件（如根据气候变化提高洪涝灾害的可能性）。如果精算工具不能很好地变化和调整就会很快过时。

总体分析的限制

总体分析在精算预测方面被日益广泛地使用。总体分析是以对前研究成果的大量分析的统计技术为基础的。为了证实哪些因素和结果是风险预测的最重要的统计，这些结果被汇集在一起（参见 McGuire，1997）。这项技术被大大地发展起来以证实动态风险因素，即那些随着时间的变化而变化以及通过治疗与干预得到改变的因素（参见 Quinsey et al.，1998）。然而，这项技术也受到了挑战，不仅是因为个体研究的复杂的测量结果经常被简单地汇集在一起，比较分析也被随意地进行分类（参见 Copas，1995；Mair，1997），而且初始研究的选择也容易受到偏见的指责（参见 Losel，1995；McIvor，1997）。此外，总体分析不能证明“多元变化结果”（参见 Grubin and Wingate，1996），也就是说，它不能证明动态因素是如何相互作用的，或在特别因素的冲击力之间进行区分。正如 Jones 所指出的那样，风险预测者应该彼此独立，并增加“全面的、附加的风险评分”。然而，风险预测者“经常是高度地内在关联的”，作出一些变化的、多余的、其内涵是“无效并令人误解的”结论（参见 Jones，1996：67）。

低基础比率

低基础比率是呈现给精算风险评估的难题（参见 Gottfreson and Gottfreson，1993；Kemshall，2001）。基础比率是作为整体的人群中已知的某种行为发生的频率。基础比率是在相似案件中精确预测行为的关键。因为低基础比率的行为，如虐待儿童和性侵犯，没有相关基础比率作参考，因此预测可能导致错误。事实上，相关系数很不利地被低基础比率所限制。以不经常发生的行为为基础的数据进行预测作用很差。

这个问题在心理健康领域反响强烈，而且心理范围内的暴力预测使病人产生错乱。近期统计的发展试图通过相关操作特性（Relative Operating Characteristic，即 ROC：Mossman，1994；Rice and Harris，1995），使数据预测能脱离基础比率，以此来弥补这个问题。根据 Mossman 对 44 个研究中的 58 组数据的重新评价，这已经大大提高了心理健康领域暴力犯罪精算预测的准确性。

在处理能力的解释和评估方面，精算预测也被看做是有限制的（参见 Grubin and Wingate，1996）。事实上，它们能预测行为但不能解释它们（参见 Pollock et al.，1989）。例如，Bonta（1996）将处理能力分类看做是第三代工具限定的特征。

犯罪人群体重新定罪量表：一个例子

犯罪人群体重新判罪量表（Offender Group Reconviction Score，简称 OGRS）是刑事司法领域统计预测的一个重要的例子，并且是对以上一些困难的举例。根据《1991 年刑事司法法》，OGRS 反映了对再犯的早期关注，尤其是与在 Carlise（1998）报告之后被宣告假释的再犯风险的计算有关，而且与适用该法相适应的二部制量刑有关。这个工具作为假释者重新犯罪统计预测而存在，而且这种统计计算也聚集了重新定罪的风险。在前量刑报告的个别化评估中，它并不是最早被使用的（J. Copas，个人的交流），作为法院评估风险工具，内政部抓住了它的潜力（缓刑服务分会 Probation Services Division，1996）。内政部将 OGRS 看做是“在缓刑服务调查（PSRs）准备中，对缓刑官判断仅仅是一个帮助”，它“不能替代那个判断”（缓刑服务分会，1996 para. 6. 7），缓刑官有时对它所介绍内容的领悟是不同的。全国缓刑官协会（National Association of Probation Officers）抵制这种工具是因为它强行替代了职业判断，且表现不佳（参见 Fletcher，1995；The Independent 24 July，1995：1）。当局抵制这种工具既是由于职业原因，也是由于观念上的原因，同时对将精算工具作为缓刑实践的计算工具也存在质疑，特别是衡量服务对再犯率的影响（参见 Humphrey et al.，1992），以及计算法庭的前量刑报告的影响（参见 Roberts and Robinson，1997）。但关注的中心很快转到了这种工具准确预测再犯危险性的能力以及将精算基础工具转换为个人评估的逻辑方法的困难上（参见 Copas et al.，1994：96；Floyd et al.，1994；ACOP 1995；Vennard，1996；Mair，1997）。

第三代工具：犯因性需要的介绍

在 20 世纪 70 年代，可见大量的以心理学为基础的分类体系，其目的在于根据治疗反应对犯罪人进行分类。在美国，Wisconsin 分类体系成为被最为广泛地使用的体系（参见 Baird，1981；Harris，1994）。最初这种工具是因需要而编制的，并不要求它预测风险（参见 Clements，1986；Bonta，1996）。然而，Wisconsin 体系以及在 Texas 监狱犯人管理分类（CMC）体系中为实现监控而对犯罪人进行分类，所以依据的是量表的起始分值和对风险与需要进行评分尝试。工具的改进不仅仅是知识或方法论发展的问题，它也融入了美国从 20 世纪 70 年代以来广泛的刑事司法和刑罚政策趋势中。最显著的是增加成本—效益干预、确定珍贵资源的指标与配置（参见 Flynn，1978）的愿望以及监禁刑和社区监控资源的二元制方法的强化使用（参见 Greenwood and Abrahamse，1982）。最近，Jones（1996）强调了在刑事司法领域中风险预测并验证了大量的决定性因素：

- 成本
- 对“职业犯罪人”的研究以及对一些犯罪人的罪刑不相称的重新认识，因而希望准确地验证他们
- 量刑中的平等与相称的需要
- 希望控制/改变行为：如果你想控制行为，你就必须能

够预测它

- 20 世纪 80 年代电子数据依据为电子统计包的延伸提供了更全面的统计预测方法
- 在面对"不起什么作用"时，强调选择剥夺犯罪能力的变化

（参见 Jones，1996：33 –4）

当工具的目的一直隐含在改造的语境中时，成本被看做是重要的：

如果我们要控制风险，就要接受提供改造服务的需要。进一步讲，因为成本问题，治疗服务不能被给予每一个人，也不能像在不能预测的事件中一样被随意指定。治疗必须与犯罪人的"需要"相匹配。

（参见 Bonta，1996：22）

事实上，这些工具因目标、定量干预和测量变化而得到发展。然而，不是所有的需要都被包括，而仅仅包括"与犯罪人行为有联系的"那些：

犯因性需要与犯罪行为有关。如果我们改变这些需要，我们就能改变犯罪行为的可能性。因此，犯因性需要是实际上的风险预测，但它们的本质是动态的而不是静态的……犯因性需要的重要性或动态风险因素依赖于他们可能作为矫正干预目标服务的事实。劝导犯罪人的工作人员制定治疗目标，运行治疗项目，一般来讲，是试图降低未来犯罪行为的危险性。因此，第三代犯罪人评估工具与改造和控制结果存在着无法摆脱的联系。

（参见 Bonta，1996：23，27）

因此，需要通过风险语境被重新构建，而且仅有一些特定的需要因利害关系和干预被合法化（参见 Gendreau and Andrews，1990；Aubrey and Hough，1997）。在改造框架内，20

世纪70年代也可见新右派由于成本和Martinson所说的“不起什么作用”的原因而反对改造。在Rotman所称的“新改造主义”下，改造被构建成“矫正改造”（见本书第四章）。这样的干预是：

> 减少再犯。犯因性需要与再犯有紧密联系。为实现矫正干预，针对犯因性需要的项目就成了减少犯罪的基本方法之一。
>
> （参见Bonta，1996：29）

像“服务等级量表—修订版”（Level of Service InvisedL，简称LSI－R）这样的工具（参见Andrews and Bonta，1995）在给犯罪人确立矫正改造目标方面扮演了重要的角色，而且这种工具的发展得到了政府的支持，政府热心于提高干预效率并降低刑事司法成本（如“服务等级量表—修订版”得到了加拿大内政部的支持，自1990年起，James Bonta担任首席矫正调查官）。犯因性需要因将社会的、动态的因素引入了风险评估而得到支持；然而，这种因素的评估不是没有问题的。Quinsey等（1998）已经指出由于动态因素复杂而变化的本质，这种评估受到更复杂因素的束缚（因此更倾向于罪恶）。正确衡量各种因素和它们之间可能的相互作用已经被证明是存在疑问的（参见Raynor，1997a），从不同来源收集信息、倾向于评估者主观偏见事实使事情变得更糟，也增加了对有用的关键信息的依赖（如依赖社会网络与环境的最新和准确的信息）。May在对超过7000名犯罪人的研究中总结出动态因素不能更远地预测犯罪人的历史，有“多重问题”的犯罪人更具风险。对重新定罪而言，发现动态因素（如滥用毒品、住房条件和职业等）与重新判罪有“明显的联系”，而且在那些几乎没有犯罪记录的案件中，对重新定罪预测来说，社会因素有特别的帮助（参见May，1999：26，38）。然而，May发现的一些动态因素（如种族和成为滥用毒品的幸存者）实际上是静态因素，而静态因素与动态因素之间的区别描述并不总是清楚的。风险预测与监控干预的优先需要之间的区别是一个重要方面，后续的评估论证了构建风险/需要工具和预测者预测重新定罪的精算预测统计大约是或稍稍多于60%（参见 Raynor et al.，2000）。工作人员制成大多数工具所需要的长度和时间留下了一个问题，为简要描述主要工具所作的推介在没有伤及准确度的情况下得到了发展。McIvor 等（2001）在苏格兰的研究发现，“犯罪人群体重新定罪量表”（OGRS）和“服务等级量表—修订版”（LSI-R）在作为预测工具完成工作时有广泛的相似处，但是“犯罪人群体重新定罪量表”（OGRS）比“服务等级量表—修订版”（LSI-R）能更好地准确区分犯罪人重新犯罪的中等风险和高风险，而对特殊群体，如性犯罪的有效性则“有待评估”（参见 McIvor et al.，2001：1）。

犯罪人评估体系

英国内政部对缓刑服务的风险预测是政府研究者设计工具以回应对犯罪人再犯风险评估与分类的强制性政策的又一个例子（参见 Home Office，2001a）。这个被称为犯罪人评估体系（Offender Assessment System，OASys）的工具以社会学习理论为基础，通过大范围研究以及将精算与动态风险因素相结合来评估风险因素（Raynor 2002）。大量的重要线索可以在工具的设计中被辨别出来：来自于“犯罪人群体重新判罪量表”（OGRS）的为预测风险所作的精算预测工具是由 Copas 等人（1994）设计的，被自20世纪90年代中的一些适用缓刑的领域所使用，动态危险性因素来源于“服务等级量表—修订版”（LSI-R）这样的工具，英国内政部研究重新定罪，研究对犯罪人“起作用”的文献以及对危险的文献评论（参见 Clark，2002；Raynor，2002）。这个工具是“根据综合的详述和考虑使用者的偏好与需求设计的”（参见 Home Office，2001a：8）。后者通过对使用者观点调查、使用群体的确定以及使用范围的扩张而得到重视（参见 Home Office，2001a；Clark，2002）。该开发团队也试图考虑使用者在使用风险评估工具时的看法（参见 Aubrey and Hough，1997；Aye Maung and Hammond，2000），并由此要确立以下七个重要条件：

- 面对合法性，犯罪人和评估者都很清楚包括这些条目的原因
- 清晰的定义：清晰而非模棱两可的术语可促进评估使用者使用的一致性
- 一个简单的量表体系：以是/不是回答为基础的双重量表体系
- 评估者用来证明其评价和回答的证据箱
- 让犯罪人能自己输入的自我评估表
- 资源倾斜手段和对全体成员的“时间支持”
- 所用工具应能完成目前的实践

（来自 OASys：内政部 2001a：9－10）

最近的重新定罪预测数据是 69.2%，提高了 37.4%，尽管仍比“犯罪人群体重新定罪量表”（OGRS）的 71.4% 和 41.9% 的预测少（参见 Clark，2002）。但是，当该工具对伤害部分作分散风险评估时，就会更少地做广义评估，并至少做结构内精算评估（这部分反映了在该领域传统的基础比率问题）。这种工具的主要贡献是在犯因性需要评估领域与监狱和缓刑期间对犯罪人干预鉴定项目的目标建设上。

小结

风险原则和对应性原则也是第三代工具的主要成分。事实上，为了使风险水平与治疗相适应，这种工具试图对再犯风险的可能性进行分类。低风险就适用低强度的服务，高风险就适用高强度的治疗——这个原则被有效降低再犯的研究所证明（参见 Andrews et al.，1990；Andrews and Bonta，

1994)。这些工具也提高了对“对应性”的注意，即犯罪人的学习模式以及矫正项目应该与这种学习模式相对应（McGuire and Priestley)。

第三代工具的一个重要的“卖点”是它们结合了的本质——统计精算因素与动态社会因素以及为干预而设立犯因性需要目标的作用上（Bonta 1996)。在这些工具中，犯因性需要作为“风险制造者”在起作用（参见 O’Malley，2001b)，事实上就是使你有制造一种风险的需要。然而，一些危险性因素被认为比其他因素更有责任改变，并且干预也围绕着认知行为项目而更具体化，这些认知行为项目的目标在于行为与“思考模式”，而不是那些来自于社会条件和社会不利因素的基础条件（参见 Rodger，2000；Vanstone，2000；Kemshall，2002b)。关键是将“不负责任的”和违法的公民转变成负责任和能自我管理的公民，实际上就是转变成为积极的、有事业心的公民（参见 Dean，1995；Rose，2000；也见于本书第四章)。直接减少风险因素的困难导致了 O’Malley 所描述的那种情况，“防卫性因素”作为“连续的风险过程的一部分，能确定控制风险的明确的战略，却不能明确自身首要的风险因素”（参见 O’Malley，2001b：99)。他提出这种问题的发生有两个原因：一是很多风险因素的本质是不明确的并很难确定，而且许多风险因素并不能够最小化。二是风险是被划定了，但人却不能被必要地改变。例如，那些制造难对付的风险的犯罪人，或那些“对应性”与严厉的惩罚干预模式不适应的犯罪人被证明是存在的（参见 Garland，2001)。这很快成为 O’Malley 所称的“另类犯罪学”，“对这种局外人不是人身的惩罚，而是剥夺能力式的排斥”（参见 O’Malley，2001b：94)。

这种工具在调节刑事司法整体实践中也起了一个重要的作用，并为不同干预和“治疗形式”变化的评估和其各自功效的评估提供了一个机制（参见 McGuire and Priestley，1995；

Bonta, 1996)。在新右派政策管理日程中和实证派人类学定量方法论中，这种评估机制就烙上了这些工具的烙印（参见 O'Malley, 2001b）。这种工具探求了风险的人定概念，以及针对犯罪人与工作人员活动的标准的矫正态度。

性犯罪和暴力犯罪人的挑战

事实证明第三代工具在预测一般性再犯和为干预治疗而对犯罪人进行分类上是有一些作用的（参见 Ditchfield, 1997; Raynor, 1997a, 1997b），但它们预测有害的性犯罪人和暴力犯罪人重新犯罪的能力却是非常有限的（参见 Raynor et al., 2000; McIvor et al., 2001）。两种犯罪人的分类证明了对风险评估工具的挑战。它们的低基础比率使可信赖的精算风险评估工具的发展面临困难，两组犯罪的异质性使主要的动态和社会因素很难产生。然而，这说明了刑事司法整体最需要对这些类型的犯罪人进行风险评估，并预测他们将来犯罪的可能性和危险性或伤害水平。正是这些案件造成了其对司法整体及其机构可信性的最主要的威胁，以及对公众的最重要的威胁，但这些案件也是最难预测的（参见 Walker, 1996）。

性犯罪者和相关工具

大量的评估工具在美国（全面评论见 Kemshall, 2001）、加拿大得到了发展，Grubin（1998）提到其中仅有两种在英国和美国被广泛评价：

- 性犯罪人重新犯罪快速评价量表（Rapid Risk Assessment for Sex Offender Recidivism，简称为 RRASOR：Harson 1997）

- 结构性参照临床判断（Structured Anchored Clinical Judgement，简称为 SACJ：Thornton and Travers 1991）。直到 2000 年由 David Thornton 用于 MATRIX 2000

本节集中讨论“性犯罪人重新犯罪快速评价量表”（RRASOR）和“结构性参照临床判断”（SACJ），是由于它们在英国有更为广泛的评价和使用（参见 Harson and Thornton, 2000），尤其是警察和缓刑官在对付性犯罪者的工作中使用它们（更多细节在本书第四章和第五章）。最近由两种工具的比较和结合形成的 STATIC 99 和 MATRIX 2000 也将被探究（这四种工具的细节在 Kemshall 2001 第四章可见）。

性犯罪人重新犯罪快速评价量表（RRASOR）

这是一个必要的精算基础工具，在预测功能方面能考虑主要变数，这从 Harson 和 Bussiere（1998）的总体分析中可以看出，为了精确预测性犯罪再犯情况，最终选择了四项条款：

- 过去犯罪被定罪或被指控的数量（格外重视性犯罪的历史）
- 犯罪人的年龄小于 25 岁
- 犯罪人与被害人没有关系
- 被害人的性别

（Harson 1997 的主要观点总结）

以这些条款的评价为基础，该工具可以区分出高风险或低风险，“在 80% 的‘低’或‘中’等风险群体和 20% 的‘高’风险群体之间进行有效的区分”（参见 Kemshall, 2001: 25；也见 Harson, 1997；Grubin, 1998）。

然而，这个工具过于依靠精算统计因素，作为初始甄别审查工具它是有用的，但在追踪跨越时间的风险状况的变化（如以治疗项目为基础的监禁和社区矫正的结果）或更敏感的犯罪人等级的变化等方面却是有限的（参见 Kemshall, 2001）。这些限制在“结构性参照临床判断”（SACJ）中有原始记载。

结构性参照临床判断（SACJ）

“结构性参照临床判断”（SACJ）结合了动态危险性因素

并将它作为“分段的”体系加以运用，而不是将它作为一个“被考虑因素的简单相加”（参见 Harson and Thornton, 2000: 121），其中包括：

- 阶段 1：原始的精算基础材料
- 阶段 2：加重罪行因素的更深层次分析
- 阶段 3：全程仔细监控犯罪人的表现，记录在风险控制方面的治疗效果

因此，可以在材料和深层评估之间作出主要区别并将它纳入总过程。然而，整个工具的使用证明了资源的紧缺，尤其是为新的性犯罪人进行登记注册单位警察紧缺，而且第三阶段同被新定罪和被新释放的性犯罪人的联系有限（参见 Maguire et al.，2001）。事实上，“结构性参照临床判断 MIN”（SACJ MIN）以第 1 阶段和第 2 阶段为基础开始使用，并为警察局长协会（Association of Chief Police Offenders 1999）所推荐，作为性犯罪人登记注册单位的初始甄别审查工具而使用。然而，当登记单位把所有高风险的性犯罪人移交给了新成立的多机构公共保护专门小组（Multi - Agency Public Protection Panels，简称 MAPPPs）的时候，人们发现，“结构性参照临床判断”和“结构性参照临床判断 MIN”将太多的犯罪人划入了高风险分类，使后续的多机构公共保护小组的事务难以管理（参见 Maguire et al.，2001）。这需要预测能力和管理能力的进一步改进，将“性犯罪人重新犯罪快速评价量表”（RRASOR）和“结构性参照临床判断”（SACJ）比较并连接起来就产生了 STATIC 99（Hanson and Thornton），尽管 Hanson 和 Thornton（2000：129）认为“STATIC 99 的改良相对较小”，但仍将其评价为是完全可实施的。

MATRIX 2000

自从将“性犯罪人重新犯罪快速评价量表”（RRASOR）和“结构性参照临床判断”（SACJ）进行比较以及 STATIC 99

的使用在加拿大得到发展后，Thornton 将“结构性参照临床判断”现代化并纳入 MATRIX 2000，而且这种工具马上被对性犯罪进行评估的警方所采纳（性犯罪警察协会的风险评估和管理，Cheltenham，19－20 2000 年 10 月）。该工具在缓刑服务机构（Probation Service）中也增加了使用。该工具对“结构性参照临床判断”作了一个重要的改进，即它为更准确和更精细的高风险分类（这种分类能更准确地将目标指向有高度风险的犯罪人）作了准备，并被扩展至包括暴力犯罪人在内的次级风险的犯罪人。这个工具还有待于广泛研究以发表评价，但它通过对为期 20 年的对被重新定罪的人的跟踪追溯已经得到证实，并发现 60% 的高风险犯罪人被重新定罪。相似的发现在暴力犯罪样本中也可找到（参见 Grubin，2000）。

这种工具通过对男性犯罪人的适用得到发展和验证，然而由于常常针对男性犯罪人，将其转移到另一群体就有所限制（David Thornton 在英格兰和威尔士担任监狱心理学服务首席时的作品）。正如 Cooke 等人所提出的那样，风险工具在社区内必须像在机构内一样能进行很好的预测。这些工具被设计成预测再犯而不是风险和伤害可能性等级的工具——关键是与刑事司法整体在释放决定、社区服务、治疗干预以及被害人安全方面的工作有关。

暴力犯罪人和相关工具

传统的暴力犯罪预测因不可信任和不可接受的水平而饱受苦恼（参见 Monahan，1981），因为可能导致的诉讼和伦理道德问题，实践工作者抵制预测（参见 Walker，1996）。关于风险的研究和暴力犯罪预测评估工具的发展主要起源于与准确预测风险有关的精神健康领域和反应性精神病学领域。通过在量刑或对被监禁罪犯假释时对患者的精神健康、精神病学评估，评估工具因此也在使用上得到了极大的发展。由于研究人口绝大多数为男性和一成不变的制度化，可想而知，转向其他犯罪人的研究是存在疑问的（参见 Hagell，1998）。工具在其“定义、目的和评估质量”上变化着（参见 Hagell，1998：69），因而后续预测的可信度和准确性也就存在疑问（参见 Menzies et al.，1994）。暴力犯罪同质性的缺乏意味着评估工具对特定群体来说是高度特殊的，对根本不同的群体来说也是具有广泛空间的，这对单个的全能评估工具的发展是一个明显的障碍。特别是单纯的精算标准，在设置和群体之间的转移能力很低（参见 Cooke et al.，2001）。工具主要产生于机构型群体，既包括监狱也包括精神病医院，但“个体决定和情境决定之间的平衡，在监狱环境和社区环境中可能是不同的”（参见 Cooke et al.，2001：116），并且“情境因素在引起暴力方面可能比个体因素影响更大”（参见 Cooke，2001；Ditchfield，1991；Cooke，2000）。

本节考查的评估工具主要是对美国、加拿大和英国的研究，并集中在那些与刑事司法整体对暴力犯罪人评估最有可能相关联的方面。评估工具将分三种主要类型论述：精算工具、结构性临床工具和分类树。

对暴力犯罪人评估的精算工具

“暴力风险评估指南”（Violence Risk Assessment Guide，简称 VRAG：参见 Quinsey et al.，1998）是针对暴力犯罪人再犯使用最为广泛的精算工具（参见 Cooke，2000）。以对 1965 年和 1980 年在医院的患者的研究为基础，“暴力风险评估指南”在加拿大得到了发展，并且是众多评价关注的对象（参见 Quinsey et al.，1998）。“暴力风险评估指南”包括 12 个项目：

- 修订精神病态检查表（Revised Psychopathy Checklist）评分
- 小学适应不良（Elementary School Maladjustment）记录

• 符合“精神障碍诊断统计手册 - IV”（DSM - IV）［美国精神病协会（American Psychiatric Association）1994］对人格障碍的标准

• 正值严重犯罪（index offence，美国犯罪统计报告中的一类——译者注）的年龄

• 16 岁以下同父母（不包括死亡）分离

• 先前的有条件释放失败

• 非暴力犯罪历史记录（使用 Cormier - Lang 量表）

• 从未结婚

• 精神分裂症符合“精神障碍诊断统计手册 - Ⅲ”（DSM - Ⅲ）标准

• 最严重的被害伤害（来自于严重犯罪）

• 酒精滥用记录

• 严重犯罪中的女性被害人

（参见 Quinsey et al.，1998：147）

这些因素通过使用加权体系而被给予评价，这个加权体系“以个体与基础比率有多么不同为基础进行加权计算”（参见 Quinsey et al.，1998：147）。在大量评估的基础上（参见 Harris et al.，1993；Quinsey et al.，1995；Rice and Harris，1995），“暴力风险评估指南”（VRAG）在 0.73 和 0.77 之间调整了“重新定罪风险标准”（ROC）。“暴力风险评估指南”（VRAG）标准被用于指出九种风险分类中的一种（或像 Quinsey 等 1995 中指出的“箱子”那样），个体的“实际风险分数”与它所“获得的比一‘箱’更多的分数”没有区别（参见 Quinsey et al.，1995：150）。“暴力风险评估指南”（VRAG）受正在进行的评估的支配（参见 Quinsey et al.，1998），并且确立起了预测准确的声望（参见 Cooke，2000），但同针对性犯罪的“性犯罪人重新犯罪快速评价量表”（RRASOR）一样，它不能“对如何控制风险提供一些指南”（参见 Cooke et al.，2001：116）。为了弥补风险管理的缺陷，

结构性工具受到了偏爱。例如，最近的 HCR－20［历史—临床—风险评价（Historical Clinical Risk－20）］就已被苏格兰监狱管理局（Scottish Prison Service）所采用（参见 Cooke et al.，2001）。

同其他精算工具一样，“暴力风险评估指南”（VRAG）也认识到了它的局限性。该工具不包括对本质、严厉性、紧迫性以及将来的暴力的一些评估或预测（参见 Cooke，2000）。此外，过了较长时期（如 5、7 或 10 年）的可能再犯的报告对个案管理者或评判小组在筹划个案的风险管理策略中并没有帮助，在个案中，严厉性和紧迫性可能是更重要的问题。最后，“暴力风险评估指南”（VRAG）鼓励评估者不理会外部的 12 项临床的和动态因素，甚至在面对可能显示与暴力行为有关联的研究时（参见 Hart，1999；Cooke，2000）。由于风险评估失败，很难将这些决定视为可防御性的。

暴力犯罪评估的结构性临床工具

在三种评估工具“暴力风险评估指南”（VRAG）、精神病态检查表—修订版（Psychopathy Checklist － Revised，简称 PCL － R）和 HCR － 20 的重要对比研究中，Cooke 等人（2001：161 －17）提出“风险评估应该承担起更多的预测，它应该承担起为防止将来进一步暴力犯罪应该做什么的思考”。结构性评估工具将统计精算因素和动态因素结合起来，在指示治疗计划和指导实践干预方面有最大的功效，不仅仅是因为它们指导实践工作者对在工作中的经验性“风险因素”的判断，还因为它们能使评估者更容易进入评估程序（参见 Cooke et al.，2001：13）。虽然判断都是个性化的，但因根植于“经验性的、有效的、结构性的决定”而更有效，并且可以注意到异常的和“特殊体质的风险制造者”（参见 Douglas et al.，1999：156）。对风险评估活动的一致性来说，这种工具被看做是至关重要的。在大量工具中，来自大西洋国家的三个工具在这两方面都走在了前面：

- 暴力预测表（参见 Violence Prediction Scheme，简称 VPS）
- HCR – 20
- PCL – R

“暴力预测表”（参见 Webster et al.，1994）从“暴力风险评估指南”（VRAG）中，将 10 种动态项目与 12 种精算项目连接起来。然而，动态因素是未来的干预范围的认定，很少用于“暴力风险评估指南”的论断性功效上（参见 Webster et al.，1994：57）。“精神病态检查表—修订版”（PCL – R）和它各种各样的派生物是结构性访谈工具，用于法庭辩论并旨在预测精神病态者未来的暴力风险（参见 Hare，1991；Hare and Hart，1993；Hart et al.，1994）。令人满意的是，这个量表可以测量具有掠夺性的暴力犯罪的最重要的因素：精神病态（参见 Hare，2000），这与初始的暴力犯罪预测不同。不同的研究表明，“精神病态检查表—修订版”（PCL – R）在庭审的患者中能准确认定精神病态（参见 Hare，1991；Cooke and Michie，2000），并且这也可以转用于其他的犯罪人群，如妇女和少数族裔（参见 Brown and Forth，1997；Cooke，1998；Hare，1998）。然而它的使用被大大限制在法庭中，而且它的可靠使用则需要有受过良好培训的评估者。

能确定暴力评估的最系统化的结构性工具是 HCR – 20（参见 Webster et al.，1995，1997）。这种评估将预测风险的可追踪记录的历史因素与各种临床因素（如内在反应、态度、变化和治疗的动机、稳定性和一般的症状等）联系起来。此外，这种评估工具具有的附加价值的组成部分是吸引评估者对案件管理计划、动机的变化和可能的遵从、个体处理机制以及风险管理计划的可行性的关注（对各种因素的全面评论见 Webster et al.，1997：11）。

尽管最初的作为备忘录的系统阐述是为了使实际工作者的决定更为清楚（参见 Webster et al.，1997：5，73），但由于个人“得分高出 HCR－20 平均数 6 到 13 倍的比那些低于 HCR－20 平均数的更有可能进行暴力犯罪”，HCR－20 预测的效力被人们认可（参见 Douglas et al.，1999：917）。这种评价研究发现，尽管研究样本限制在国内精神病态者中，但 HCR－20 增强了“精神病态检查表——甄别描述”（Psychopathy Checklist － Screening Version，简称 PCL－SV）的有效性。这项研究特别强调了历史和风险量表的有效性（临床量表对短期风险预测具有有限的意义），动态因素被认为对正在进行的风险评估是贴切的。Cooke（2000）对 HCR－20 的简短评论表明了这些发现已被 Klassen 关于 HCR－20 的历史量表（Historical Scale）的鉴定所支持，Klassen 的研究发现，与国内的精神病态者相比，对住院患者的暴力行为有了一种适度的矫正（参见 Klassen，1999）；Strand 等人的进一步研究（1999）也发现了 HCR－20 与暴力行为的关联；Wintrup 的研究发现了对被法庭释放后又实施暴力行为患者的一种适度的矫正。然而，这种研究的限制性也是很显然的。小规模的样本量表（193 名患者）和相对短期的构建经历（626 天）使它需要更长时间的补充，特别是后续研究。尽管最近苏格兰监狱管理部门采用了这种工具，但这种工具的运用几乎仅用在心理健康领域。同其他方法一样，尽管这种工具表明了治疗和干预的主要范围（参见 Cooke et al.，2001），却很少提到犯罪的严重性和冲击力（参见 Douglas et al.，1999）。

分类树

最近的发展主要是围绕着分类树，特别是帮助实际工作者进行临床高风险评估。互动式分类树（Iterative Classification Tree，简称 ICT）对评估者根据先前设置的准则，通过一系列选择所作出的风险决定采取了双重的处理办法。所提出问题都是经验主义的和有理论根据的，而且每一个问题都随前一个问题的回答而定。这个模式是从最初的筛选开始的（如使用 PCL－R），而且其分类通过提问的过程而得到精练。ICT

是为在资源缺乏的状况下帮助实际工作者在临床上使用精算出来的数据而设计的（参见 Monahan et al.，2000：312）。ICT“把 72.6% 的被解除控制的精神病患者样本划进两类中的一类，认为其对他人的暴力风险是在释放后的头 20 周之内”（参见 Monahan et al.，2000：317）。然而，正如 Monahan 等人（2000：312）所指出的那样，这种办法仅仅能够区分个体的高风险或低风险。大量的个体仍未被分类，像 Cooke（2000：154）所陈述的，“评估者需要给予最多帮助的正是这些风险水平是模棱两可的个体”（也见 Cooke et al.，2001：12）。然而，这种方法试图重新认识风险的偶然性及其对大量的“它所依情况”的依赖性，并试图在实践中通过分类树模仿这种风险处理办法。由于保留有经验主义根据，这种分类的双重本质可能显示出一种主要的局限，不仅在划分风险等级上，而且也在约束实际工作者提问和回答的选择上。由于分类树试图躲开精算方法中的机械主义处理办法，并试图拓展使结构性访谈评估工具的适用范围以使其能更好地抓住评估环境中的风险的本质，偶然性和来龙去脉，对双重选择来讲，上述偶然性和连贯性就是有限的。在这种意义上，它们并未对风险评估工具的普遍认识或技术方法发起严厉的挑战。

Jones（1996）认为，风险评估工具与由技术描述进化而成的“价值自由”的客观工具不是一回事。进一步讲，“风险工具不可避免地反映了一系列政策和价值取向，包括各种各样的选择、中止点以及给予虚假肯定与虚假否定的相对价值”，尽管在它的发展和随后的被采纳中这种价值取向是“经常不被重新认识或被忽视”的（参见 Jones，1996：34）。他建议，伴随着风险预测和评估工具的发展，其机制、知识基础和过程应该具有较高程度的可见性和可说明性。也有人认为它应该包括与告知工具的结构与采用、工具的价值结构的政策规则的明确联系（如由于认为虚假肯定比虚假否定更容易被接受，因此将工具设计为能够确保既可作出剥夺能力的选择也能作出保护人权的选择)，也应包括对该工具的作用和其由于其他工具理由的明确表述。尽管纯粹的精算被“组合的”工具所替代，但这种处理方法也始终得到整体的效用（派生于总分析）和或然论思想的支撑（参见 Auerhahn, 1999)。

总结

关于风险的不同概念和认识论既能够从一般的风险评估工具和后续的风险管理办法中识别出来，也可以从有关犯罪风险管理的更广阔的犯罪学理论中识别出来。“两种文化”被构建成认识风险的实证的和人定路径，并根植于对科学与技术的知识之中，而且风险的构架和平衡框架也根植于结构主义认识论。风险评估工具的发展比纯粹的风险方法的改进有更广泛的空间。早期的统计预测反映了刑事司法领域对精确分类的需要和对习惯性犯罪人的反应（参见 Pratt, 1997)，在那时，方法论意义上的精算主义技术也扩展到了许多政策领域（参见 Rowe, 1977)。第三代工具以近期刑事司法为基础，倾向于评价干预、促进以证据为基础的治疗、分类和以犯罪人为目标改变方案，并用理性和透明的态度配置稀缺资源（参见 Bonta, 1996；Jones, 1996)。性犯罪和暴力犯罪人对风险评估工具提出了特别的挑战，不仅仅是由于低基础比率，也由于在精算因素中充分运用这些低基础率得出结论方面存在的困难。然而，就是这些犯罪和“伤害的风险”评估吸引了众多公众的注意力和媒体的报道，特别是当事情变糟的时候。研究者看到了这种紧张的行动，并常得到政府部门的雇用与资助，设计并使针对这些犯罪类型的风险评估工具更为有效。

深入阅读

Kemshall, H. (2001) Risk Assessment and Management of Known Sexual and Violent Offenders: A Review of Current Issues.

Police Research Series 140. London: Home Office. For a full review of current risk assessment tools see Chapter 3.

Lupton. D. (1999) Risk . London : Routledge. For a full review of current theoretical approaches to risk see Chapter 2.

第四章

风险、危险与缓刑监督机构

导论

缓刑监督机构（Probation Service）与警察机关一样，都是危险犯罪人认定及后续处置的主要机构（参见 Kemshall, 1998；Nash, 1999）。缓刑的政策目标及实践的变化与刑事政策的显著转变密切相关（参见 Hudson, 1993，1996）。长期以来，缓刑监督机构已经证明了自己能够适应法律制度的飞速发展（参见 McWilliams, 1987，1992a，1992b）。在 20 世纪的多数时候，缓刑监督机构坚持“刑罚福利综合体”（penal - welfare complex）的改造理想，是使罪犯“正常化”的重要机构（参见 Garland, 1985）。但是，自 20 世纪 70 年代以来，“改造理想”遭受严重质疑，如 Martinson（1974）关于“改造理想”“不起作用”（虽然称之为“有些事在起作用”更好懂）的著名论断，人们对罪犯处遇的功效缺乏信心。这一巨变表明，对罪犯改造的正当性和合意性存在广泛的质疑（参见 Robinson, 1999），在现代矫正及个别化量刑方面存在信任危机（参见 Garland, 2001）。

信任危机

20 世纪 80 年代以来，缓刑监督机构经历着一场关于其在现代刑事流程中作用的信任危机。“治疗范式”被批评成具有压迫性和强制性的基本上不成功的干预工具（参见 Raynor, 1980），对犯罪率和个体累犯影响极小（参见 Davies, 1974）。Martinson（1974）之后的治疗范式已有详细记载（参见 Bean, 1976；Folkard et al.，1976；Hudson, 1987），此处不再展开重复论述。缓刑监督机构发现自己处于一个易受攻击的位置：1983 年至 1992 年间财政资源增长了 123%，在整体工作量上升的同时，官员个人处理的案件量却在减少（参见 Mair, 1996：25）。显然，效率并没有随之增长（参见 Folkard et al.，1976）。在这种背景下，要求“非治疗范式”（non -

treatment paradigm）和量刑公正的专业呼声也在高涨（参见 Bottoms and McWilliams, 1979；Raynor, 1980；Tutt and Giller, 1984）。两种观点都很重要：非治疗范式的重点在于问题界定中的相互关联和问题解决中的官方与犯罪人之间的合作；而量刑公正观点的核心在于其主张防止网络扩张、整体地看待司法系统，且试图引导量刑人员选择非监禁刑。实际上，这类建议经常遭到量刑人员特别是地方官员的埋怨和围攻，从业者们量刑时在“改造”与“非改造”理想之间来回摇摆（参见 Hardiker, 1977）。

立法与政策背景：缓刑监督机构与危险犯罪人的“发现”

然而，在这一时期，缓刑监督工作的许多基本原则业已确立。对缓刑监督机构后来的风险管理职能最具意义的是量刑政策中的区别对待政策：

- 刑事司法的管理战略方法
- 承认缓刑监督机构在处理刑事事务的机构间系统管理方法中的地位（参见 Faulkner, 1989；Mair, 1996）

后者是加强对缓刑监督机关的执行控制和强化对中央政府的义务的集中体现（参见 McWilliams, 1987；G, Smith, 1996）。在这一时期，量刑时开始启用了区别对待或称双轨方法，即对严重和不严重罪犯进行区分（参见 Bottoms, 1977）。严重犯罪人，是指极有可能再犯的人。虽然没有明确提出根据危险性进行区别对待，但是以严重性为根据的一项重要的量刑原则已被引入。《1982 年刑事司法法》明确规定区分严重犯罪和非严重犯罪，折射出新右派对螺旋上升的犯罪率与犯罪成本以及高成本与明显的打击不力的日渐增强的成见（参见 Baxter and Nuttall, 1975；Bottoms, 1977；Flynn, 1978；Hudson, 1993）。不过，在区别对待的实际操作过程中，持续型犯罪和累犯被视为严重犯罪的做法并不鲜见，19 世纪晚期的刑事政策（参见 Pratt，1997）和整个 20 世纪 80 年代（参见 Nash，1999）就是这样做的。惯犯往往会经历一个“危险化”过程，经常、持久和不可知的犯罪威胁削弱了公众的容忍度，撮合了公共政策和公共意识中严重性、持续性和危险性的观念（参见 Garland，2000）。这一连接深刻地影响了 20 世纪 80 年代和 90 年代新右派的刑事政策，也极大改变了缓刑监督机构对风险和危险的看法（参见 Kemshall，1998）。在政策术语中，这一时期被称为是“有得有失”（参见 Nash，1999）的时期，其特征是在区别对待政策和惩罚平民主义（punitive populism）之间摇摆。不到 10 年，《1991 年刑事司法法》对针对个人的犯罪及“严重伤害风险”与针对财产的犯罪作出了明确的界定（Wasik 和 Taylor 1991）。持续犯应判处与其罪行相称的公平刑罚，以严重伤害为基础的防御性处罚仅适用于暴力犯罪、性犯罪和毒品犯罪。Cavadino 和 Dignan（1997）将之称为“惩罚性的区别对待”：它是公正惩罚量刑与区分严重性二者的结合物。

《1991 年刑事司法法》与公众保护的出现

《1991 年刑事司法法》为缓刑监督机构规定了一个新的具有挑战性的职权（参见 Home Office，1990；Faulkner，2001），即进入“中央舞台”（参见 Faulkner，1989），“预防再犯”，使“公众免受严重伤害”（参见 Home Office，1990：2）。在新右派掌控公共部门、限制财政支出和增强执行控制的时代，尽管有一线工作者的坚持，但缓刑监督机构仍鲜有机会获得这一职权（参见 Kemshall，1993；Worrall，1997）。虽然也有人试图将改造重新设计成“帮助性的”（参见 McWilliams and Pease，1990）、“非治疗性的”问题解决方案（参见 Raynor and Vanstone，1994）以及最近提出的主动干预项目（参见 Robinson，1999），但在这 10 年里，随后出现的公众保护取代社会工作价值和改造成为缓刑工作的主轴（参见 Pitts，

1992；ACOP，1994；Kemshall，1995；Nellis，1995）。

《1991年刑事司法法》涉及两大相互矛盾的目标：减少监禁的使用和“严厉打击犯罪”（参见Nash，1999）。事实上，对那些欠缺公众同情的性犯罪、暴力犯罪和毒品犯罪的罪犯适用的从紧政策，使得对轻微罪犯减少适用监禁的做法显得有些失色，该政策是“某些罪犯应隔离在刑事司法系统中并受到特别关照”以及指向强化防御性处罚的“早期征兆”（参见Nash，1999：45）。来自美国的智力和政策殖民主义以及以风险、危险和选择性剥夺犯罪能力为支柱的刑罚政策延伸至英国乃至其他英语国家，如澳大利亚和新西兰等（参见Meek，1995；Pratt，1995，1997，2000d；Brown，1996）。公平惩罚和区别对待在政策与立法两方面的关系都不太稳定，这被整个20世纪90年代日渐严厉的刑罚氛围所证实，而刑罚均衡和保护之间的结合也越来越牵强（参见Pratt，1997）。

缓刑监督机关长期处理各种风险，如假释违规风险和来自儿童保护的风险（国家缓刑官协会National Association of Probation Officers，简称NAPO，1977；参见McWilliams，1987），但降低风险被认为是一项应与“忠告、帮助与友好相待”的传统福利原则以及更广泛的社会工作目标协调一致的任务（参见NAPO，1977）。缓刑官被冠以“罪犯保护者”之名，他们反对过度的担忧和谴责型的、对于风险很谨慎的社区——这一状况将贯穿整个20世纪90年代有关风险的价值争论（参见Kemshall，2000）。就在10年内，内务部就“潜在危险罪犯”（Potentially Dangerous Offenders）的登记工作向各地警察局长颁发了“保护性指导原则”（protective guidelines）（参见Home Office，1988）。该原则是以遭到“反对性批判”的案件和20世纪80年代监狱督察员对危险犯罪人所做的评估为基础的。在缺乏中央指导原则的情况下，各地缓刑监督机关形成了过多的登记政策和惯例（参见Shaw，1991），以控制、公共保护和职员安全为重心的谨慎的风险防御策略得以扎根（参见 Kemshall，1998）。随着“危险犯罪人”定义的变化和风险日益成为缓刑工作评估的核心工具，登记程序也在发生变化，而这时的程序尚处于初级阶段。尽管有反证，风险和危险仍被等同于精神失常、袭击职员和假释违规（参见 Brown，1996；Ryan，1996）。有意思的是，Shaw 的研究发现，对性犯罪人很少进行登记，这与大约 5 年后女王陛下的缓刑监督员（Her Majesty's Inspectorate of Probation，简称 HMIP）所作的评估（参见 HMIP，1995）以及 20 世纪 90 年代末重新把性犯罪人当做危险犯（参见 Cobley，2000）形成强烈对比。至缓刑监督员有关危险犯的主题报告发布之时（参见 HMIP，1995），缓刑监督机关内部已经存在有关风险性质和该任务合法性的争论和紧张局势（参见 Kemshall，1995）。该监督员报告证实了各种不足，综合考察了各种不同的缓刑通告（Probation Circulars）和指导原则（如 Probation Services Division 1994；1999），并在对“严重事件”（Probation Services Division 1997）进行细致分析后指出，缓刑监督机关不能胜任风险评估任务（“严重事件”，是指应受缓刑监督机关监管的犯罪人实施的致死或严重伤害的犯罪。缓刑监督机关有义务向内务部提交全面报告，报告中应对这些严重事件进行分析和评价。在某种情况下，这导致了报纸新闻报道的每周都有的由受缓刑监管者实施的谋杀）。

“权宜管理主义”（‘Expedient managerialism’）是新的刑罚经济理性（the new economic rationality of penality）得以正当化和取得成功的媒介。在立法与政策方面对累犯和危险的双重关注，已经融入随后由 ACOP（Association of Chief Officer of Probation，缓刑监督局长协会）于 1994 年发布的声明中，该声明加剧了概念上的混乱，而这种混乱被内务部和地方机关频繁重述（参见 Kemshall，1996，1997a，1997b，1998），并为后来的《内务部缓刑工作国家标准》（Home Office National Standards）所强化。在该标准中，严重性和可能性之间的界限不清，缺乏说服力，同时强调了“对所有案件”进行风险评估的远景（参见 Home Office，1995a：11）。

小结

缓刑监督机关在整个 20 世纪 90 年代对风险和危险犯罪人所作的回应可以当做是风险转移、强制性重新配置、防止过失、更主动的“惩罚政治”和更强调物有所值的时代的特点（参见 Wallis，1997）。从大多数警察局长和中央政府的决策制定者将其作为一个通过训练实现责任、服从管理和有效再社会化的问题（参见 Lawrie，1996，1997；G. Smith，1996）中可以看出，风险议程很大程度上是由中央自上而下推动的，而许多更开明的观点则把注意力放在执行中的组织和文化问题上（参见 Mackenzie，1996）。至 1996 年缓刑监督员关于“公共保护”的会议召开之时已经定调，新的三年计划（参见 Home Office，1996a）和之后政府出版的有关犯罪对策的《保护公众：政府打击英格兰与威尔士犯罪的策略》（Protecting the Public：The Government's Strategy on Crime in England and Wales）（参见 Home Office，1996b）为缓刑监督机关的存在提供了新的法定理由。

从危险到攻击：攻击型恋童癖者（predatory paedophile）增加

《1991 年刑事司法法》（CJA 1991）区分了适合均衡刑的犯罪人和基于保护“公众免受严重伤害”［第 2（2）b 条］、对其施加防御性刑罚可以视为正当的罪犯。尽管该法的危险标准以及作为不均衡量刑基础的风险预测的不确定性饱受批评（参见 Wood，1988；von Hirsch and Ashworth，1996），但第 31（3）条仍把严重伤害界定为“保护公众免遭由被告实施的该类犯罪导致的死亡或严重的个体肉体或心理伤害”（参见 Wasik and Taylor 1991）。这种量刑在减少有害行为和找准目标犯罪人方面的功效遭受质疑：持续性的财产犯罪人和特殊的夜盗者被判处该类刑罚的最为常见（参见 Dingwall，1998）。重要的是，该法对性犯罪者予以特别关注，如第 44 条修改了现行假释制度，允许监管期延长至原判监禁刑的完成日，而且正是性犯罪人特别是恋童癖者占据了 20 世纪 90 年代末期的刑事议程。20 世纪 80 年代，警察、缓刑监督机关和王室公诉机关因未能认真对待性犯罪而饱受批评（参见 Worrall，1997），90 年代逐渐将性犯罪人特别是针对儿童的性侵犯纳入刑事优先处置事项。后者因一系列备受瞩目的案件和社会上有组织的且逍遥法外的恋童癖的可怕性，如“撒旦的虐待”以及 But ler－Schloss1988 年在 Cleveland 所作的调查而更加突出。正如 Cobley 所言，“恋童癖”已经成为一个“流行用语”。用计算机对报纸文章进行搜索发现，1998 年头 4 个月，“英国 6 家主流报纸有 712 篇文章”使用了该词，“但 1992～1995 年 4 年间该词总共只出现了 1312 次”（参见 Cobley，2000：2）。

20 世纪 80 年代和 90 年代，性犯罪的侦查和定罪都在上升，越来越多的性犯罪人被投入监狱（参见 Worrall，1997），社区刑与监禁刑之间的平衡开始倾斜，即向支持更多地适用监禁刑（参见 Hebenton and Thomas，1996，1997）倾斜。虽然缓刑监督机关仅负责一小部分（12%～15%，Worrall 1997：119）已决犯的社区监管，但它执行得非常有气势。紧张的集体劳动和个别化科目通常需要大量的缓刑官参与（参见 McEwan and Sullivan，1996），而缓刑监督机关发现，在这个工作领域，职员很容易就优先考虑被害人，放弃“忠告、帮助与友好相待”原则，支持“挑战与变革”。而在性犯罪人的处置工作领域，风险议程极易被接受，缓刑监督机关也费尽心思证明其社区管理制度的效用（参见 Gocke，1995；Nash，1999）。

虽然 1955 年至 1999 年间，应报告的性犯罪上升了 100%，但 1998 年至 1999 年警方记录的应报告的性犯罪为

37492 起，占所记录的全部应报告犯罪的比率不足 1%（参见 Cobley，2000；Home Office，2000b）。与此背景相反，性犯罪人仍然是 20 世纪末期刑事政策议程的核心内容，并形成了针对他们的“罪犯隔离”措施（参见 Soothill and Francis，1997a，1997b；Soothill et al.，1998）。这对缓刑监督机关具有重要意义。与性犯罪人相关的工作帮助管理者和政策制定者对职员们证明了风险议程的正当性（参见 HMIP，1998）——毕竟，谁敢对保护儿童的道德要求说三道四呢？事实上，被害人成了新的客户，而犯罪人占到了管理层这边。基于保护和风险考虑，诸如监控、贴标签和跟踪等约束措施得以合法化。HMIP 1998 年报告，即《长期警惕：缓刑监督机关在保护公众免遭性犯罪人侵害中的作用》（Exercising Constant Vigilance：The Role of the Probation Service in Protecting the Public from Sex Offenders）反映了这些措施对缓刑监督机关及其政治重要性的意义。对性犯罪的类型和伤害级别几乎不做区分，对该工作的重视也明显超出了它在缓刑监督机关案件量中的真实数量，在缓刑监管案件中，性犯罪仅占 3%，在所有需要照管的案件中，性犯罪仅占 9%（参见 HMIP，1998：31）。

对恋童癖者的诠释

刑事政策对性犯罪人的重视也揭示了被害人与犯罪人之间、犯罪人与社会之间的距离，犯罪人的权利随之减少，其公民身份降低（参见 Faulkner，2001；Garland，2001）。这一距离被对“攻击型恋童癖者”的诠释进一步拉大——对我们身边猎食脆弱儿童的看不见的陌生人的害怕往往与对谋杀儿童的恐惧联系在一起（参见 Wilczynski and Sinclair，1999）。这种诠释把陌生人与危险者等而为一，这在一定程度上属于媒体构建的精神恐慌（参见 Thompson，1998；Kitzinger，1999a，1999b）。荒唐的是，绝大多数遭受虐待的儿童和妇女都是在自己家中被他们认识的人虐待的（参见 Ehrlich，

1998）。

媒体报道倾向于将事物老套化，极少注意发生的原因（参见 Kitzinger and Skidmore，1995），虐待者的“主导形象”被认为是“坏”、“愚蠢”或“悲哀”（参见 Wilczynski and Sinclair，1999：276）。虐待者还被描述成“性野兽”、“道德谎言”和“国家状态的晴雨表”（参见 Soothill and Soothill，1993：19；Wilczynski and Sinclair，1999：276）。

20 世纪 80 年代将“强奸犯”构建成最危险的性犯罪人，90 年代则将恋童癖者特别是攻击型恋童癖者“提拔”到了这个位置（参见 Cowburn and Dominelli，2001）。Kitzinger（1999b）阐述了 20 世纪 80 年代中期时的根源、BBC“儿童观察”（Childwatch）节目提供的关键动力和儿童在线（Child-Line，特林尼达和多巴哥反对家庭暴力的慈善机构）的最初情况。不过，公众的聚焦和表达源自性犯罪人自监狱释放、在社区进行再安置和中央政府关于性犯罪人登记的政策主动性（参见 Thomas，2001）。实际上，针对减少风险的政策目标将其不经意地释放了出来。这引发了 1996 年至 1997 年的一场“知情权”运动和艰难的义务警员行动，迅速“劫持”了新闻和政策议程（参见 Kitzinger，1999b；Thomas，2001）。之后，对“社区中的恋童癖者”的恐慌因儿童作为无辜被害人的形象而火上浇油。这绝非偶然。Jackson 和 Scott（参见 Jackson and Scott，1999：86）已经指出，儿童和青少年被构建成应受保护的“无辜”者，因为这是父母和社会普遍持有的不变的渴望（有意思的是，1993 年的 James Bulger 被谋杀案件及之后对 Robert Thompson 和 Jon Venables 的审判引发了媒体的广泛关注，儿童被描绘成恶魔，童年则被认为是潜在威胁的渊源：参见 James and Jenks，1996；Muncie，1999）。Kitzinger（1996）在对 20 世纪 90 年代早期的父母重点群体的研究中发现，恋童癖者是刻在父母意识中的主要担忧因素。在一些社区的封闭氛围中，这种担忧被进一步强化，而市镇简易住房的房客也常常感觉自己不得不接受过度的风险评级，特别是在“穷人聚居地”（可以参见 Walters, 2001）。基于当地居民的希望而秘密迁居恋童癖者，这种做法并不总是能让专家们受社区的喜爱。

在日渐强调个人风险责任及居住场所的任何“另类”风险的时代（参见 Giddens, 1991；Craze and Moynihan, 1994；Furedi, 1997），攻击型恋童癖者成为21世纪持续的洪水猛兽，这丝毫不令人奇怪。这种恐惧被扩大的儿童期定位及其对个人家庭领域的调整而强化，而个人家庭领域正是通过讨论风险与弱点而责任化的区域（参见 Moss et al., 2000；Kemshall, 2002b）。性犯罪和恋童癖者实际上已经被等同化了（参见 Soothill et al., 1998）。在长期关注危险和我们当中不露面的前科犯的同时（参见 Radzinowicz and Hood, 1986；Pratt, 1997；Radzinowicz, 1999），现代社会仍然认为“对流窜且匿名的性犯罪人的恐惧”具有特殊的魔力（参见 Hebenton and Thomas, 1996：429），Soothill 和 Walby（参见 Soothill and Walby, 1991）将之称为“性犯罪推销”。

“教科书式的”非家庭型恋童癖“犯罪人”被描述成为“应受监管、惩罚、遏制和约束”的恶魔（参见 A. Young, 1996：9）。关于他们的媒体报道通常伴随着“危言耸听者对犯罪的反应”和 Welch 等人（参见 Welch et al., 1997：486）所说的“日渐扩大的惩罚动机词汇表”，鼓吹对危险罪犯采取更严厉的刑事政策。Sanders 和 Lyon（参见 Sanders and Lyon, 1995）将之称为“重复型报复”（repetitive retribution），并举例说明随之可能“对主要政策决定”产生“重大影响”（参见 Muncie, 1999：182）。

缓刑监督机构面临的挑战

对攻击型恋童癖者的关注使缓刑监督机关面临严峻挑战：如何在社区有效管理被认为不能容忍且不值得融入社区的犯罪人？透过性犯罪人，可以很容易地认识到新风险刑罚学和

“民众制裁主义”（popular punitiveness）的共存关系。但正如Simon（1998）所言，新刑罚学涉及风险，而民众制裁主义则与危险有关。

Simon认为，在实践中，这一紧张关系由“声学分界线”（acoustic divide）来处理，该分界线实际上是政治宣言与刑事专家治理其过度危害的实际行动［如缓刑监督局长协会（Association of Chief Officer of Probation，简称ACOP）和国家缓刑监督官协会（NAPO）为影响2000年夏天于Sarah Payne被谋杀案后出现的《世界新闻》（News of World）“名字与耻辱”运动而付出的努力］之间的区别。它描述出20世纪90年代末期大多数英语国家刑事政策对性犯罪人所作的回应（参见Simon，1998；Pratt，2000b；Sparks，2001a）以及英国缓刑监督机关在执行平民主义者的政治宣言和避免它们的过度危害中的核心作用。至世纪之交，围绕性犯罪人的新风险刑罚学和民众制裁主义在以下方面实现了融合：

- 《1997年性犯罪人法案》（Sex Offenders Act 1997）规定对性犯罪人进行登记，以监管和追踪这类犯罪人（参见Plotnikoff and Woolfson，2000）
- 《1998年犯罪与动乱法案》（The Crime and Disorder Act 1998）规定了《性犯罪人规则》（Sex Offender Order）（细节参见Kemshall，2001：6 - 7）
- 规定在《2000年刑事司法与法院服务法案》［the Criminal Justice and Court Services（CJCS）Act 2000］中的《1997年性犯罪人法修正案》（Amendments Sex Offenders Act 1997）要求通知外国游客，规定对不登记行为的处罚，赋予对犯罪人进行照相和提取指纹的额外权力，将初次登记时间缩短至72小时
- 《2000年刑事司法与法院服务法》第67条、第68条关于由警察和缓刑监督机关共同进行风险评估及管理的规定和多机构公众保护专门小组（Multi - Agency Public Protection

Panels，简称 MAPPPs）的正式成立

• 为了迎合要求在英国制定与美国《梅根法》（Megan's Law，将在下文讨论）相当之立法的呼声，内务大臣于 2001 年 12 月宣布，本地社区的代表（虽然尚不清楚他们将如何选出）将被允许担任 MAPPPs 成员，以表达当地社区对风险管理和重新安置计划的看法。这些人不能向其他社区成员披露个体犯罪人的详细资料或行踪

• 《2000 年刑事司法与法院服务法》第 67 条要求 MAPPPs 出版年度行动报告，虽然不能披露个体犯罪人的详细资料，但可确保其更尽责

题为《释放潜在危险犯罪人的早期预警机制》（Early Warning Mechanism for the Release or Discharge of Potentially Dangerous Offenders）的缓刑文件（Probation Services Division 1999）也赋予了缓刑监督机关负责人一项义务，即在万众瞩目的案件有可能向媒体提供住址核查或监管计划时，建立针对应从监狱或医院释放之犯罪人向内务部提供预警的系统。虽然内务部不寻求参与个案管理，因为“内务部资源有限且这样做与把风险管理植入在地方机构间关系中的战略目标相悖”，但在确定问题的大小和向部长们提交报告“以便他们对将要出现的问题能获得比现在更全面的认识，并能详细考虑可操作性的现实问题”方面，中央的情报被认为是非常重要的（参见 Probation Services Division，1999：3）。

之后发生的一些备受瞩目的案件吸引了媒体的空前关注，一些案件还催生了义务警戒行动和社区不安（如 Robert Oliver 和 Sydney Cooke 案，他们因诱拐、鸡奸和杀害一名 14 岁男孩服刑近 8 年后获释，他们的获释引发了公愤和义务警员行动），这些都为上述发展增加了新的推动力（参见 Kitzinger，1999a，1999b）。2000 年夏季的 Sarah Payne 被谋杀案引发了媒体关于是否对恋童癖者进行适度监管的争论，出现了制定《“Sarah”法》（Sarah's Law，美国《梅根法》的英国版）呼

声，认为当地社区应有权获知被判性犯罪者的姓名和住址。《世界新闻》为此还发起了一场运动以“找出并羞辱恋童癖者”。这场导致了数个市镇公众混乱和义务警戒行动（有些还针对被认错的人）的运动，在警察和缓刑官声明媒体的这种关注及其后果只会让犯罪人“隐藏起来”之后，才终于暂停（参见 Kemshall and Maguire，2002）。例如，国家犯罪人照管与再安置协会（The National Association for the Care and Resettlement of Offenders）认为《世界新闻》的报道“严重不负责任”，警察局长协会则宣称，这样做会“因让性犯罪人隐藏起来而将儿童置于危境”（参见 Thomas，2001：103；see also Guardian 24 July，2000：1）。这场运动也进一步加大了专家与公众在刑事问题上的认识鸿沟，特别是通过媒体放大了“常识必胜，父母有知情权”的主张。尽管没有制定《“Sarah”法》，但这场运动还是让政府作出了一些妥协。特别是，政府建议加紧对性犯罪人进行登记，扩大登记的范围，建议修改有关性犯罪人的法律（参见 Home Office，2001b，2001c）。反对者对更多措施的要求，包括适用无期徒刑等，使这种妥协加剧（参见 Sunday Times，13 August 2000：1）。

2001 年 12 月，对已被记入性犯罪人登记簿并为当地 MAPPPs 所知的 Roy Whiting 的审判和定罪重新点燃了要求制定《“Sarah”法》的呼声，再度对那些负责对性犯罪人进行社区风险管理的机关的专家发出挑战。这时，媒体报道煽动性减弱，对于有关社区告知的双方意见都予以重视，发表了经深思熟虑且非常专业的评论［如可以参见 www. bbc. co. uk/news《我们需要一部“Sarah”法吗?》（‘Do we need a “Sarah’s Law?”’），13 December 2001］，文中，儿童保护运动组织（Kidscape）的主任 Michelle Elliott 断言，社区告知在对付最危险的恋童癖者时有效，而诸如国家缓刑官协会的 Harry、Fletcher 等人则认为，这样做会推动义务警戒行动，导致一些罪犯逃避登记。历届内务大臣普遍认为《“Sarah”法》

难以奏效（参见同一网址 Beverley Hughes 的评论），特别是犯罪人可能只在不被人认识的异地作案，而目前登记在册的有110000 人，向父母们提供所有犯罪人的有效信息的做法不具可操作性。一些重要和有难度的实际操作问题也开始得到考虑，如信息如何发布、向谁发布、以何种形式发布，发布哪类犯罪人的和何种风险级别的信息，如何支持父母们和社区对他们获得的信息作出适当的回应，等等。如果不想让将来制定的诸如《“Sarah”法》的法律变成义务警戒宪章，不想让社区告知变成社区惩罚，那么就必须对这些问题作出合适的回答（参见 Kemshall and Maguire, 2002）。

20 世纪 90 年代，英国还从美国引入了一意义重大的产物，即“监狱劳动”和选择性剥夺惯犯与最严重犯罪人犯罪能力的理念（参见 Greenwood and Abrahamse, 1982；Greenwood and Turner, 1987；Greenwood et al., 1996；Murray, 1997）。

公众和政治家都熟悉“三振出局”的棒球术语。在英国，该政策是针对财产犯罪特别是入室行窃行为设置的。对暴力犯罪人和性犯罪人也设置了特殊措施，公众保护得到了过度的优先考虑。尽管担心强制性量刑在实践中会导致量刑时的严重不公（参见 Clarkson, 1997；Nash, 1999），但《1997 年犯罪量刑法案》（Crime Sentences Act 1997）仍然对以下犯罪的再犯规定了强制性的无期徒刑：

- 共谋、煽动、教唆谋杀或谋杀未遂
- 杀人
- 伤害或故意致人严重身体伤害（第 18 条规定的伤害）
- 强奸或强奸未遂
- 与不满 13 岁少女发生性关系
- 以故意伤害意图持有枪支，使用枪支拒捕或以犯罪意图携带枪支
- 持有枪支或《1968 年枪支法》（the Firearms Act 1968）

规定的仿造品进行抢劫

不过，在法律规定的例外情形下，法官有权否决。

（引自 Teggin，1998）

小结

在此背景下，缓刑监督机关在以下领域发挥着关键作用：

- 对所有案件进行风险评估
- 根据风险、监管资源的使用配置和以风险为基础的处遇方案，向法庭提交量刑建议
- 鉴别和隔离“潜在危险罪犯”以对其特别注意、严格管理和监督
- 加强对性犯罪人特别是恋童癖者在社区监管时和释放后的监督
- 通过 MAPPPs 与警察及其他重要机构开展合作

缓刑实践和政策中的风险可以被理解为对 20 世纪 80 年代和 90 年代新右派新刑罚观的现实回应。不过，惩罚平民主义也对刑事环境发挥了重要作用，特别是其对 20 世纪 90 年代末对性犯罪人和更广范围的“潜在危险犯罪人”的看法，缓刑监督机关必须对变动且时常相互矛盾的刑事环境作出回应。但是，将缓刑监督机关当做刑事政策的“墙头草”或者认为其是以“风险”为其“无情逻辑”的机构，都是过于简单的看法。这种看法认为政策执行不存在重要的“防火墙”，它低估了员工们在调停和抵制方面的重要作用（参见 Lynch，2000；O’Malley，2000，2001b）。本章结尾将探讨缓刑监督机关风险实践的一个重要领域：MAPPPs 的工作。

风险与多机构公众保护专门小组[①]

多机构公众保护专门小组（Multi - Agency Public Protection Panels，简称 MAPPPs）

《2000 年刑事司法与法院服务法》第 67 条、第 68 条正式为 MAPPPs 命名并赋予其法定权力。该法规定，警察局局长和缓刑监督局局长有义务执行机构间对“性犯罪人和暴力犯罪人引发的风险”的评估和管理制度（参见 Home Office，2001b，2002a）[第 67 条、第 68 条所规定的性犯罪或暴力犯罪的定义，见于《补充指导原则》附录 A (1) Annex A of Further Guidance (1)，Home Office 2002a]。然而，警察机关和缓刑监督机关的机构间制度自 20 世纪 80 年代末开始就已存在（如西约克郡警察机关和缓刑监督机关之间的安排），并且因内务部向缓刑监督局局长下发的关于危险犯罪人识别与登记的文件而扩大（参见 Home Office，1988；Shaw，1996）。20 世纪 90 年代中期，为确立明确的小组工作职责而签署的协议拓展了这些很大程度上是非正式的制度安排，机构间小组开始与社会公益服务和住房安置等其他重要机构合作。在整个 20 世纪 90 年代，下述重要因素对推动针对危险犯罪人的联合工作制度发挥了作用：

- 政策、媒体和公众对性犯罪人特别是恋童癖者的关注度提高，国内外对该问题进行了大量研究（参见 Grubin，1998）
- 高度曝光的案件，特别是那些导致对恋童癖团伙、恶魔般的虐待和危险陌生人的精神恐惧加剧的案件（参见 Thompson，1998；Kitzinger，1999a，1999b）
- 引发公众注意和不满的个案，特别是某些犯罪人的出狱安排以及对这类犯罪人的被认为失败的监管工作（如 Sydney Cooke 案）

• 内务部对缓刑监督机关处理案件中出现的大量“严重事件”的担忧，大量（三年内891人）处于监管中的罪犯犯下了谋杀或强奸之类的重罪（HMIP 2000）

• 美国《梅根法》带来的变革（和加拿大较小程度的改革），该法将性犯罪人的详细情况向社区披露，规定了对性犯罪人在社区中的住址的“跟踪”制度，并允许对那些被认为引发了不可接受的风险的犯罪人采取“特别措施”（参见 Hebenton and Thomas, 1997; Kanka, 2000; Petrunik, 2002）

• 刑事司法政策的完善，特别是通过《1998 年犯罪与社会动乱法》以实现对犯罪的联合反应，在新工党政府现代化计划的指导下努力加强政策的联合与协调（参见 Faulkner, 2001）

主要的立法与政策发展

内务部 1997 年召开的关于“对危险犯罪人的机构间工作：风险管理中的信息共享”特别研讨会开始将机构间工作正式化，并试图解决向第三人披露信息、保密和照管潜在被害人的义务等当务之急（Home Office Special Conference Unit 1997）。《1997 年性犯罪人法》试图厘清这些问题，为几乎所有的性犯罪人规定了在有罪宣告后 14 天内向警方登记其住址的义务（对该义务的评论，参见 Kemshall, 2001: 6）。性犯罪人登记的目的在于防止再犯，提醒社区注意，实施公众保护（参见 Rudin, 1996）。但是，性犯罪人登记的实效遭到质疑（参见 Tewksbury, 2002）。Whilst Plotnikoff 和 Woolfson 发现，英国 94.7% 的性犯罪人遵守了登记义务（参见 Plotnikoff and Woolfson, 2000），而美国实行登记的时间更长，因而能够对登记的结果开展研究。Zevitz 和 Farka 声称，对于社区的期望和治安维持会的政策而言，效果可能适得其反（参见 Zevitz and Farkas, 2000a, 2000b）。之后对性犯罪人的边缘化也被认为不利于他们的改造和避免他们再犯（参见 Prentky, 1996）。Schram 和 Milloy 也指出，没有数据显示应登记和进行社区告知的性犯罪人与其他犯罪人之间存在明显区别（参见 Schram and Milloy, 1995）。

《1997 年性犯罪人法》没有规定警察在登记之后的职责，但许多警察机关开始在登记后对性犯罪人进行监督和社区管理（参见 Maguire et al., 2001）。在一些案件中，这种做法延伸至不应对其采取任何法定监督或控制措施的犯罪人，而有些案件中甚至延伸至有嫌疑但未被定罪的行为人。警察认为，这些行为已经受到约束，因为警察无权进入性犯罪者的家中，对那些在性犯罪登记簿保护下的不接受风险管理的人，也缺乏法律制裁和控制（参见 Maguire et al., 2001）。

《1998 年犯罪与社会动乱法》在一定程度上改变了这一现象，它取消了异常人群登记，把大约 100000 名犯罪人纳入登记程序，同时对那些应当采取行为干预措施的犯罪人引入《性犯罪人规则》（Sex Offender Order）（参见 Power, 1998, 1999）。《性犯罪人规则》的调整对象是那些应对其采取行为干预措施和否定性禁止措施（如禁止接近被害人，以保护公众）的犯罪人，对他们的违法行为，只需要采取民事证明标准就可以处以 5 年监禁刑（对该规则的理解和适用，参见 Knock and Thomas, 2002）。该法后来被《2000 年刑事司法与法院服务法》修改，包括增加对不登记者的处罚、对外国游客的告知义务、照相和采指纹的规定以及把进行首次登记前的期限缩短至 72 小时。与这些发展类似的是《1998 年犯罪与社会动乱法》第 58 条的规定，即法院有权强制延长对因性犯罪或暴力犯罪而被判处 4 年以上监禁刑的犯罪人释放后的监管时间（适用于性犯罪人的延长期可达 10 年，而暴力犯罪人是 5 年，但对暴力犯罪人的总期限不能超过针对犯罪的最高刑期）。源自那些被认为既危险又属于“严重变态人格”的犯罪人的危险也获得关注（受 Michael Stone 杀害 Lin 和 Megan

Russell 一案的推动)，有建议要求限制从监狱或医院释放的那些被认为不能治疗但仍然危险的犯罪人（参见 Home Office, 1999)。受该法的逐步影响，警察和缓刑监督机关证实并评估犯罪人应否被采取选择性剥夺犯罪能力或严格社区监管的责任被强化。这需要正式的合作，也需要支持风险评估的工具和技术的完善（参见 Kemshall, 2001)。

但是，内务部于 1998 年 11 月至 1999 年 10 月委托进行的广泛的经验研究发现了不同程度的正式合作和不同的风险评估与风险管理的方法（参见 Kemshall and Maguire, 2001; Maguire et al., 2001)（关于方法论和数据采集分析方面的说明，参见 Maguire et al., 2001: 5 - 7)。虽然 MAPPPs 受“风险驱动”，它们的职责限于风险事项，而且熟悉针对“高风险”和“危险”犯罪人的政策与立法，但实践和程序并未证实其向精算主义的大幅度转变。事实上，该体系涉及风险，但整体上并不以正式化的精算业务为依据。

这一点被以下领域的研究发现证实:

- 个人的专业判断与计算方法并用，且经常取代计算方法
- 风险的分类和临界值具有变动性
- 专业评价与职业文化在风险业务中的作用

专业判断与计算方法的比较

MAPPPs 成长期的主要特征是内务部号召对性犯罪人使用的评估方法的发展和修正：结构性固化临床诊断（Structured Anchored Clinical Judgement，简称 SACJ)（SACJ: Hanson and Thornton, 2000；全面评论参见 Kemshall, 2001）及创建全国统一的性犯罪人风险预测方法的各种尝试。警察喜欢这一方法，特别是那些处理大量需要登记的性犯罪人的警察，在甄别需要采取特殊的机构间社区管理措施的犯罪人时更是如此。

在一些情形下，这一方法使风险评估改由文职工作人员进行成为可能，把警察从被认为实际上是行政性的事务中解脱出来。SACJ 因其使用简单、迅速而引人瞩目，但它实际上仍是一种筛选方法，使警察个人能够优先注意性犯罪人并提交 MAPPPs。不过，专业和主观判断在风险评估中继续扮演着关键角色。起初，筛选法把难以控制的犯罪人归入高风险类，向上修订阀值以掌控提交 MAPPPs 的罪犯数量。没有证据显示何种风险方法可以取代专业判断，而且专业判断常被用于支持或修改计算出来的风险分数。虽然 MAPPPs 认识到需要根据明确的标准进行风险评估，但这并不必然意味着风险分数应以计算方法为基础。尽管计算方法被用于目标评估，但可能被临床诊断所颠覆，而 MAPPPs 会议期间评估的主要特点就是个性化的临床诊断和职员个人所作的案情介绍。这容易给 MAPPPs 一种有趣的感觉。如果 MAPPPs 会议期间涉及计算分数，这种感觉会小得多，当警察和缓刑官采用不同风险方法时更是如此。随着计算方法在初始过滤过程中的作用越来越大，MAPPPs 会议被视为深度评估的舞台和以临床为基础的专家风险评估保留地。撇开内务部危险犯罪人局（Home Office Dangerous Offenders Unit）的最近消息不说，MAPPPs 的决定几乎没有中央指导原则，其风险评估工作也不受任何最低标准制约。当前，尽管法律要求提交刑事活动的年度报告，但公众仍然无法审查 MAPPPs 的实际做法。Roy Whiting 因 Sarah Payne 被杀案被审判和定罪后，内务大臣提出，可能会要求 MAPPPs 接纳非专业成员以便提高其公信力（参见 Kemshall and Maguire, 2002）。

风险分类与风险临界值

除进行风险预测外，计算方法也应用于风险分类，通常把风险分成低、中和高三个等级。任何方法都无法提供令人满意的风险分类，这可能会导致资源压力以及从业人员和管理者为更有效配置稀缺的资源而进行再分类。事实上，可用资源或认为的可用资源决定了风险分类。在缓刑监督机关内部，为内部登记的危险犯罪人和向 MAPPPs 的犯罪人设置的风险临界值都已被证明是有问题的（参见 Maguire et al.，2001），并且因缓刑监督机关和警察都缺乏通用风险方法而恶化。在国家缓刑监督机关成立和犯罪人评估系统推行之前（参见 Home Office，2001a），各地机关也在使用不同的系统以证实和评估危险犯罪人，根据不同的标准证明向当地 MAPPPs 移交名单的正当性。这种多样性不仅是由资源问题引发的，也与规避过失、自保式的决定方式以及使用 MAPPPs 模式从其他机关获取资源有关（参见 Kemshall，1998；Kemshall and Maguire，2001）。类似的问题在警察当中也有，性犯罪人登记部门通常挂靠繁忙的中层机构，关于如何确定优先工作事项和如何在相互竞争的需求间分配本地预算的艰难决定，被交由高级警察职员个人作出。这逐渐与有关 MAPPPs 的工作是否“物有所值”的评估特别是风险管理的高成本（如严格监管犯罪人以及高级职员出席常设会议的高成本）问题相关联（参见 Maguire et al.，2001）。MAPPPs 也感受到了会议数量上升的压力，各小组被新移送的大量积压的案件评议所湮没。在这种情形下，纯粹计算主义为“职业续存”提供了新的途径（参见 Satayamurti，1981），为政策执行开辟了生路（参见 Maynard－Moody et al.，1990）。即便警察和缓刑监督机关这样的高度等级化和官僚化的组织，政策执行也倾向于根据劳动力进行调整以求生存和“完成工作”（参见 Maynard－Moody et al.，1990）。

专业评价与职业文化

缓刑监督机关对现代人的刑罚福利事项发挥了特别重要的作用，它根据案情评议追求个性化处置，允许职员在作出专业判断时保留相当大的自由裁量空间。这种决定作出方式被引入 MAPPPs，并被社会公益服务和卫生机构拷贝，后者的员工依据类似的参数开展工作。这或许会给 MAPPPs 一种相当有趣的感觉。不过，大量的性犯罪人转交社区监管对传统警务反应模式是一个挑战，这在很大程度上是因为风险管理的结果难以评估而 MAPPPs 被认为占据了与规定量不成比例的资源（参见 Kemshall and Maguire，2001）。对警察而言，其他风险（如街面抢劫和入室盗窃）往往更为直接、更具紧迫性，而在一个备受关注的案件上消耗大量不相称的时间会遭质疑。一线和管理层关于风险的决定都应当置于工作环境需求和裁量权的更广阔的背景之下，在此背景下，缓刑监督机关和警察机关的职员淡化和缓解了计算主义在管理上的强制性。特别是，“纯粹遏制”策略（也即只对犯罪人进行监管，将其限制在社区内，对其行为无长期效果）在有效性和公众的可接受性方面都遭到质疑（参见 Kemshall and Maguire，2001；Maguire et al.，2001）。

小结

倘若说 MAPPPs 是作为机构间的风险评估和风险管理论坛而创设的，那么它们可以被认为是计算主义和新刑罚学的范例。不过，实践经验并未证实新刑罚学对政策有更深远的影响或代表了理论发展的趋势。在大体上由“风险驱动”的发展结果和当场转化的风险之间有着明显差别，而 MAPPPs 正是这种差别的例证。特别是计算方法的使用和风险的分类显然已经成为员工和管理层互动的重要领域，传统惯例适应了新的需求而非被其取代。实践中，计算主义和以风险为基础的刑罚学具有适应性和进化性作用而无改造能力。

结论：缓刑监督机关中的风险与改造——改革抑或妥协

“新改造主义”的出现

虽然为传统价值和工作实践付出了一些代价（参见 Nellis, 1995），但缓刑监督机关在“法律与秩序”、新右派管理哲学和“惩罚政治”思潮的挑战下安然无恙（参见 Nellis, 1999; Nash, 2000）。“公众保护”特别是使其免遭危险犯罪人和攻击型恋童癖者伤害，已经成为缓刑监督机关的核心目标。在此过程中，风险是一个关键因素，尤其是针对社会最脆弱环节的儿童的风险。对此，缓刑监督机关也无法抗拒（参见 Nash, 2000）。以公众名义提出的最深层要求大多被缓刑监督局长协会和警察局长协会拒绝，但 2001 年的国家机关序列正式将缓刑监督机关定位为内务部的分支机构，削减了其抵制或挑战中央政策指令的能力。

毫无疑问，风险与公众保护已经改变了缓刑监督机关的工作和性质；但是，有关被风险和计算式的风险管理所取代的需要和改造的话题仍在争论之中（参见 Kemshall et al., 1997; Robinson, 1999, 2002）。虽然缓刑监督机关应根据风险管理需要进行全面再造的观点可能过于夸张，但“忠告、帮助与友好相待”的社会福利原则已经被犯罪人管理中的经济理性和“改造日益纳入风险框架而非福利框架”的风险驱动议程所取代（参见 Garland, 2001: 176）。在缓刑监督政策与实践中的强化区别对待即是明证，它从具有再犯风险但无“严重伤害风险”的犯罪人当中分离出“危险犯罪人”，并对这些危险犯罪人采取特别措施。此外，风险在确定认知行为项目适格性和对犯罪人进行更有效干预方面发挥着核心作用，缓刑监督业务很大程度上已经被再造成改造性的工作。在此意义上，风险在经济学对缓刑工作的论述中，既是分配机制也是目标机制（参见 Garland, 1997b）。因此，风险在区别对待时具有完全不同的功能：以多数人为有效目标，同时对少数人发挥平民刑罚学所说的辩解作用。也有人认为，需求和改造已经通过再标记为风险的方式重新进入缓刑工作议程，这种再标记的标志就是“风险分类”驱动的“新改造主义”（参见 Rotman，1990；Robinson，1999）。的确，“犯罪基因需求”（criminogenic need）这一生疏的语言混合体试图使导致犯罪的需求因素合法化（参见 Aubrey and Hough，1997），似乎也承担着在理论上糅合福利需求领域与风险、改造领域的功能，有助于一些职员更坦然地面对风险议程（参见 Kemshall，1998）。在社会因素通过“后门”（参见 Raynor，1997b，1999）进入的同时，新改造主义强调自我管理和教授自我控制。这种个性化的阐述有助于将对个体改造的干预限定于本人领域，避免干涉社会结构中的大量其他问题（参见 Hannah - Moffat and Shaw，1999）。

虽然 Robinson（参见 Robinson，1999，2002）等评论家把新改造主义视为协调需求和风险、风险管理与改造的可能手段，但她有关实践经验可能并未证明这一点的警告颇受欢迎。例如，风险分类仍然属于缓刑监督官剩余的自留地和自由裁量范畴（参见 Kemshall et al.，2002），犯罪基因风险/需求分析方法并不总是能够得到完整使用（参见 Beaumont et al.，2001）。尽管风险分类和随后的目标定位受适格原则（即犯罪人达到风险分数）驱动，但缓刑监督官也对适当性问题（犯罪人是否适合该项目，是自愿的还是被动的?）和可行性问题（犯罪人能否做到，与其生活方式是否相符？等等）进行干预（参见 Kemshall et al.，2002）。这些针对根据风险分作出的总体评估本质上还是个性化评估。虽然对政策制定者而言，目标定位意味着根据风险临界值定位犯罪人群体，但是对缓刑监督官而言，它意味着定位个体以进行恰当的干预（参见 Kemshall et al.，2002）。据此，风险和目标定位被以不同方式理解和实践。这使得任何以“风险约束”为基础的案件管理系统都难以发生作用。

对风险的分析也有助于将犯罪原因——这些因素被认为使人倾向于实施犯罪行为——再登记为风险，但更为重要的是能够记下预防个体实施犯罪行为的方法（参见 Faulkner, 2001：99）。这不仅可以用于证明早期预防性干预措施（特别是针对青少年犯罪人的干预措施）的正当性，也有助于赋予个人和社区犯罪管理义务（参见 Rose, 2000）。对此，寻求复原犯罪行为的认知行为项目的有效运作以及教授自我风险管理和矫正“思想缺陷”时的选择就是一个缩影（参见 Kemshall, 2002b；Raynor, 2002）。“发挥作用的”是新工党领导下的广泛的公民道德重建和责任化刑事司法政策议程（参见 Drakeford and Vanstone, 2000；Kemshall, 2002b）。实际上，新工党继承了回避犯罪的社会原因、代表了从改造型社会向排斥型社会转变的刑事政策（参见 Young, 1998, 1999：Rodger, 2000）。在“有用即有价值”的氛围中，任何被认为有用的保守派政策的再度利用都是可以接受的（参见 Labour Party, 1997）。“布莱尔主义”（Blairism）的重心是自力更生和责任化，代表性表述是布莱尔所说的，这是个“等价交换的社会”，在其中，“无义务则无权利”（参见 Blair, 1998：4）。实际上，“有责任的公民”应当在全面自我调节原则下自我管理，对社会需求目标作出谨慎选择。那些不这么做的人被认为是危险的和应受谴责的，需要进行道德重塑和改造。犯罪人当然是道德重塑议程的主要群体，而缓刑监督机关则是转化过程中的主要道德工程师（参见 Gibbs et al.，1992）。这催生了“第三条道路”刑罚学中的新区别对待政策，即把犯罪人分成两种：可以被道德重塑并融入社会的和不能被道德重塑因而应采取诸如防御性监禁和零容忍警务之类强化隔离和风险管理措施的（参见 Sullivan, 2001）［尽管公认对“第三条道路”一词有进一步讨论和解释的必要，但此处的用法源自 Gidden 发表在《第三条道路》（1998b）中的论文。这一表述是英国新工党提出的：参见 Blair，1998]。在缓刑工作中，更加常见的是在服从项目的犯罪人和成为违法与强制执行主题的犯罪人之间进行选择。

虽然认知行为项目只是政府承诺的“严厉打击犯罪，坚决消除犯罪原因”的庞大犯罪削减战略的一部分（参见 Blair，1993，2002；see also Vanstone，2000），但人们瞄准的更多的是个人缺陷而非结构性问题，“开拓者”项目和有效运作国家课程很大程度上被限定在个体矫正领域。对强制服从和标准化国家课程的强调已经形成了高损耗率和目标无法达成的国家共识（National Probation Service 2001：22 - 6）。对有效项目的强制执行已经改变了该类改造进程的意义和地位，有效运作成为了诸如防御性量刑和紧密社区风险管理之类较透明的风险管理策略的补充策略（参见 Kemshall，2002b）。根据“新改造主义”，“狼狈为奸”（参见 Robinson，1999：427）的是风险与责任化而非风险管理与改造。

小结

当代刑事司法经常是相互矛盾的，摇摆于以经济人（包括应避开风险的守法公民和进行理性选择的犯罪人）为基础的经济理性主义方法和有关平民主义与危险犯罪人规制的理性表达之间（参见 Pratt，1995，1996，2000b；O’Malley，2000，2001a，2001b；Garland，2001）。缓刑工作中对危险犯罪人与再犯风险、服从道德重塑的犯罪人与不服从道德重塑的犯罪人的区别对待证实了刑事司法患有“精神分裂症”。因此，在缓刑工作实践中风险被以不同的方式展现，正如 Brown 对刑事政策所作的一般论述一样，风险“自多个思想体系中浮现”（参见 Brown，2000：106）。这在缓刑工作中造成了政治政策设计的风险与这些风险在缓刑监督机关中的实际操作配置之间的距离（参见 Kemshall，1998；Kemshall and Maguire，2001；Robinson，2002）。缓刑监督机关现已被确定为公众保护机构，直接对内务大臣负责，负责“保护公众”、“减少再犯”和“适度处罚犯罪人”，所有法定职责均由《2000 年刑事司法与法院服务法》赋予。强化责任、财务控制和中央主导的政策制定并未留下太多的自由空间，继续抵制的可能性和对风险主导业务的防火墙正被一步步侵蚀。面对政策变化，虽然缓刑监督机关有进行重新改造的长期历史（参见 McWilliams, 1987），但只要公共保护和有效运作失败，进一步重新改造的前景就是暗淡的。

深入阅读

Kemshall, H. （1998） Risk in Probation Practice. Aldershot: Ashgate. For reviews of legislative and policy developments in the 1980s and 1990s see: Cavadino, M., Crow, I. and Dignan, J. （2000） Criminal Justice 2000. Winchester: Waterside Press.

Dunbar, I. and Langdon, A. （1998） Tough Justice Sentencing and Penal Policies in the 1990s. London: Blackstone Press.

Nash, M. （1999） Police, Probation and Protecting the Public. London: Blackstone Press.

注释

①本节以下述研究成果为基础：Mike Maguire 教授、Lesley Noak 博士、Emma Wincup 博士、Karen Sharpe 和 Rob Jago 为内务部警务与减少犯罪局（the Home Office Policing and Reducing Crime Unit）所作的研究成果，该研究成果后来作为《警察研究系列》的第 139 篇论文；后来又由 Maguire 教授在 2001 年于《惩罚与社会》（Punishment and Society）发表的研究成果；随后由作者对 MAPPPs 的价值所作的研究。

第五章

风险与警务

导论

英国最近的警务分析对现代后期提出的挑战与重组进行了探索。该项分析的中心问题是安全、风险和管理（参见Johnston，2000）。一个高度组织化的警察队伍的编制和业务的开展对于现代国家的发展与巩固已经变得非常重要（参见McMullan，1987；Dandeker，1990；Johnston，2000），并为消除国内威胁提供安全保障。例如，Johnston 指出，犯罪与社会无序问题是随着资本主义工业化和城市化而产生的，而现代警察队伍的出现正是对该问题的一种回应（参见 Johnston，2000：11），尤其是英美模式。他把警务分析分成两个大方面："正统的"或称保守的和"修正论的"或称阶级论的（同时参见 Reiner，2000）。正统观点认为，在处理不断升级的犯罪问题时，传统警务系统表现得无效无能，在此情况下，现代警察队伍应运而生（参见 Reiner，2000）。修正论者认为，现代警察队伍出现的主要动因是加强约束和规范工人阶级（参见 Spitzer and Scull，1977）。在这方面，警务工作开始被纳入一个更广泛的过程，在这个过程中，劳动力再生产所产生的费用通过集体提供健康、福利和保障而社会化了（参见 Johnston，2000：12）。

然而，Johnston 警告人们在探索警务历史方面要防止过分的目的性和功能性，尤其在英美模式下更是如此，因为它在地区和全球层面上并不反映警务工作的多样性，而且，新旧模式的差别也很少给予完美的解释（参见 Johnston，1992，2000）。在试图避免简单化的社会决定论的同时，很多著名分析人士一致认为，现代国家的标志是合法力量在本土内的绝对地位，警务工作也居于国家管理的中心地位（参见 Reiner，1992：762）。在此意义上，警务工作的变化受到更广泛的社会秩序的影响（参见 Reiner，1992：762）。例如，Johnston 认为，全球化对警务工作带来的冲击值得注意，尤其是在现代后期后福特主义之下的经济、社会和国家重组（本期已做论述）。总之，他的两个关于现代社会后期诸如英国等"社会多样化"的主题论点居于主导地位：大众消费和社会生活全面的商品化，以及人们不断加强的风险和安全意识。他把安全商品化，尤其是把购物中心这样的"消费场所"周围，看成是风险与安全意识的一个重要切入点。安全本身无穷尽的增长是资本主义市场存在的主要先决条件：

消费型资本主义的成功是基于需求无限的扩大而不是需求的满足。正像 Spitzer1987 指出的那样，对安全的客观消费——通过护栏、门锁、警报器……闭路电视监视器和尖刺绊索——不可能满足对安全的主观需求。的确，这就是消费的矛盾：安全消费越多，就会越发感觉不安全。

（参见 Johnston，2000：23）

毫无疑问，这就是贝克（1992a，1992b）充分阐述的以及本书第一章所说明的风险悖论。

Johnston（2000）警告人们避免带有目的性的理解现代主义后期的基于风险的警务工作，与此同时，他详细分析了以风险为导向的警务工作，处理风险的方法是依靠社会学和高级自由理论。此项分析突出风险和约束手段，并提供了在一些特别地区的基于风险的警务实践经验，如零容忍警务。本章将讨论当前的警务工作趋势，以及在多大程度上以不断受到关注的风险方法为研究英国的警务工作提供依据。

在开始此项讨论之前，我们首先探讨变革抑或继承这一更为广泛的问题。

后现代警务：变革还是继承

在一篇创造性的文章中，Bayley 和 Shearing（1996）论证道：

现代民主国家如美国、英国和加拿大在犯罪控制和执法方面逐渐明显区别于其他国家。我们的时代是旧警务制度结束、新警务制度开始的时代。

（参见 Bayley and Shearing，1996：585）

与其他评论家一道，他们把下列内容看成是当前西方社会警务制度化的关键：

- 精算司法的发展（参见 Freeley and Simon，1992，1994）

- 新技术的利用和基于风险的情报系统的发展（参见 Ericson and Haggerty，1997）
- 犯罪与警务工作全球化（参见 Sheptycki，1997）
- 私人保安业的发展和警务国家垄断的结束（参见 Shearing and Stenning，1987，Bayley and Shearing，1996；Loader，1999，Loader and Sparks，2002）
- 警察在组织、管理和可信度方面的变化（参见 Johnston and Newburn，1994；Jones et al.，1994）
- 身份危机（参见 Bayley and Shearing，1996）
- 后现代社会的挑战与世纪之交给警务工作带来的不适，以及“警务的黄金时代”（Golden Age of Policing）的结束（参见 Reiner，1992）

在这些因素的意义上和警务实践所代表的变革与继承的变化程度上都存在着严重的分歧（如 Jones and Newburn，2002）。相反的论点集中在下列方面：

- “变革主题”在全球的应用程度或局限在美国的程度
- 警务垄断已被打破的程度
- 警务实践的分裂程度或警务工作取代其他正规化的社会控制手段的程度

（来自 Jones and Newburn，2002）

部分争议是因为使用了不同的术语，如把警察和警务合二为一（参见 Johnston，1992）。正像 Johnston（2000：8）所指出的那样：“警务”是一种社会功能，“警察”是一个人员组织，两者经常被互用。警察和警务的概念不一定相同：警务可以由不同的人员执行，现代警察只是其中的一个手段而已（参见 Reiner，1997a：1005）。

警务活动可以由不同的人员和部门提供。然而，如 Johnston（2000：8）所说，避免简化定义的尝试经常导致“扩大化”，所以，警务总是与社会控制相提并论。反过来，这也冒着轻视社会控制概念的风险，使之成为一种 Cohen 所称的“米老鼠概念”（参见 Cohen，1985；Johnston，2000）。Bayley 和 Shearing 在其文章中试图找到两者的平衡：把警察比做面包箱，把社会控制比做大象，我们讨论的范围比面包箱要大，但却比大象小。我们研究的焦点是自我意识过程，在这个过程中，社会指定和委任某些人去创造安全（参见 Bayley and Shearing，1996：586）。通过参考重要文献，Johnston（2000）为警务概念提出下列定义：

• 是一项有目的的活动，旨在通过伴有制裁威胁的监视系统生产安全（参见 Reiner，1997a：1005）

• 警察可以履行这种警务活动，也包括其他机构，如经济警察和私人警察

• 也可以是其他形式的社会控制机构，只要他们是有组织的维护社会治安，维护和平，调查和预防犯罪的机构，还有其他形式的调查机构——可以包含强制权力的自觉履行（参见 Jones and Newburn，1998：18；2002）

• 警务与“保证”和提供安全有关（参见 Shearing，1992），虽然不一定担保承诺的实现（参见 Reiner，1997a）

• “安全”是一个有争议的概念——担保谁的安全？什么目的？所以，警务不一定是一项经双方同意的活动

• 警务与治理有关，是通过规则调节行为，而且这种调节没有必要完全靠政府或政府机构去实现

（选自 Johnston，2000：8－10；Shearing，1992；Bayley and Shearing，1996；Reiner，1997a，1997b；Jones and Newburn，1998，2002）

Bayley 和 Shearing（1996）提出的变革理论有两个重要论点：

• 公共警察垄断地位的丧失和其他形式的警务的增加

• 身份搜查由公共警察实施，尤其在有关诸如“社区警

务”发展的论述中

前者的证据有两个来源：20世纪60年代以来私人安全服务的增长；非正式形式的社会控制机构角色的加强，市民用诸如邻里守望（Neighbourhood Watch）等机制取代了犯罪管理（参见 Bayley and Shearing，1996：586－7）。因为一般性的调查和减少犯罪的策略缺乏效率，所以，后者的证据来自对社区警务不断增长的需求。Bayley 和 Shearing 将其表述为：

> 该理念直截了当：如果没有公众自觉的参与，警察不能成功地防止和侦查犯罪，所以警察应该把社区从被动的安全的享受者转变为社区安全的共同提供者。社区警务改变了警察的工作方向，与过去形成了一个鲜明的对照。社区警务将警察从打击犯罪的紧急行动队转变成为问题的诊断者和共同协调者。
>
> （参见 Bayley and Shearing，1996：588）

实践上，社区警务已呈现三种重要形式：

- 对紧张的社区关系有效地处理，通常是在少数民族社区和在严重的冲突之后［像20世纪80年代的 Birmingham（Handsworth）骚乱］。该事件被描绘成“很大程度上是一场化装演习，警察在利用防护巡逻和调查的方法都没有奏效时假装不情愿地转而采取更多的措施”（参见 Fiedling，1995：25）
- 与主要群体（经常被认为“难以打交道”的）进行交流的机制，而且要树立一个“榜样”（如在邻里间打击毒品交易）
- 在犯罪地点加强情报搜集，以便更有效地开展以破案为目标的警务工作，如确定盗窃和贩毒目标。这种工作当然还包括“维护治安”，让那些扰乱公共秩序的人感到压力，不管是否犯法。这是警察维护公共关系的一部分，一方面是使公众安心生活，另一方面是把社区当做打击犯罪的前沿。这被叫做“锋利的社区警务”（参见 Bayley and Shearing，1996：589；Weatheritt，1983，1986，1987，1988；Eidling，1995，2002）

关于社区警务问题，本章还将继续充分探讨，但 Bayley 和 Shearing（1996：595）争议的关键是警务工作的分散和多样性增强了非正式的调节性质的犯罪控制，即是“社会压力而不是法律保障着秩序”。在这种脚本中他们所描写的对社区警务的幻想是相当苍白的：

社区警务的含义是在政府指导下基于社区的预防犯罪，这在术语中是个矛盾。他要求警察——执法人、领导社区进行非正式的监视、情报分析和问题处理。社区警务是警察干预个人私生活的通行证。它具有国家赋予的改善社会状况的强制权力。这代表警察权力的延伸，与欧洲大陆更为相似，而不同于英美传统。社区警务可以解决多样化带来的双重性问题，但冒着“大多数警察不按法律办事的风险”（Johnston1994）。

（参见 Bayley and Shearing，1996：595）

对变革理论的重要驳斥来自 Jones 和 Newburn（2002）。其观点简单地说就是警务的黄金时代在很大程度上是一个神话而不是现实（参见 Reiner，1992）。共同约定的社区警务的观点是在战后初期社会和谐、经济稳定的时期开始形成的，虽然 Reiner（1992：763）指出《道克格林的狄克逊》（Dixon of Dock Green）的描述掩盖了这一现实，那就是在 20 世纪 50 年代的繁荣时期，社区的警务工作和经济能力是冲突的。对于 Jones 和 Newburn 来说，20 世纪末稳定的社会和经济状况的消失导致了非正式社会控制的弱化，结果，“公共”警务机构面对越来越大的压力，政府有效控制犯罪的神话也暴露无遗。他们也质疑公共警务已开始多样化和分散化的观点。他们用 19 世纪和 20 世纪的资料证明英国公共警务的垄断地位是不存在的，私人保安的发展也在60年代前就开始了，虽然在程度上不如美国。重要的是，他们指出在公共场所已经出现大量的私人警务服务，如购物中心等，相当明显。关键是看私人保安的出现率和活动面，而不是它的数量，Jones和Newburn（2002：134）认为，“这不仅有变化，而且有继承性”。Noaks（2002：145）在分析住宅区私人警务时说警务从公众转向私人是一个逐渐的过程，不是突然的分裂，这是“新权力”对公共服务更大的私有化要求。然而，私人警务提供的更高的监视满意度使得Noaks（2000）提出公众与私人警务的关系确实需要加以阐明。

警务工作已经变化了吗

公共警务有没有值得注意的变化？如果有，它有多么深刻的变化？其意义有多么深远？持政府主导观点的评论家认为被O’malley和Palmer（1996）所称的凯恩斯警务彻底转移到了后凯恩斯警务，前者的基础是改良社会秩序的福利性议程和关注“社会”管理，后者的基础是责任化的社区和共同承担犯罪管理责任。

以下是O’malley和palmer（1996）提出的有关凯恩斯警务的简要内容：

- 公众依赖专业知识，如社会福利系统依赖专业人员和作为国家服务网络的一部分的公共警务
- 与盛行的病理学意义上的犯罪诱因观点相联系的“福利警务”（参见Gordon，1987）
- 对公共警务的认可是保证社会稳定秩序的主要机制

后凯恩斯警务的主要特点是：

- 对公共警察之专业知识依赖的减弱，包括从其他渠道接受警务服务
- 用新自由论的观点代替“社会”和“国家”的观点，

如“积极的社区”。与此相适宜的是宣传非干预性国家的观点，把个人和社区造就成积极的安全消费者和积极的犯罪风险管理的代理人

• 在提供公共服务时强调市场的作用，并优先考虑市场效率

• 在公共服务中用绩效管理代替官僚管理，突出审计，明确责任

• 用审计（参见 Rose, 1993, Power, 1999）、公共协调、透明度（Osborne 1993）和提高对警察治理的监督意识（参见 Jones et al., 1994; Mclaughlin, 1994; Jones and Newburn, 1997）代替一般的信任

（选自 O' malley and Palmer, 1996: 14，
也见 Keat, 1991; Mcmullan, 1998）

这使得人们开始在政策与实践上重视地方的倡议与反应，加强对与警察建立合作关系的积极的和富有想象力的社区宣传，以此形成基于社区的犯罪管理机制。这种核心是责任化概念以及如同合理地选择个人一样合理地选择社区，如果得到适当的培训和正确的信息的话，二者都能就风险作出明智的选择。对 O' malley 和 palmer（1996）来说，这种“合作关系”和“共担责任”的结合一方面在警察专业知识和职业技能之间达到了微妙的平衡，另一方面也加强了观众的责任感——后者通过培训和社区犯罪管理技能的社会化来实现（参见 O' malley and Palmer, 1996: 144）。这种培训对于“完全依赖”社会福利的个人和社区来说是非常重要的，对于与新自由观念“有相当距离的”基层政府同样也相当重要（参见 Rose, 1996a, 1996b）。理性的风险选择方法有力地支持了这种社区警务理论。理智而活跃的社区居民会自愿承担起责任并愿意接受警察的领导，因为这符合他们最大的利益。这集中表现了后凯恩斯警务的两个核心特点：应对犯罪风险的经济架构及其有效的管理，以及个人和社区在犯罪控制中

的责任能力。后凯恩斯警务越来越重视那些同居民委员会或地方商人共同协商中不断反映出来的私人和地方的要求（参见O’malley and Palmer，1996：149；Stenson，1993）。

后凯恩斯警务：浮夸还是现实

关于警务变革，众说纷纭，但重要的是观察它们的实际应用程度（参见Garland，1996）。基于对众多警务经验的研究，O’malley和palmer（1996）指出还有几个地方存在着“阻力”和“防火墙”：

- 警察队伍内部并不完全支持社区警务，警察尤其不喜欢与别人商讨或分享权力，警察主导地位的思想很难被打破（参见Mcwille and Shepherd，1992；Mclaughlin and Murji，1993；Bennett，1994）。社区警务因此变成了浮夸，作为表达警察观点的协商也很少使用（参见Moir and Moir，1992；Bennet，1994）
- 阻力不仅仅是普通警员的问题。警察局局长承担着越来越大的治安维护责任（参见Home Office，1994a；Jones and Newburn，1997），公共警务也越来越多地渗透进新右派的公共事务管理的管理方式中（参见Hood，1991；Leishman et al.，1996）。一些警察局局长对能有机会成为“变革经理”表示欢迎（参见O’malley and Palmer，1996；Etter and Palmer，1995），但是，由此带来的压力是不对称的，而且中央政府的控制和地方管理的关系一直难以协调（参见Jones and Newburn，1997）。正如Joneston所说：“管理方式不可能消除政治的影响”，主要因为接受服务的新用户明确提出不同的经常是竞争性的要求，而对这些要求不得不给予优先考虑。有时决定优先考虑的是地方，有时由中央作出决定（参见Joneston，2000）。在一些种族文化多元化的地方社区，这种争论尤其尖锐，而且和统一的犯罪管理大局不协调
- 由于成本效益和绩效管理的压力，对哪项工作应该优

先的争议愈演愈烈，最后导致追求“不正当的刺激”（去破容易破的案件，而不是社区最关注的案件）、“警察平民化”以及为专项警务而不是常见的（和社区保障）警务配置警力。虽然初衷是让警察做“真正”的警察工作，但是也为从其他部门吸纳警力开了方便之门，包括私人部门

• 警务，甚至是高级别的“真正的”警务，总是充满竞争。O’malley 和 Palmer（1996）注意到，随着外部威胁的入侵，国家把安全力量重新配置在国内警务上［如英国情报五处（MI5）对毒品交易的关注：参见 Cohen，1996］。公共警务这种趋势的长期影响难以衡量；然而，警察在其任务领域很可能会丢失高端和低端的市场份额，可能加剧 Bayley 和 Shearing 所说的“身份危机”（1996）。对这一危机必须作出回应（参见 O’malley，1999a），警务的前景也不只有一个（参见 Johnston，2000）

• 审计和不断增长的责任影响也是可变的，在英国如此，在其他英语国家也如此（参见 Reiner and Cross，1991；Moir and EiJkma，1992；Jones and Newburn，1997）。因此，国家和地方对警务市场化的反应可能是不同的，在实践上，后凯恩斯警务的影响程度亦不相同

（节选自 O’malley and Palmer，1996；
也见 Jones and Newburn，1997，2002，
Johnston，2000；Reiner，2000）

变革和重组的程度远远不够明确，虽然其大趋势得到了一致的认同，但实施起来还存在着变数。Leishman 等人（1996）希望人们引起对“警务政策系网络”的重视，这是 20 世纪 90 年代英国保守党警务改革计划的一个阻力所在。Posen 和 Cassels 质疑的《新公共管理》计划［Home Office 1994b，1995a（Posen）；Police Foundation and Policy Studies Istitute（警察基础和政策研究基本原理，简称 PSI），1994（Cassels）］没有得到全面的执行。Leishman 等人（1996：17）

把它归咎于这一事实——“试图把市场规则引入管理系统并以此重新分配权力可能会遇到来自系统内部既得利益者的阻挠，因而削弱改革力量”。

此项分析表明，警务政策系统本身分散和小型化的利益性质为中央政府的改革计划树起了一道防火墙，那些呼声高亢的警察协会及其赢得公众的同情和支持的能力即是缩影(Leishman et al. 1996)。前不久，按照《警务改革法案》(Police Reform Bill）试图创设社区支持官并加强警察私人化的努力也遭到了来自警察、公众和上议院的阻挠，对于他们来讲，新型的“半警察”是无法接受的（The Times《泰晤士报》，2002 年 4 月 26 日：12)。然而，Leishman 等人（1996）一致认为警察重组有四个关键方面：

- 不断加深的警察制度的中央化（参见 Loveday，1991，1994，1995，1996)，它反映在中央政府通过监察员，特别是审计委员会不断的加强对警察的控制上，也反映在几个全国重点项目上，如开发全国警察计算机网络。《1994 年警察和地方行政法案》（Police and Magistrates’ Courts Act 1994，简称 PMCA）“放弃了由警察项目指标支撑的重要的国家目标”和一个确保地方目的与中央目的保持一致的报告制度（也见 Jones and Newburn，1997)
- 然而，矛盾的是，非中央化同样出现在警察实施的“在不断加强的紧缩政策和行动框架下的加大管理和自主运行的过程中”。实质上是中央政府的“导向”和警察的“紧跟”。1994 年的 PMCA 要求警察局局长制定地方计划，但必须“和内务大臣颁布的全国警务目标”保持一致。战略决策在中央，行动决策不断地下放到地方
- 英国仍在继续私有化过程，保守党和工人党在这个问题上没有多大区别（参见 Johnston，2000；Reiner，2000)。Leishman 等人（1996：22）把它分为四种形式：“减员；弱化强制性竞争和承包；收费服务；模仿私人部门的管理模式”。

减员，是指更多地利用普通工作人员做警察的工作（如利用这些人登记性骚扰案件），拓宽私人警务和私人保安的工作范围（参见 Bayley and Shearing, 1996）。囚犯护送就是承包的一个例子。最近公布的《监狱改革法案》（Prison Reform Bill）提议，计划将执行隐私调查的权力承包给负责拘留的警察（The Times, 2002 年 4 月 26 日：12）。虽然收费服务不广泛，但它更强调预算、财务管理和经济效益。最后，由于引入了私人部门的管理价值理论、方法和语言，也由于主张授予警察局局长"管理权"的 Sheehy 报告的出现，NPM 一直发挥着作用［Home Office, Northern Ireland Office and Scottish Office（内政部，北爱尔兰局和苏格兰局），1993］

• 在不断加强的警察管理欧洲化方面取得了一致（参见 Leishman et. al., 1996）。然而，这种发展趋势的证据还不足（参见 van Reenen, 1989；Robertson, 1994；Sheptycki, 1995；Johnston, 2000）。虽然大欧洲警务统一带来了不断增长的犯罪机会（非法移民、贩毒和制假）并要求加强欧洲各国的合作，但英国的目光却越过大西洋到美国寻找警务实践和治安的模式（参见 Hebenton and Thomas, 1995）。正如 Johnston 所说的那样，"警务跨国化绝不暗示着警务同一性"

（节选自 Leishman et al., 1996：20－4）

虽然 Leishman 等人（1996：25）指出，"告诉人们我们从哪来比我们往哪去容易得多"，但是当前（此文发表后 7 年）还是有可能察觉有向"新警务秩序"发展的证据。其实际表现形式可能有所变化，要考虑到各种各样的保守力量和阻力，变革可能是慢慢积累的而不是划时代的（参见 Jones and Newburn, 2002）。然而，公共警务在性质和形式上已出现重大变化，正在与经济、结构和社会的变化接轨，这正与 Reiner（2000）的观点相契合："一个新的政治和社会体制意味着犯罪、秩序和警务。"具有特别意义的是传统的社会纽带和非正式的社会控制机制的削弱（参见 Newburn, 1992；Jones and

Newburn, 2002)，犯罪率的上升，加重了社会分化和对社会福利、“温和的”社会控制的侵害（参见 Reiner, 2000）。在后福特资本主义制度下，国家的架空和所谓的下层阶级的贫困化深刻地表明了警务的必要性，特别是其作为社会控制机制的合法性和有效性。正如 Reiner（2000：78）所指出的，警务总是不成比例地降临到那些在经济上缺少活力的和那些被剥夺了全部公民身份的人身上（也见 Waddington, 1999）。然而，这种情况已呈恶化态势，原因是由于长期失业的“结构上的不可避免性”不相称地影响着年轻男性和黑人。虽然 Reiner 警告不要简单地将犯罪和失业联系在一起，但他又的确辩解说，“结构上产生的完全边缘化的社会部门的构成形式是导致最近犯罪、动乱和警务紧张状态的一个主要原因（N. Davies 1998）”（参见 Reiner, 2000：79）。

合法性遭违背利益的警务方式所滥用，且因“制度种族主义”（参见 Macpherson, 1999）和失于维护黑人受害者权益而加剧（如 Stephen Lawrence 案和 Damilola Taylor 案）。在这样的气候下，社区警务不是被看做满足集体利益和需求的伙伴关系，而是“冒险的警务社区”（参见 Johnston, 1997; 2000：55）。多元化和多样性挑战着协商性警务，假如“黄金时代”真的存在的话（参见 Reiner, 1992, 200），而且警务也越来越政治化（Reiner 在 1992 年和 2000 年曾探索过“英国警察的神话”和“警务黄金时代”）。其合法性不仅仅受到下层阶级的质疑。Reiner 最近指出，“喋喋不休的阶层”，他们曾参与了 20 世纪 80 年代和 90 年代合法的政治抗议活动，也越来越屈服于警察的规劝。这就使得一直积极支持警务工作的人们对警察角色极其合法性提出了严厉的质疑。如此质疑已经扩大到警察履行承诺的效率和效果方面：减少犯罪和控制犯罪。

小结

上一节论述了当代警务和公共警察的变化程度。虽然对“划时代”的变化程度存在争议，但还是可以看到主要发展趋势和特点。有证据表明，在西方后福利国家，尤其是英语国家，社会、经济和体制变化对公共警察和警务的性质已经产生了深刻的影响。虽然O’malley和Palmer所称的后凯恩斯警务可能仍在形成过程中，并面对各式各样的保守力量和阻力，但其已表现出的特点具有重要意义。本章后续部分将通过进一步考察基于风险的警务以更详细地分析这些正在显示的特点，包括以下三个方面：

- 社区警务
- 监视和以情报为主导的警务
- 零容忍警务（ZTP）

基于风险的警务

基于风险的警务分析已被纳入更全面的犯罪管理分析范围，尤其是从惩戒性的犯罪控制实践向以精算为基础的犯罪控制实践转变当中（参见Simon，1998，Feeley and Simon，1992，1994）。简言之，该分析假定：对个人行为变化和犯罪人改造的惩戒技术模式的关注已被对通过先行的风险评估、预防和排查策略以整体评估和规范风险群体的关注所取代。这种方法的核心是理性的行为人，他们能够做出理性的风险评估，“权衡风险、潜在的收益和代价，只有当益处大于弊处时，才实施某项犯罪”（参见O’malley，1992：264）。受害者和社区同样是“理性化了”的，可以评估风险并采取躲避行动，或与警察合作制定社区风险管理计划（参见Felson，1998）。Johnston（2000：56）写道：“风险管理是精算性、超前性和预示性的，要应用这些原则，需要将通过系统的风险目标或可能性的风险目标的监视所获得的信息加以对照和分析。”在其创造性的论说中，Johnston（2000）罗列了几个主要的基于风险的警务内容：社区警务、情报主导的警务和零容忍警务，尽管Johnston争辩说当前的警察的实践和政策是惩戒性和精算性实践的结合。

风险与社区警务

如前所述，社区警务呈现出三种主要形式：与少数族裔社区的关系与应对警务多样性和平民主义带来的严重挑战；解决特殊问题（如个别邻里间的毒品交易）时的合作关系；以情报主导的警务和目标确定为基础的‘锋利的’社区警务（参见Fielding，1995，2002）。同样值得注意的是，虽然社区警务在一定程度上源于当代的“警务危机”（参见Fielding，2002），但公众并不一定远离警务或对警察的迫害行为说三道四，更关心的问题是警察的“正义”和减少犯罪的表现效果（参见Fielding，2002：150）。社区警务已试图弥补二者之间的差距。

我们经常把社区警务的起源和John Alderson（1979，1982）联系在一起。他是德文郡（Devon）和康沃尔郡（Cornwall）的警察局局长，倡导警察和当地社区应保持更紧密的联系。然而，社区警务的发展早在20世纪70年代末和整个80年代即已成为更系统的犯罪管理发展大趋势的一部分（参见Tutt and Giller，1984），是从“情境犯罪预防”（参见Clarke and Mayhew，1980；Clarke，1992）向“社会犯罪预防”迈出的一步（Clarke 1981）——虽然在实践和政策上两者经常混淆（参见Bottoms，1990，Jones et al.，1994）。例如，Laycock和Heal（1989：320）曾描述内政部针对犯罪预防的培训是如何反映了从“重视以往的逮捕和拘留”向“社区参与、犯罪类型分析和部门间合作”的转变。当然，在20世纪80年代，全国上下都在抓紧制定犯罪预防方案（参见Home

Office，1984b），包括实施《更安全城市计划》（Safer Cities Programme）和《关注犯罪》（Crime Concern）（参见 Jones et al.，1994）。

情境犯罪预防理论来源于理性犯罪理论，尤其是犯罪控制理论（本期第三章曾讨论过），该理论观点认为“犯罪来自性情冲突、可利用的机会和可察觉的风险”（参见 Clarke，1992）（参见 Jones et al.，1994：57）。实质上，情境犯罪预防理论关注的是通过控制环境因素（如街道照明、闭路电视、“逮捕和拘留”）减少犯罪机会，而不是“帮助人们改造态度、尊重法律和消除犯罪念头的行动计划”（参见 Weatheritt，1986：57，Jones 等人引用于 1994：56）。社会犯罪预防理论根植于社会犯罪控制理论，认为社会纽带关系和非正式的社会控制机制得以加强的结果是社区的自我管理更为有效（参见 Jones et al.，1994）。《更安全城市计划》体现了这种犯罪处理方法（参见 Home Office，1984b，1991）。情境犯罪预防和社会犯罪预防在整个 20 世纪 80 年代不断相互渗透（参见 Bottoms，1990），结果产生了 Hope 和 Shaw（1988）所称的“基于社区的犯罪预防”。其背景是全国一盘棋，强调犯罪预防的责任是“整个社区”的任务（参见 Jones et al.，1994：58；Home Office，1991；本书第六章）。这种观念的核心是“社区警务”理念和社区—警察的“伙伴关系”的理念（参见 Fielding，1995）。

伙伴关系和社区

在 20 世纪 80 年代，持“新右派”观点的人们普遍关注“使国家恢复到正轨”，持自由思想的人们关注“使公民责任化”。Johnston（2000）发现就是在这个时候人们开始关注“伙伴关系”（参见 Johnston，2000：48，146）。就这个问题，他表达了如下观点：

政治家在动员了活跃的市民之后所面临的问题是：当国

家权威受到因政府职能差异而产生的破坏作用时如何把他们控制在国家权威的范围之内。在现代后期的条件下，市民权利自治行动有可能加强，市民权利责任行为的可能性将有可能突变为自治形式。与占主导地位的观点（简略为“社区警务”和“伙伴关系”模式）相反，挑战不仅来自怎样动员和管理有责任能力的市民——在现代后期条件下，无论如何，这都是一项艰巨的任务——而且在于怎样把自治市民纳入国家权威的范围之内，以使他们的行为不至于蜕变为因武断而产生的暴力和非法。

（参见 Johnston，2000：146）

Stenson（1993）不仅把社区警务看做是对处置低效的执法的一种反映，同时也看做是对管理城市中心少数族裔社区更“难以处理”的问题的一种解决办法（参见 Stenson，1993：373）。虽然“社区”和“伙伴关系”这两个关联术语已经成为社会政策语境中管理“混乱的”和“特别的”社区的关键术语，但在实践中它们已经被用来弥补警察和社区间的隔阂，并在不能依靠日渐反动的、过分的高压警务的情况下，成为一种处理不断严重的城市危机的实用的手段（参见 Stenson，1993）。有趣的是，Stenson 在凯恩斯警务方案中找到了社区警务的早期形式，即用社区警务代替基于社会福利的调节和约束制度（如年轻人的服务和社会工作）。“社区服务”、维护公共利益以及用一种集体的方法处置风险的概念被强化（参见 Alderson，1982）。虽然还不能确定社区警务是否适合新自由议程（参见 O’Malley，1992），但 Stenson 认为社区警务淡化了“服务道德”，而更加关注问题社区，“为有效自卫提供前提条件”（参见 Stenson，1993：382）。有两个关键问题催生了这种方案：警察与种族社区间恶化的关系，尤其在 20 世纪 80 年代城市暴乱之后（参见 Mclaughlin，1991，Johnston，2000；Reiner，2000）和警察在面对青年人犯罪与日渐增加的对青年人的敌视所表现出的明显的无能（参见 Campbell，

1993；Loader，1996）。对于Stenson来说，这个问题给警务工作带来了特殊的压力，尤其是如何在不加剧冲突和不加重其难管程度的情况下规范边缘群体的压力。这使得警务进入了规范的管理（参见Grimshaw and Jefferson，1987），改造并教化边缘群体，使之迈向“社会集体的目标”（参见Stenson，1993：384；Miller and Rose，1988，1992）。然而，这可能将判断标准的任务留给了警察，即对地方社会特殊的社区标准和更广泛的社会标准的判断，以及对已被接受的社会标准和边缘群体标准的判断。在多元化不断加剧、职业机构缺乏信任的时代，警察裁定不同标准和不同社区利益群体的能力受到了妨碍。因此，当警察要在“体面公众”、“粗鲁但可尊敬的”社区成员和类似黑人男青年的不断边缘化的群体之间进行判断时（参见Mcconville and Shepherd，1992），“社区”和“伙伴关系”本身就成为了有争议且充满疑问的概念（参见Mclaughlin，1994）。

伙伴关系也因其作为犯罪控制的一项改革手段而被提倡（也见本书第六章）。Crowford（2001；60）说它是“处理犯罪和无序的一种全盘的手段，它聚焦于问题而不是官僚方法”。然而，相关机构的多样化给伙伴关系带来了实际问题，导致服务的条块状态和信誉的消失（参见Crowford，2001；Kemshall and Maguire，2001）。自相矛盾的是，虽然伙伴关系得到了发展，但市民却越发远离当地政治和社区活动（参见Giddens，1990，1991；Lash，1990；Crowford，1998，Hughes，1998）。结果是，法定机构出面弥补“隔阂”，领导和培训那些准备承担积极公民之义务和责任的市民和社区（参见Blair，1995；Fielding，1995）。表面上，中央控制分散给了地方的伙伴关系和网络，但实际上，中央控制是通过指导和审计而实现的（参见Power，1999；Crowford，2001）。因此，伙伴关系总是要在地方需要和中央政府的“领导”之间作出选择。

浮夸与现实

已有人把社区警务斥为“定义不科学”（参见 Mclaughlin, 1994），是从实用的角度去迎合各式各样的政府方案（参见 Stenson, 1930），从哲学和经济的角度看也缺乏根据（参见 Weatheritt, 1983）。然而，Fielding（1995）注意到，其实用性和象征意义对政策制定者和政治家的吸引力并没有减弱（参见 Rosenbaum, 1994）。对 Reiner 来说，社区警务对有效地增进基于“协商与合作”的警务来说不是缺乏理论那么简单，因为在协商与合作的前提下，警务是一个“为符合条件的消费者的和睦社区做好工作的社会服务”的概念（参见 Reiner, 2000：108）。正像 Reiner 敏锐地指出的那样，是因为有不和谐才有了大量警务工作的存在。在某种程度上，社区警务可以被理解为回应这种不和谐的手段，尤其是象征性的功能。例如，对滥用“高压”手段警务的逐步改善和在“边缘”社区使警察角色重新合法化。实质上，社区警务在警察和公众间充当一个协调角色，是协商和重新强化治安的一种机制，因此，Banton 把巡逻警官叫做和平警官而不是叫做执法警官（参见 Banton, 1964；Fielding, 1995）。

然而，这种情况又使得社区警务处境颇为矛盾：在一个种族多样性和多元标准的社区内需要用“集体情感”去“重建集体社区”（参见 Johnston, 2000：54）。这是一个无法实现的目标（参见 Mastrofski, 1994），其集中体现的是难以就“社区警务”及其基本准则达成一致（参见 Bennett, 1992）。虽然国家导入了社区警务的概念并开始着手建设，但社区警务在两个层次上还存在着瑕疵：从内部看，警察缺乏工作目标和基础文化（参见 Mcconville and Shepherd, 1992）；从外部看，后现代性引起的组织和社会的变化（参见 Johnston, 2000；Reiner, 2000）。需要警务的社区实际是一个多元的异质的竞争利益社区。Johnston（1997）提出，面对这种局面，社区警务工作的基本做法是从“集体情感社区”社区警务转向不仅“针对风险”而且遏制风险的社区警务。社区警务正在快速地转变为“监视社区”（参见 Mcconville and Shepherd，1992），其中，“信息收集、预见性的介入、防御性干预和系统监视成为犯罪管理策略的主要内容”（参见 Johnston，2000：57）。社区警务作为赢得信任、收集信息和情报的一种机制正在快速地适应这种策略（参见 Gordon，1984）。

情报主导的警务

随着警察责任的“精打细算和契约化”（参见 Reiner，1993），犯罪控制和犯罪管理不断被纳入经济框架之内（Audit Commission《审计报告》1993；Sheehy 1993）。20 世纪 90 年代见证了管理主义主导着公共警察，不仅加大了中央对目标和绩效指标的控制（参见 Mclaughlin，1996），如 1994 年《警察和地方治安法院法》（Police and Magistrates' Court Act 1994）对警察治理的改革加强了中央集权（参见 Jones and Newburn，1997），而且以成本—收益计算和证据主导的评估（参见 Tilley，2001）评价警察的工作（参见 Stockdale et al.，1999）。《审计报告》（1993：27）要求警察工作更具前瞻性，同时引入标定犯罪人的概念和“情报主导的警务”。作为最初的构想，“前瞻性”指的是“为标定‘犯罪性活跃的’个人而战略性地配置资源，以便为成功起诉获得证据”（《审计报告》1993；1996；参见 Maguire and John，1995；Stockdale et al.，1999：5）。这种战略行动以情报为先导，而不是哪里有情况就向哪里出击。然而，Stockdale 等人（1999）注意到，“前瞻性”和“情报主导”这两个术语可以互换使用，在政策和实践上已呈现多种形式，从对整个强制范围的前瞻性考虑到只对某些犯罪或犯罪场所的前瞻性分析。此战略还暗示着前瞻性和反应性警务与充分计算过的、理性的资源配置之间的一种差异平衡。Stockdale 等人（1997：7）把前瞻性分为三种类型：具体行动或计划、功能转换和行动方式的变化。

Johnston（2000）提出，商业安全部门及其充满风险的犯罪管理方法，尤其是对预示性和前瞻性战略的重视，大大促进了这种警务战略的发展。这种影响的作用可能被夸大，但仍可清楚地观察到其关键特点：

- 成本—收益估算，如侦破能力和案件是否值得追究
- 从保安工作到情报主导的警务工作中专业人才的重新布置
- 监视技术的发展和利用监视收集关键情报
- 计算机数据存储和分析等信息技术的发展
- 特别是在多部门参与的犯罪管理中作为“信息收集者”的警察队伍的组建，以及收集、分析和传播风险情报方面警察的作用

（参见 Shearing and Stenning，1981；Ericson，1994；Ericson and Haggerty，1997；Johnston，2000）

Ericson 和 Haggerty（1997：18）尖锐地指出，在很大意义上，警务工作已变得充满风险，并为从传统警务重视“异常、控制和秩序”向重视“风险、监视和安全”的转变提供了细化的经验式证据。他们是这样描述警务的：“把异常者当做不能融洽相处的人而对其贴标签方面的关注减少了，增加了对个人风险概况的了解，以确定和调整其在机制中的位置。”（参见 Ericson and Haggerty，1997：18）

Ericson（1997：18）提出，执法本身已经发生了变化，从“基于威慑的执法转变为基于顺应的执法”。换句话说就是，设定可接受的风险标准，前瞻性地识别并监控那些有可能破坏标准的人（如社区内的性犯罪：见本书第四章）。按照这种理论，“异常”是该系统的一种正常的期待，是一种需要识别和控制的危害机会。该系统基本上是预期性的：不断地收集风险情报，进行风险评估，交换情报。Reichman（1986）把它描述为“前负荷的”风险评估，通常以风险管理为代价

（参见 Kemshall，1998）。把工作中心放在风险评估相关信息收集及交换也使得公共警察与私人保安之间、警察与其他政府部门之间相互渗透，而基于计算机的信息交换和数据共享又加剧了这种渗透（参见 Ericson，1994；Ericson and Haggerty，1997；Kemshall and Maguire，2001，2002）。

对 Ericson 和 Haggerty 来说，这种信息交流的特点，一是存在风险，尤其是在虚拟的网络中；二是导致风险责任的分散。风险管理责任被分散到其他机构（如缓刑机构），或直接分散到志愿团体（如邻里守望）或社区本身。问题处理式的、社区和情报主导的警务与预防、预示和预警基础上的风险逻辑交织在一起。Maguire（2000）曾宣称，它们的共同点是其“战略性、前瞻性和目标性的犯罪控制方法”，包括在预警性的和情报主导的警务系统中对“发展着的问题或风险”的评估和管理（参见 Maguire，2000：316，引号中的内容为原文）。

Ericson（1994：162）把它描述为从社区警务到传递信息警务的转变。实质上，在闭路电视警惕的和安慰的目光下，它就是一架由计算机运载的社区望远显微两用镜，而其监控是常规的、遥控的和自动的（参见 lyon，2001）。社区望远显微两用镜被协商性社区警务的理念合法化，因为“人们期待警察与当地机构和组织合作，帮助他们维护自身的安全”（参见 Ericson and Haggerty，1997：67）。

《1998 年犯罪与动乱法案》明确了这一方法，规定警察和地方权力部门有责任制定并实施减少犯罪与社区安全战略（Crowford 1998；本书第六章）。该方法有下列特点：

- 以解决问题为目的的犯罪管理方法
- 以证据为主导，依靠情报收集、分析和管理
- 犯罪分析与目标确定
- 地方调查与审计
- 与社区磋商
- 情报合作

- 计划、实施、评估和审查的循环过程

（参见 Crowford，1998；1999；Hough and Tilley，1998；Matthews and Pitts，2001）

零容忍警务

很明显，零容忍警务关注的是低层次犯罪，但它是风险可预警和可预期特点的具体化。按照 Wilson 和 Kelling（1982，1989）的“破窗”理论，零容忍警务实际上也是关注受威胁地区的恢复安定（参见 Cambell，1993）和识别问题人员，如年轻的和失业的人口。零容忍警务在美国（如 New York：Bratton 1997）开展得轰轰烈烈，而 Ray Mallon 在米德尔斯布劳夫（Middlesbrough）的首创则是英国最著名的范例。零容忍警务需要考虑两个核心问题：一是通过针对经常被识别出的问题青年或边缘个人的“文明化过程”，强化对无序社区的约束；二是关注当地大多数居民生活质量的提高。该种警务旨在重振警察信心，但更重要的是动员“正派市民”对付本区域内的犯罪（如毒品交易），聘请“值得尊敬的成年人”参与当地的犯罪管理活动（参见 Dennis and Mallon，1997；Johnston，2000）。过于强势的零容忍警务也受到了批评，因为它引发了社区的不安定因素和城市骚乱（参见 Scarman，1981；Crowford，1998），并且由于没有消除风险，而只是把风险转移到那些起码能够忍耐的地区，它也被认为是一种短期的警务形式。

从广义上讲，零容忍警务包括情报收集、勾勒犯罪人轮廓和识别主要的犯罪人，对具体的犯罪行为，如毒品交易进行重点处理式的“犯罪爆破”（参见 Bratton，1997；Dennis and Mallon，1997）。尽管其在现场的实际运作可能将“惩戒性的和基于风险技术”结合起来，但对 Johnston 来说，这将导致零容忍警务与更广泛的基于风险的警务实践相互交织（参见 Johnston，2000：68）。

虽然媒体总是将其与损害“生活质量”联系在一起，零容忍警务仍得到了广泛的应用。最为引人注目的是情报主导和目标识别警务与管理改革和更具战略意义的警务方法联系在一起（参见 Bratton，1997；Johnston，2000）。Bratton 认为，这意味着用新的警务方法（如“伙伴关系”、“问题解决”和“预防”）、用全面的计算机情报数据、依靠战略措施“打击”犯罪代替传统的警务方法（如“快速反应”、“非固定线路巡逻”、“针对性情报调查”）。新的警务方法已在英国获得了最有力的支持（尽管有 Hartlepool 的倡议）。开拓性的零容忍警务已经转变成一种微妙的问题解决型警务，重点是“在社区中与我们的伙伴合作，发现并剖析犯罪、无序和恐惧的根本原因”（参见 Pollard，1997：60）。然而，基于人们对现代后期也很少有的“集体情感”和认识的同一性持有不同的看法（参见 Johnston，2000），对“社区”一词越来越受到质疑是其容易落入以“坚固”社区位于富人地区和“松散”社区位于低收入和多族裔地区为特征的老套路（参见 Walklate and Evans，1999）。Johnston 认为这种转变是由浮夸的基于“集体情感”的社区警务向现实的风险控制社区警务的转变，即维护社区间的风险分界，不夸张地恰当地进行风险管理。

结论：新风险，新警务

越来越多的证据表明我们有理由采用基于风险的社区警务模式，虽然变革绝非是全面的，正像其他刑事司法领域那样。虽然后凯恩斯时期和后福特时期社会以及经济和文化现实对公共警务（参见 Reiner，2000）产生了巨大的影响，在警务的“实体形式”中这些变化的表现是很复杂的，也受到抵制它的“防火墙”的影响（参见 Garland，1996；O’malley，2000，2001b）。在微观层面上，由于国家政策和目标受地方环境、一线机构的解释和工作人员反对的不利影响（参见 Johnston，1987；Maguire，2000），警务实践可能会有所变化。

在国家层面上，“警察政策网络”内部既得利益团体继续行使着相当大的权力（参见 Leishman et al.，1996）。在政策层面上，在一个社会不断多样化、充满风险的社会中提供安全保障成为摆在国家面前的大问题（参见 Garland，1996，2000，2001；Johnston，2000；Sparks，2001a；Loader and Sparks，2002）。虽然国家试图“引导”而非“参与”，在实践上刑事司法机关还是体会到了国家在“有相当距离的管理”和国家权力的公然使用之间摇摆不定（参见 Garland，1996，2000，2001）。公共警察也不例外（参见 Jones and Newburn，1997；Johnston，2000；Reiner，2000）。Johnston 简要地表达了 21 世纪警察面临的主要挑战：

> 在现代后期的多元背景下，在没有传统的国家权力保障的情况下，如何才能实现好的管理？换句话说，在保证公民对民主的信赖和公平标准的同时，怎样才能克服多样化带来的问题去保证有效和高效的治理？
>
> （参见 Johnston，2000：162）

实质上，在一个面临风险同时又对风险有不同理解的社会，存在着一个怎样公平合理地提供安全保障的问题。为了应对这个难题，至少有三种战略可以考虑：

- 一方面把犯罪控制分为经济控制和实用控制以应对“日常”的犯罪
- 另一方面严厉惩罚少数人（参见 Garland，1996）
- 通过责任制和伙伴关系分散风险管理
- 转移风险负担（对比较富裕的积极的风险社区的控制来说通常经过购买私人保安的形式）

警务越来越多地映刻在这些战略中。然而，对“风险社会”转移风险难题的回应不只是为了警务实践。主要由于伙伴关系导致的犯罪风险责任的分散和减弱，有可能损害民主管理及其透明度（参见 Ericson and Haggerty，1997；Kemshall and Maguire，2001）。条块化而非集中回应的结果可能事与愿违，控制也只靠审计和管理状态（参见 Crowford，2001）。把风险责任化和风险负担转移，通常是转移到最不能承受风险的地区。警务多样化变得越来越成为问题，特别是责任化战略强调的是“共同好处”（可那是谁的好处），假定是向同质的利益分享的社区推进的话，那些没有分享的或没有为共同好处做贡献的人被排除在外，警务逐渐用来识别和排除他们（如零容忍警务），防止制造风险的人与需要安全的人产生摩擦。结果是对安全和低风险的要求越来越高，但却无法满足，无论是公共警务还是私人警务。矛盾的是，安全的供应有其内在的滞后性：永远没有满足的时候，零风险的目标也永远无法实现。如果我们能像买东西那样购买安全且多买一点就感觉安全一点该多好啊！Loader（1997a，1997b）说过，公众对安全的需求永远无法满足，“对犯罪的恐惧”和提供安全时对商业利润的追求使这种需求更加强烈。在这种情况下，需求总是大于供给，在 Loader 看来，主题应该是管理需求而不是如何增加供给。供应主导的政策似乎致使警务延伸和扩散，可能侵犯权力和公民自由，因为前瞻性风险措施被优先地置于个人自由之上。然而，需求管理做起来并不容易。在公众对风险缺乏忍耐的背景之下，21 世纪公共警务工作的关键可能是怎样管理和调节对避免风险和安全这两种不相上下的需求。正像 Johnston（2000：177）指出的那样：“这……将要求摒弃起支配作用的假设——警察及其学术专家头脑中的——风险永远是‘坏东西’。”

深入阅读

Johnston，L.（2000）Policing Britain；Risk，Security and Governace. London：Longman.

Reiner，R.（2000）The Politics of the Police，3rd edn. Oxford：Oxford University Prees.

第六章

风险和犯罪预防

导论

自20世纪70年代初，伴随着私人保安业的扩大（参见Bottoms and Wiles，1996），预防成为政府治理犯罪的重要措施，因此，犯罪预防被称为“成长性行业”（参见Hughes，1998）。由于对“犯罪预防”有着各种各样的解释，所以Huges（1998：13）称之为“变色龙式的概念”，但在实践中人们关注较多的是“街头犯罪”（参见Walklate，1996）。在理论与实践中强调的都是犯罪预防，而不是惩罚犯罪人，这反映了犯罪控制从保守转向防御（参见Jones et al.，1994）。当人们就这种范式的转变进行争论的时候（参见Hughes，1998：第一章），犯罪预防政策即呈现出了向更广泛的刑事司法领域拓展的趋势，如实施经济而有效的犯罪控制措施、用务实的预防代替“不起作用”的措施、以正在发生的危险为基础进行预防而不是运用惩罚手段进行社会控制（参见Bottoms，1990；Muncie et al.，1994；Crawford，2001）。

自“犯罪预防”这一词语出现以来，人们就对其作出了各种各样的定义和解释。早期的政策和实践以对“环境”的关注为主要特征，通过“锁和门闩”等办法减少犯罪机会，在改变社会环境或犯罪行为的基础上实施“社会的”或“社区的”犯罪预防（参见Hughes，1998）。在实践中，这两者之间也经常互补使用。最近，Bottoms和Wiles（1996）指出了犯罪预防的特征，它包括四种方法：

- 减少犯罪机会的战略，措施包括报警器、锁具、技术和邻里照看
- 监视和发现目标，措施包括信息情报主导警务、闭路电视监视，地方信息收集
- 运用合作关系和网络，包括公共和私人部门，以加强社会规范和秩序
- 早期预防和治疗犯罪行为，通常是通过早期的鉴别和

发现问题儿童和青少年、采用有针对性的方案进行

（参见 Bottoms and Wiles，1996：7－10；
Hughes，1998：22）

受新右派的影响，犯罪预防自20世纪70年代末期起就已确立，其务实的和管理式的方法为刑事司法领域所采用（参见 Young，1994）。这种方法以务实的犯罪管控和关注犯罪的影响而非犯罪原因及其根治为特征。理性选择理论对犯罪预防的发展起了关键性的作用（参见 Clarke and Mayhew，1980；Clarke and Cornish，1983；Cornish and Clarke，1986）。该理论将犯罪人视为能够进行理性计算的人，有能力对犯罪活动的成本与收益进行计算（此问题在第三章已经进行过论述）。就像 O' Malley（1992：264）所指出的，犯罪人（homo criminalis）已被作为“不道德之理性选择个体”的经济人（homo economicus）所取代，这种经济人是情境预防中维护安全和既得利益等活动的产物。本质上来看，成本的增加和收益的减少阻断了犯罪行为，并使犯罪机会丧失了吸引力。这已经在纽曼的关于“防卫空间”和“通过环境设计减少犯罪”的著作中得到了证明（参见 Newman，1972）。就像 Hughes（1986：63）所指出的，犯罪预防已经从关注犯罪人转向了关注“犯罪时空。由于关注的是实施犯罪机会，因此犯罪预防是基于犯罪行为的预防”。

基于风险之语境中的犯罪预防

最近有评论家们指出，Cornish 和 Clark（1986：4）所谓的“情境之人”已经变成了“危险之人”，并且被害人也已变成了“处于风险中的”市民（参见 O' Malley，1992，1994）。Garland（2001）也曾经这样描述犯罪预防：

这种新的犯罪控制在创建之初是运用日常生活中的犯罪学理论来指导其行动并不断地完善其技术。同时，这种新的

基础与刑事司法部门有着一定的联系——尤其是作为诸多主要倡议的倡导者和执行者的警察和缓刑执行机构——它不应该仅仅被看做是传统刑事司法体系的附属或扩展……这种新举措坚定地朝着一系列新目标和重点领域迈进——预防、安全、减少伤害、减少损失、减少恐惧——这与起诉、惩罚和“刑事正义”的传统目标是截然不同的。

（参见 Garland，2001：17）

Garland 把这些称为“预防模式”，其目的在于重新教导和说服当地社区着手自己的社区警务和风险管理建设。因此，评论家们把犯罪预防的政策以及其引人注目的发展纳入后凯恩斯社会高级自由主义的社会规范议程（参见 O’ Malley，1992；Garland，2000，2001；Rose，2000）。预防模式将犯罪控制的责任从国家转移到社区，尤其是转移到社会网络和公共部门与私人间的合作关系中（参见 Grawford，2001）。减少犯罪现在是公民个人、社区和商业机构的共同责任。这种犯罪预防已经植根于广泛的将市民和社区犯罪风险管理责任化的刑罚政策之中（参见 Gamble，1988；O’ Malley，1992；Stenson，1993）。正如 Crawford（1991：25）所指出的：“犯罪问题的责任，根据政府的策略，现在是每一个人的。这种责任具有分担的性质。”

尽管对责任化的强调无法抗拒，但是个体的主观意识在很大程度上被忽略了。正如 Cohen（1985）所指出的那样：

没有人对内心的思想活动感兴趣……直接针对个体犯罪人的那些政策“终结了”，无论在侦查方面（包括谴责和惩罚），还是在原因方面（包括查找动机和因果链条）……现在人们讨论的是犯罪的“空间”和“时间”、犯罪的方式、行为次序、生态学、防卫空间……目标加固等。

（参见 Cohen，1985：146 –8）

由于对预防的认可超过了改造，对处理犯罪的方法变得充满风险并面向未来。须在犯罪行为发生之前加以识别和预防。因此，其中的风险包括犯罪机会评估的风险和以减少机会、改变犯罪人之成本收益率为目的的管理策略的风险。对O’Malley（2001b）来说，这种方法是以犯罪人为标靶，同时消除犯罪的社会条件并重新登记风险制造者（也见Hannah—Moffat，1999）。犯罪行为的个人责任成为优先事项，而非社会原因，责任和责任感代替了原因解释，刑事司法与社会公正被有效剥离（参见O’Malley，1992）。对于O’Malley来说，这使将威慑氛围和排斥无资格者纳入犯罪预防的框架成为可能。那些不能作出正确的理性选择而实施犯罪行为和继续制造风险的人都可能成为被排斥的对象（如性犯罪）。

被害人也被定义为理性选择的人，能够就规避风险和承受风险的行为作出选择，因此值得注意的是被害人可能由于疏忽或与犯罪人共谋而致使自己受害。在这个世界里，被害人还能购买到风险保护，如有必要可以从私人部门那里购买，而提高自我保护能力被看做是好公民的责任（参见Geason and Wilson，1989）。

第三条道路的犯罪预防

在新工党“第三条道路”的背景下，对犯罪预防的重视仍在延续。就像Stenson和Edward（2001：68）所指出的：“‘第三条道路’管理的‘核心困境’”是怎样控制不断增长的多元的和形形色色的、为彼此间不疏远而付出代价的以及察觉到自身有很多危险的人群。犯罪的风险已经被政策制定者、公众和学术界所接受，这已经是现代后期生活的重要的特点（参见Garland，2000），并且随着全球的社会和经济的混乱及后福特主义占据支配地位，犯罪风险可能会继续增加。对多数西方经济体而言，应对这些变化、重新整合社会强制（其中不包括严厉的经济强制）是一种严峻的挑战。面对这种困境可以采取两种反应方式，尤其在犯罪预防领域：

• 在认定的高风险和问题区域，着眼于社区的再造、再教育和道德重塑，并通过增加社会团结、包容性和社会资产重新激活社区（参见 Stenson and Watt，1999）

• 运用公共机构和私人机构的合作关系，创设各种地方规章和志愿者网络，将责任落实到当地机构和市民，建立更具地方特色的积极的犯罪预防策略，同时还要运用非正式的社会控制机制（参见 Crawford，1999，2001；Stenson and Edwards，2001）

《1998 年犯罪与动乱法案》（The Crime and Disorder Act 1998）催生出“社区安全合作”以构建和执行“社区安全策略”（参见 Crawford，1998：58），并将注意力集中于对付当地的犯罪、治理动乱，特别是与青少年有关的犯罪和违法。犯罪管控的责任有效地转移到了地方。然而，这并不一定导致政府为回应犯罪而采用的刑罚控制的弱化。Smith（2002）等已经将此法案看做是“监狱群岛”（carceral archipelago）的延伸和“社会控制的微观政治学”（micro－politics of social control）（参见 Smith，2002：24，26）。

社区与合作关系成为犯罪预防的主要特征，这是我们现在转而进入的两个概念。

社区和社群主义

正如 Hughes（1998：105）所指出的，同“犯罪预防”一样，“社区”可以被理解为一个“使人感觉愉悦”的词语，其所具有的一种标准的假设是：社区是一个“好的事物”，以及对传统社区怀旧式的渴望在当代政策中起着作用。这些假设在 Etzioni（1994，1995，1997）的道德保守社群主义（社群主义，1993 年兴起的一种政治理论，兼重公民个人权益与个人对社会之义务——译者注）中得到了证明，这种观点强调将同质社区的重建作为打击犯罪的手段。把道德上的共识，特别是以传统保守价值观为基础的道德上的共识，以及对公民义务的提倡当做地方社区治理犯罪的机制。犯罪控制被看做是社会凝聚力的问题，但也被表述为通过社会责任和道德品质来实现的问题（也见 Murray，1990，1996；Dennis，1993，1997）。Etzioni（1997）对社区而非国家的强调，对责任而非依赖的强调，在福利和犯罪政策上已产生了广泛的影响。损害不是指控犯罪人的借口，也不是排除个人或社区的责任理由。尽管诉诸社区，但这种方法与集体应对风险的方法相比增加了私有化倾向和个人的风险负担，并且有可能排斥那些与道德重塑相去甚远的观点。Etzioni 的立场遭到批判有很多缘由，这里将考察其中的多数。

Jordan（1992，1996）认为，新自由主义的政策已导致两种类型社区的产生：选择的社区（communities of choice）和注定的社区（communities of fate）。选择的社区是以消费者的选择（如购买房屋并居住）、高收入、安全以及应对风险的正确选择能力为特征的（如选择居住在一个出入控制的社区）。注定的社区则是以因缺少社会流动和机会、不能作出明确而正确的选择以应对风险（如年轻男性卷入集体性的高风险活动）而无奈地在区域内居住、高度暴露于他人瞄准的风险之中（如偷窃和夜盗）为特征，其结果导致了 Hughes（1998：115）所说的“双重社会”。它加重了社区风险负担的承受能力和资源方面的问题。就像 Crawford（1998）所指出的，责任意味着资源，但是资源却受到了结构上的和经济上的约束。犯罪预防的概念经常强调要增强社区间的合作以及当地居民和政府部门间权力的分享。然而，实践中达到这一目标的很少，政府部门在这方面努力的记录也少得可怜（参见 O' Malley，1992；Crawford，1998，1999，2001）。

Crawford（1998）也认为，不能强迫社区达成共识（虽然这是 Jordan 的理想类型），并且许多社区都以多元化和多样性为特征。对社会遵从来说，文化和社会的异质性被认为是社会秩序和凝聚力的障碍和风险的根源：“假定‘解组了的社区’所需要的是更多的‘一致性’，而另一方面，一致性的缺乏与大量犯罪的出现之间也有着某种联系。”（参见 Crawford，1998：129）

Crawford 可能认为，“改进了的”社区和低犯罪之间的因果关系无法被证明，而一些组织良好的社区中，如黑手党也存在着高致罪因素。不管怎样，那些关于社区的假设仍极大地巩固了犯罪预防政策及实践的基础，也使得威尔逊和科林（参见 Wilson and Kelling）在“破窗”理论中极其明确地阐释了“社区防卫”模式。Crawford（1998）将其表述为“防御性排斥主义”：

> 这可能导致“聚居现象的加剧”……基于对犯罪的关注和焦虑，社区不断加强自身建设并构筑边界。这是许多社区犯罪预防策略中的一个重要的防卫逻辑。因此，“防御性排斥主义”可能成为一股构建和支撑社区生活的强大力量，以致社区会逐步聚拢，这不仅是为了共享，更多的是因为恐惧。
>
> （参见 Crawford，1998：264）

这种情形的一个结果是将某些个人从社区排除出去，并且降低了风险的容忍度（参见 Walklate and Evans，1999）。而它又反过来为 Loader（1997a，1997b）和另外一些人对很难满足安全和低风险渴望的“焦虑市场”（参见 Davis，1990；Crawford，1998）的指责提供了依据。一个更加不尽如人意的结果是安全成了“俱乐部利益”而不是“公共利益”，只有部分人能够获得，而那些最需要的人却得不到（参见 Crawford，1998）。然而，似乎正是这些社区更需要负责化（参见 Dennis，1997）。很多近期的工作表明，对了解当地犯罪方式、犯罪职业以及犯罪互动（参见 Rosenbaum，1988）的地方社会网络模式的强调比社区观念更实用（参见 Bottoms and Wiles，1996）。Velez（2001）在研究了 60 个城市邻里后指出，那些被大量犯罪困扰的“下层社会邻里”不一定失去了动力。他指出，那样的社区拥有安全资源和“公共社会控制”责任，这些都是物质资源，也是联系地方政府与公众对被害现象施加影响的纽带。他反对那些将“下层社会邻里”视为冷漠的、与政治机构相分离的假设，认为这些邻里可以被理解为“政治上有活力的资源”（参见 Velez，2001：858）。

社区犯罪预防因此是自相矛盾和有问题的。自相矛盾是因为其对社区产生吸引力，但其运用的却是以个人风险选择为基础的责任化策略。社区的异质性受到了质疑，强制的同质化解决方案也仅有利于“防御性排斥主义”聚居现象及未来的一些问题社区的产生。

合作关系

合作关系概念是犯罪预防语汇的一个重要的组成部分，通过它公众被“要求成为犯罪预防和公共安全的共建者”（参见 Crawford，1998：169），20 世纪 90 年代我们已经看到了所有公共服务部门合作关系的记录。在针对犯罪方面，合作关系被看做是推动犯罪控制从“官僚主义”向“以问题为重心”转变的一个关键机制。Morgan 的报告（1991）促进了合作关系模式的发展。这份报告将责任分配到了不同的政府部门并试图为犯罪预防措施的衔接提供一种协调机制。然而，在整个 20 世纪 90 年代，零打碎敲的局面仍在继续，不同的部门，如警察和缓刑执行部门等还实行着不同的策略和方法，一些诸如更安全城市（Safer Cities）的倡议也半途而废（合作模式的详细历史见 Crawford 1999 第二章）。

建立合作关系的根本原因被归结为以下方面：

- 体制的不足，特别是联合和协调处理犯罪机制的缺乏
- “新公共管理运动”[①]（New Public Management）的影响，特别是对以问题为重心的犯罪控制策略和目的明确、理性的资源配置的强调
- “国家空心化”、“远距离管理”以及犯罪风险从国家

向社会的分散

- 规则不集中，通过精算风险技术的使用把社会规管和惩罚控制从刑罚领域延伸到了社会主体及整个社会领域，这种技术以适当操控为目的，而非以整齐划一为目的

(参见 Cohen, 1979; Gamble, 1986; O’Malley, 1992; Crawford, 1998, 1999; Rose, 2000 Garland, 2001)

Crawford (1999) 认为上述总结只能算做“部分的解释”，并且作了重要的补充：

- 国家立法和犯罪控制责任方面的危机
- 私人领域的延伸
- 对管理主义的需要所造成的紧张状态

合法性和责任感

Crawford 指出，社会、经济和文化的不稳定性导致了国家及国家机构（如警察部门）的立法危机，而“犯罪，作为一种长期不稳定性的象征——社会混乱——彻底加剧了这种危机”（参见 Crawford, 1999: 75）。政府维护秩序和安全能力的信心遭到了如此的损害，其结果是 Crawford（随后 Beetham 1991）所谓的“合法性缺失”（legitimacy deficits）。实质上，困难在于对共同信念的拥有并没有巩固国家目标的基础，或者说实现目标的进程没有得到公众的支持（参见 Mudd, 1984; Crawford, 1999）。警务，尤其受到了“提出抗议的”中产阶级和“种族分离”主义的质疑，就是一个恰当的例子（参见 Reiner, 2000）。另外，自 20 世纪 70 年代晚期，不论是社会方面还是经济方面，福利国家的能力和合法性的实现都已遭遇到挑战（参见 Rodger, 2000），在缺乏福利安全网络的情况下，许多社会政策移植到了刑事领域和建立“法律和秩序”社会的活动当中（参见 Hall, 1979; Rodger, 2000）。这被新

右派标榜为“自由市场和强大国家”（参见 Gamble, 1979），但是我们也不断地看到这种强大国家的衰落，尤其在犯罪控制领域（参见 Garland, 1985；1996）。由此，国家激烈地强调它不能独担减少犯罪的责任并且逐步引入了责任化战略（参见 Garland, 2000, 2001；Loader and Sparks, 2002）。于是，个人稳妥主义成为了犯罪管控的一项基本政策（参见 O'Malley, 1992, 2000, 2001b）。

私人领域的延伸

随着私人警务范围和影响的不断争论（参见 Jones and Newburn, 1998, 2002；Johnston, 2000）以及人们对私人保安业的推动力量的持续研究（参见 Loader, 1997a, 1997b, 1999；Johnston, 2001），作为一种对犯罪控制有重要影响的更广泛的私有化概念正为人所认识（参见 Crawford, 1999）。Crawford 指出了这其中的四个关键要素：

- 利用市场提供公共服务和国家服务的商业化，如利用私人保安公司以保障社区安全。Garland（2001：17）将其视为市民社会的商业化和国家垄断犯罪控制的终结
- 公共服务的平民化，如警察、志愿者和刑事司法部门服务的平民化（诸如被害援助等）
- 私人和企业管理空间的增多，如封闭的社区、购物中心、大量基于保险的和经济的警务方法等。警务仅为这些区域服务而不是促进整体的道德利益。经常扮演消费者的市民，通过经营与行为规则的选择和默许而加入其中
- 生活中的公共使用空间的减少、“隐逸主义”的增长（参见 Lasch, 1980）以及人们从公共空间（尤其在城市）向家庭及居家生活的退却。隐逸主义是“对犯罪的恐惧”不断增加的结果（参见 Lupton and Tulloch, 1999）。实际上，容纳恐惧和忍耐的空间在缩小（参见 Hancock and Matthews, 2001）

对管理主义的需求造成的紧张状态

伴随对经济、效率和效能三个方面关注的逐渐增加，公共部门和刑事司法领域内管理主义的出现已得到肯定的证明(参见 Raine and Wilson, 1993)。它以从犯罪控制“社会思考”向“经济思考”的转变以及“刑罚现代主义”失败的反映为主要特征（参见 Garland, 1985, 2001: 188－9)。当人们寻找更负责任的管理来代替等级官僚主义时，合作关系内部以及交叉合作关系的责任关系确实存在着问题（参见 Kemshall and Magure, 2001)。下面是管理主义的合作关系中存在的重大障碍:

- 责任被分散到合作关系的各部门，且如果计划失败则决策的“审计路径”很难将其重构
- 管理主义在各部门内部以及在等级制度下运行良好(参见 Crawford, 2001)，但在平行部门之间的运行则与之相差很远
- 责任可能被弱化，且各部分间可能互相推诿责任（和风险负担）
- 建立“等价交换原则”及适用于合作活动的运行计划指标是比较困难的。合作活动经常是重视过程和数量，而非结果，且这种活动可能往往由于是各部门功能的次要方面，而受到较少的关注、监控和评价
- 合作关系像其他公共服务一样成为不良动机的牺牲品，而且可能全神贯注于那些最容易被认为以制造差异为代价的事项
- 合作关系经常造成不同部门对同一有限资源的争夺(如警察和感化部门)

(参见 Peters, 1986; Rhodes, 1996; Crawford, 2001; Kemshall and Maguire, 2001; Maguire et al., 2001)

这样，管理主义的实用性受到了合作关系的挑战。“合作关系契约化”，即公共机构和私人间所构成的供求关系以及公共部门间的正式协议，就是这些困难的反映（参见 Crawford，1998：182）。在这些合作关系中，协商契约式的约定代替了信任，审计代替了传统而专业的责任关系体系（参见 Power，1999）。不管怎样，在有效的合作关系运作过程中，最关键的因素是信任，尤其在拥有不同意识形态、价值观和目的的不同部门之间（参见 Crawford，1998，2001），也依赖于对专家的信任。然而，就像 Crawford（1999，2001）所指出的，由于合作者之间基本意识形态和价值观的不同以及对资源的争夺，合作关系是孕育不信任的土壤，建立起来的合作关系还会受到诸如审计、计划监管等管理手段的侵蚀。对于 Crawford（1999，60）来说，这种紧张和冲突意味着“合作关系的特质和实践加剧了结构性对抗和难以解决的紧张状态”。

小结

犯罪预防已根植于新右派的犯罪政策中，理性选择理论为犯罪预防的发展注入了特殊的动力。在“风险社会”里，责任化做法成了“第三条道路”倡导下的犯罪管理的积极推动者。犯罪预防的基础因两个重要理念而巩固：社区和合作关系。然而，实践中质疑与肯定的并存导致了紧张以及专家与社区间、刑事司法机构间的冲突。

实践中的犯罪预防

关于犯罪预防的创建与执行有待于全方位的规范（如见 Bright，1997）和评价，并从中获得反馈的信息（参见 Tilley，2002）以推动犯罪预防工作的运行。这些研究倾向于关注投入和产出的关系以及可能效果的出现（如犯罪的减少）（参见 Gilling，1997）。这些研究也为注重犯罪预防投入过程的研究所补充，特别是与合作关系的建立与维持有关的研究（参见

Gilling, 1997；Crawford, 1998, 1999)。具体地看，“协作”和细致的合作过程就是一个很难研究的问题：

在犯罪预防的评估项目中，协作是一个被严重忽略的部分，在紧密伴随这种评估的一个准实验性的先测/后测的方案中，就忽视了对赞成犯罪减少这一测量结果的处理。其结果是，人们很难了解协作对犯罪减少会产生什么样的影响……虽然证明这些结果像履行协作一样困难，但到目前为止，人们还是期望它们能起到较大的作用。的确，这也许是为什么复制“成功的”犯罪预防规划的企图往往注定会失败的原因，因为机制可以完全被复制，但协作环境却不能。

（参见 Gilling, 1997：160）

正如 Gilling 所指出的，作为词语，合作和协作具有不同的含义和形式。协作意味着最低层次上的联系，即对问题达成共识以及为圆满地解决问题而战略性地配置共享资源（参见 Liddle and Gelsthorpe, 1994a, 1994b, 1994c)。然而，各种形式的犯罪预防研究明确指出了有碍协助效果实现的关键问题：

• 刑事司法机构间以及执法机构与志愿机构间的差异和相互抵触的力量关系

• 各机构之间观点、价值观和理念上的差异，如警察机构和缓刑执行部门之间

• 权力机构可能会为了达到自己的目的而强行安排合作与协作。例如，警察机构可能利用其主动权而获得当地的犯罪信息。尽管对“协同发生作用”的呼吁可能是夸张，但这种强行安排并不都是“善意的”

• 协作可能达成，但很少见效：“空谈而无行动”

• 最初的倡议意在情境问题的解决，且过于依赖理性选择模式，并不能就结构上和政治上的限制作出充分解释

• 对科学的评价态度的强调是要确定“可考虑事项的”

优先次序，因此财产犯罪被优先考虑。而这又再次强化了情境预防的方法

- 审计和效能管理可能转移对某种战略方案的注意
- 专业服务的分散化和对地方的重视可能削弱合作方案和国家一致性的基础，并导致聚居区现象

（自 Hope and Murphy, 1983；Blagg et al., 1988；
Sampson et al., 1988；Pearson et al., 1992；
Crawford and Jones, 1995；Gilling, 1997；
Crawford, 1998, 1999；Mills and Pearson, 2000）

Hughes（1998）指出，关于多部门犯罪预防影响的评估研究多是消极的，犯罪预防“从具有较大野心的‘社会’和现实的‘机构内部’性质上看，仍然既非多数机构的主要工作，也是有待证明的‘成功’方法”（参见 Hughes, 1998: 86）。这在某种程度上是缘于社区的模糊性质、社区的改造与自我实现间的因果关系以及犯罪减少很难被检验和证明（参见 Crawford, 1999）。界定明确的、有限的情境犯罪预防获得了较大的成功。然而，一种被充分证明了的无法预期的情境犯罪预防结果是转移（参见 Pease, 1997；Hughes, 1998）。这可能包括将犯罪行为转移到另一时间和地点，或者警惕犯罪实施的方法和类型（参见 Pease, 1997）。将犯罪向其他地区的转移受到了严厉的批评，尤其是这种转移是从富裕的封闭式社区向已经很贫穷的和受害严重的社区。这也说明社区的参与和自我实现是多样化的，有些社区与其他社区相比更热衷且更多地参与犯罪预防的过程（参见 Velez, 2001）。

Sutton 和 Cherney（2002）在回顾维多利亚时期和澳大利亚 1988 年以来基于社区的犯罪预防时指出，犯罪预防和社区安全是共同选择的重实效的“反复无常的概念”，它是由一系列政治和行政集团实施的。他们主张，由于这些地方优先权的履行具有独特的功能，地方的政治经验应处于核心地位。他们认为，评估必须像关注这些规划的技术方面一样地关注

这些功能和履行过程。

社会控制网络的延伸

基于“增大网络”的理由以及由于刑事司法监管技术已进入到社会生活的方方面面（参见 Hughes，1998），多机构犯罪预防受到了批判（参见 Cohen，1985）。实际上，监狱式的全面监控已经成为了社区监控的一种，如通过利用 MAPPPs（多机构公众保护专门小组）管理从监狱释放而进入社区的高风险的性犯罪人，并将这些程序扩展适用于那些受到警告的人，或者将社区警务扩展到包括不文明在内的行为而非仅是违法。然而，就像 Hughes 所建议的，在现实中识别出浮夸矫饰是很重要的。对于 Hughes 而言，重要概念的完全“不固定性”和普适性以及地方的犯罪预防管理意味着存在着抗拒空间，即抗拒向集权法律和秩序政策的更大的倒退。全面的监控已经转用于“界限明确、有隔离条件的空间”，如学校、工厂和收容所（参见 Fyfe and Bannister，1996），而那些界限模糊、流动性区域则不宜转用。国家不仅通过“扩展监狱网络”（参见 Pratt，1989），也通过责任化战略（O’ Malley）及建立排斥那些不能恰当管理风险和正确处置风险者的社会（参见 Young，1999）来扩展其规范网络。这已成为风险社会重要的管理技术（参见 Van Swaaningen，1997；Hughes，2000）。这使得“犯罪预防的消极语境”与风险防范相关联（或者排斥来自社区的风险制造者），这种风险防范突破了对公正和平等地负担风险等“社会利益”的追求（参见 Hughes，2000：292）。令人担忧的是，那些富裕阶层的人总可以避免风险，而风险又总是降临到那些不能管理风险的人的身上。Hughes（2000：288）怀疑那些热心于犯罪预防工作的是“参与改善环境运动的评估人员，而非倡导正义与福利的人”。

对于 Hughes 来说，关键问题是风险的语境及其潜在的消极影响是否“当场”得到抵制，有没有其他措施替代规避风险的犯罪预防。

小结

对犯罪预防的研究和评价主要是消极的，即强调犯罪预防的副作用和结果认定方面的困难，指出协作和合作关系过程中所存在的问题。因此，犯罪预防也被打上了强调排斥过程和转移风险负担的消极语境的印记。

风险的选择：可能的前景

虽然我们还没有描述前景，但认识到可能的道路不止一条很重要。Hughes 描述了三种可能的景象：

- “私有化堡垒城市”模式
- “权力主义的中央集权”模式
- “宽容的市民、安全的城市”模式

（参见 Hughes，1998：135）

“私有化堡垒城市”模式

以诸如安全防范技术、闭路监控系统和封闭社区等为内容的“防卫战略”的创建，加上贫富分化的加剧和城市“下层阶级”的产生，生成了以排斥主义风险管理为基础的幽灵般的堡垒城市（参见 Dayis，1990；Crawford，1998；Hughes，1998）。那些选择掏钱的人可以远离“受损的”城市中心地区，求得地区上和技术上的安全。Crawford 将这看做是以“防御性排斥”为基础的“聚居区现象”，其中对犯罪的焦虑和恐惧占主导地位（参见 Crawford，1998：264）。这种发展在拥有大约 3 亿市民的美国是很显著的（参见 Davis，1990）——近 15% 的市民住在某种封闭的社区里（参见 Crawford，1998：265）。英国也有从城市中心区迁到郊区的情况，且越来越专心于安全空间。这种发展的一个清晰的结果是犯罪逐渐向贫穷并缺少私人的、社区的和正式的警务管理资源的地区集中。“社会的”和福利主义的风险分担方式被风险排除及其目标化管理所取代。社会政策逐渐地“负担起了刑事职责”（参见 Rodger, 2000），如住房政策即是通过置换老旧的居住区来管理破坏性的、危险的承租人。尽管“堡垒城市”可能是一个极端的例子，但有证据表明公共空间和企业空间（如购物中心）中的监管在增多，即通过利用闭路电视系统、私人保安、通道控制或转移那些打算制造任何危险的人等（参见 Shearing and Stenning, 1981; Norris et al., 1998），将监视和控制扩大到工作地点和消费地点（参见 Lyon, 1994）。其结果是一片暗淡的未来景象，其中两种社会控制形式占据主要地位：对“负责任的”、有经济活力的和作为消费者的市民回报安全及安全承诺；对与上述特点相反的人则实行约束（参见 O' Malley, 1992, 1995, 1997; Hughes, 1998）。尽管未来的景象不一定令人信服，但 Garland（2001: 204）看到了这种趋势，它以在自我存续的危险中的犯罪控制“铁笼”和其带来巨大的社会成本（诸如宽容的减少和权力主义的膨胀）为标志。

“权力主义的中央集权”模式

这是对强大的权力主义国家提高社区凝聚力以消除现代社会晚期的多元主义和个人主义的描述。这种新国家主义提倡国家控制而不遵循市场的目标导向（参见 Jessop, 2000: 179）。亚洲“老虎经济”被看做是强势国家、彼此责任、高一致性和市场化的一个缩影。在那样的社区，正式和非正式的社会控制力量都是很强大的，经济的差异性不大，安全体系始终存在。然而，在20世纪末期，“老虎经济”市场的衰退给社会秩序的维护造成了新的困难，没有证据表明这种模式中蕴涵着解决后现代社会所提出的所有问题的答案（参见 Jessop, 2000）。这类社会中显而易见的高信任度的代价是容忍等级制和家长式作风，而个人主义的最小化（参见Fukuyama，1996）也助长着对权力主义的幻想和对人权的侵犯。

“宽容的市民、安全的城市”模式

这是一幅积极（如果不是乌托邦的话）的图景，国家被特别授权的、参与性的和前摄性的地方网络所取代，这种网络以关于活跃的、积极参与的公民意识的假设为前提（参见Stokerhe and Young，1993；Hughes，1998：148）。公民意识和参与被看做是避免风险分化和堡垒城市的关键机制。对于Crawford（1998：268）而言，这意味着把“处于无人管理的城中心孤岛重新整合进大的社会结构”。然而，这种结果不会自动实现。国家在提高社会包容性和增加社会排斥性这两个方面都扮演着重要的角色，在恢复社会政策、社会公正事项和确立犯罪管理事项两方面的作用也都很关键。赞成“无权利则无义务”容易（参见Blair，1995），但也须认识到责任的承担和履行是需要资源的。在英国，人们的注意力已集中在公民权和包容性上，而这正是与社会排斥作斗争的一种手段（参见Social Exclusion Unit，2000）。然而，就像Miller所指出的：

> 摒弃社会排斥意味着每个人都应该被包容，假如这样的话，哪种社会是他们希望加入的呢？是那种尊重和鼓励多样化的生活方式和文化的社会，还是要求一致性的社会？同样，是蕴涵着“邀请”的社会，还是蕴涵着“要求”的社会？
>
> （参见Miller，2000：11）

他将社会划分为四种类型：

- 排斥多样性的社会，在这种社会中人们在很少的国家规则下按照他们的意愿生活。这种社会有利于“有钱人”，对穷人则很少有帮助
- 自愿加入的社会，在这种社会里有很少的为人们所准

备的国家契约，人们根据自己的意愿对其进行选择。然而，一旦决定加入就要遵守特定的规范（如工作）。这些人选择放弃自己的权利以获取国家的支持

• 要求加入的社会，在这种社会里有一套基本的治理方式和针对那些有特别需要的人的特定的服务。然而，若接受帮助就须遵守其规则和少数服从全体的要求

• 包容多样性的社会，在这种社会里有着广泛的、混杂的国家契约，对这些契约的接受不附带任何特殊的要求。多样性是不打折扣的。然而，在一个资源稀缺的环境里，多样化是很困难的——人们会争夺资源，有些生活方式也可能只被部分人接受

（自 Miller，2000：11）

强调社会责任的思潮源自新工党，而强调创建“邻里社会”的理念则源自反对派（参见 Letwin，2002）对遵守“良好习惯”以及建设性家庭和社区关系的强调，其目的是同传统社区的衰落作斗争。关注有助于社区成功的社会资产（参见 Putnam，1995）或网络、社会规范和信任的观念是在全球变迁的大背景下将注意力投射到社会基本结构以增强社会凝聚力这一认识体系的组成部分（参见 Frazer，1999）。然而，社会资产可能被当做一个贬义概念来使用，即有指责那些缺少社会资产的社区和在不利条件、风险及犯罪问题影响下其社会资产无法发展积累的社区的意思。

提高市民意识和参与性也是困难重重。在搭就着纷繁复杂的经济生活架构的社会里，公民意识中的利他主义必然会被削弱，而且当一些福利被视为对“穷人”的施舍时，“有钱人”的参与性就很难提高。如果没有明确的国家引导，想要这个消费社会相信促进公共利益的必要性是很困难的。当前，“团结不是以积极的、紧密联系的感情为基础，而是以消极的、共同的恐惧为基础”（参见 Hughes，1998：156－7）。然而，对包容性的强调也催生了一些重要问题，即什么才是犯

罪预防有意义的和为人们所期盼的结果，及如何面对将争论从技术和评估问题扩大到种族和道德问题的局面等。在一定程度上，犯罪预防的语境因一种社会正义的语境而有所改善，Rose（1996b）所谓的死亡了的“社会的”元素也许因此而复兴。

小结

当前，犯罪预防的特点告诉我们，由于要为避免风险和寻求安全而付出代价，因此，我们的前景不容乐观。建立在不断积累经验证据的基础上，Hughes（1998）描绘了两种消极的未来景象，并且其趋势正在美国和英国发展着。至于第三种，虽然被描述为较为积极的，但具有很大的投机性，如果想要实现，就必须克服很大的障碍。

结论：犯罪预防是一桩大胆的买卖

Weatheritt 提醒我们，在整个刑事司法的预算中犯罪预防所占不多，人们仅注重关于它的浮夸矫饰而非其日趋重要的现实（有估算说它大约占整个刑事司法预算的2%：参见Hughes，1998：17）。这能从三个方面得到证明：刑罚平民主义、将风险承担从国家转移到地方以及社会控制中的责任化战略。在刑罚平民主义中，犯罪预防措施能够作为有用的政治工具唤回日趋下降的支持率，或者能够在面对亟待解决的犯罪问题时作出果断的行动（如零容忍警务）。当它作为有用的政治声控装置发挥作用时，这些措施便会以不同的形式出现，特别是警方，对犯罪预防的关注明显少于对信息收集和融为一体的公共关系的关注。犯罪预防实现其作用也缘于一种认识，即国家解决不了犯罪问题，适当的管理（或经过转移的管理）是立法政策的目标。要想犯罪真正减少至一个常态，那么，在与主要机构合作关系中，地方社区就必须承担责任。责任化把这种国家任务植入社区内部，将犯罪风险的管理转化为了个人和社区的责任。在这个意义上，风险被理解为一个不可或缺的主要角色，它促成了“警务和预防的重新定位”（参见 Loader and Sparks，2002：87）。风险是刑罚平民主义的助燃物，也是国家责任转移和赋予责任化合法地位的主要驱动力。在一定程度上，犯罪预防是基于风险的一种语境。

深入阅读

Crawford，A.（1998）Crime Prevention and Community Safety：Politics，Policies and Practices. London：Longman.

Crawford，A.（1999）The Local Governance of Crime：Appeals to Community and Partnerships. Oxford：Oxford University Press.

Hughes，G.（1998）Understanding Crime Prevention：Social Control，Risk and Late Modernity. Buckingham：Open University Press.

注释

①译者注：20 世纪 70 年代末 80 年代初，一场声势浩大的行政改革浪潮在世界范围内掀起。在西方，这场行政改革运动被看做一场“重塑政府”、“再造公共部门”的“新公共管理运动”。这种理念更注重管理绩效，更注重市场的力量，更注重管理的弹性而不是僵化，更注重公共部门运行于其中的相关的政治环境，更注重私营部门管理方式在公共部门的应用等。

第七章

结　论

集中线索
承担风险的社会

集中线索

本书以当代刑事司法之风险以及对当前政策和实践的主要特征可以把握到何种程度为内容。

第一章和第二章回顾了当前关于刑罚从惩戒向精算应用转变的学术争论，之后的章节考察了当前刑事司法工作“实体形式”中风险精算主义发展到了何种程度，以便可以把握实践中时常发生变化的犯罪控制的主要趋势。最值得注意的是：

- 逐渐增加的犯罪控制的运行方式，包括对象识别、问题部位的治安、犯罪概况、风险概况、结构化工具的使用等
- 通过审计、监管和对“发挥作用”的准科学评估而实施的问责制和绩效管理
- 公民犯罪风险的责任化，无论是作为被害人还是犯罪人
- 负担风险的责任从中央到地方的转移，尽管这与地方社区和机构并不总是能够负担得起风险相矛盾
- 一套包括私人部门的和法定机构在内的复杂的犯罪预

防系统

● 充满风险的日常生活经验和受私人保安刺激而出现的“焦虑现象”

● 对犯罪原因和犯罪控制的理性探讨，这种探讨导致那些没有作出正确“选择”和责任能力不足的人受到一种道德谴责

● 排斥那些造成某种风险的人和那些矫治或控制失败的人，这相应地导致了一种“另类”刑事政策的出现

在 Garland（2001）看来，“高犯罪社会”中的犯罪控制有其主要特征，即“老式的主权国家提供惩罚而不是安全”，而人们越来越渴望的是安全。犯罪控制的新方法为那些对经济学的“精髓”敏感的公民提供着安全，而不是一味地补贴或奖励“不配接受的穷人”、边缘群体和不能与特定人群相处的人们（参见 Garland，2001）。

不管怎样，在实践中这些特征已经从不同的侧面反映出来。出现这种情况的原因是：

● 管理的实施者对政策的解释和传递要在有限的资源范围内权衡和弥补竞争的需要

● 一线工作者对政策的解释和传递则要在已有的工作习惯、观念和价值基础上进行运作

● 在政策变化应变能力缺乏的情况下，为“完成任务”而规避政策的规定

● 合作关系和各种合作背景的分布不确定

● 已经实现犯罪控制的特定社区和地方的性质

● 中央和地方政府在犯罪控制运行上的特定关系

O'Malley 把这些原因称为“防火墙”与“多价的和实用主义的行为准则”（参见 O'Malley，2001b：100）。他认为向新自由主义风险模式的过渡决不是自动的，“政府也必须不断提高对相关技术的故障或破坏因素的警惕”（参见 O'Malley，

2001b:97）。最近，受新工党（New Labour）的影响，在Halliday的报告和随后的法律修改建议中意味深长地重申了新自由主义风险模式（参见Halliday，2001）。题为《做好惩罚工作》（Making Punishments Work）的报告建议，一个新的刑罚框架“应该为减少犯罪和犯罪赔偿提供支持，以适应惩教的需要”（参见Halliday，2001：6）。该报告试图对刑罚、公众信用以及减少犯罪的广泛议题给予密切关注。由于违法犯罪的预防被看做刑事司法系统包括刑罚的一个首要成果，减少犯罪已被提升为除惩罚外的一个重要目标。Halliday（2001）被管理主义者“发挥作用”的热情和基于证据的评估所反映出的新工党新自由主义的实证的决策态度鼓舞着。随后的白皮书——《司法之作用》（Justice for all）（参见Home Office，2002b）以下列所述开始，延续了新工党“对犯罪强硬、对致罪因素强硬”的主题：

> 我们的目标是强大的、安全的社区。这意味着：
> - 针对反社会行为、硬毒品和暴力犯罪的强硬行动
> - 重新平衡刑事司法系统以支持受害者；以及
> - 赋予警方和检察机关将更多罪犯绳之以法的工具
>
> （参见Home Office，2002b：1）

改善惯犯和适当地处置危险犯罪人是两个重要主题，其顺序排在被害人权利和一个管理更加有效的刑事司法系统之前。在《刑事司法》（Criminal Justice）和《2001年警察法案》（Police Act 2001）中，它们被平行排列，这增大了警察调查犯罪的权力，将其注意力集中在犯罪和秩序混乱，特别是“与酒精相关的混乱”上（参见Home Office，2001c）。这两项立法举措是自1981年BCS（英国犯罪调查British Crime Survey）开始以来整体犯罪率稳定、犯罪被害机会处在最低水平的背景下产生的（参见Home Office，2002c：1）。强硬的刑事政策在延续，我们也正冒着21世纪成为“大规模监禁”世

纪的风险（参见 Hudson，2002：250，253）。

承担风险的社会

对后福特主义社会最大的挑战是有效管理的多样性和个人主义（参见 Jessop，2000；Kemshall，2002a）。后现代生活面临的是多元化和异质性，而它们也给任何一个政府都提出了控制和管理上的诸多问题（参见 Rose，2000）。社会正日益不完整，且被后福利社会的政策在某种程度上刻意地侵蚀着（参见 Jordan，2000；Rodger，2000）。多样化管理正越来越多地在劳工市场落地生根（通过经营活动和消费俱乐部的成员关系：Jordan，2000），或者是通过实施控制和强调犯罪控制的同质性（参见 Garland，2001）。鉴于司法系统在认识和妥善处理差异上的缺陷，Hudson（2000，2001，2002）已表述过上述观点。公理和正义并不一定能保证风险被关注。更严峻的是，政策可能是公正的也可能不是，如果不是，则便将道义上微不足道、经济依赖和冒险为特征的被抛弃的下层阶级排除在外。因此，这些政策本身包含着风险的萌芽：对社会团结、社会凝聚和社会正义来说。在一个市民社会和公众动员已成为过去、公民已经变得脱离政治活动和社区生活的时代（参见 Giddens，1990，1991；Lash，1990；Crawford，1998），为防止进一步的侵蚀，不难看出，“社会”如何才能得到保护。这种社会促使产生出的风险进一步分散，而孤立主义和个人主义成为了新自由主义基于风险管理的一片肥沃的土壤。这也意味着，排斥另类几乎是一个长期不变的自我存续的归类手段。未来最紧迫的问题也许不是解决“犯罪问题”，而是解决“风险问题”。

词汇表

高级自由主义（Advanced liberalism） 一个用来描述伴随着全球化和后现代社会出现的一种管理模式的词语。高级自由主义的主要特征是从国家到个人的管理机制的转换，并且权利的行使是通过个人和社区在其所在地“规范了的选择”实现的。

语境（Discourse） 指一定的包围着我们所了解的世界的知识体系，包括自然界和社会的发展进程。话语表明“问题”，也让我们知道我们是如何理解和解决这些问题的。话语也为我们所了解的极限作了勘界，如权力关系，特别是当它已经制度化并已植根于社会实践和组织形式之中的时候。

管理（Governance） 指不是使用公然的国家强制，而是通过细致的权力手段的部署和制度化的递进实践来实现社会的控制和有序的管理机制。高级自由社会的主要管理手段是通过一种风险对话的自我规管，以及通过审慎务实的专业知识指导“谨慎的公民”的活动和选择。管理也由此而关系到那些用于指导和引导行为的“有目的的手段”的部署（参见Foucault，1982；Simon，1997）。

现代后期（Late modernity） 大多与Giddens的著作以及他对近20世纪的社会转型的分析有关。全球化和新的国内生产风险是现代后期论题的主要部分，也牵涉到传统社会契约削弱过程中的信任关系。

现代（Modernity） 大多界定为西方社会自工业革命至20世纪70年代末的工业化和资本主义扩张时期。这一时期的特点是资本的扩张、帝国主义、代议的民主政体以及福利国家的模式。

正常化（Normalization） 指一个旨在通过特殊的干预和治疗使犯罪人或偏离者“正常化”的刑罚与救济过程。以此方式，按照预先设定的规范性要求“纠正”犯罪人或偏离者，以使他或她加入正常的公民的行列。

后福特主义（Post - fordism） 指现代工业社会后期兴起的生产和社会管理模式。后福特主义国家的特点是灵活的劳动力市场和生产、技术创新、对经济的调控以灵活性和冒险精神为基础、精简的组织形式以及灵活的供应。

后现代派（Post - modernity） 指自20世纪70年代末始的一段时期和21世纪初出现的社会转型。后现代的特点是全球性的风险，对这种风险可能导致结果的模糊的和不确定的认识，以及无法预知的更多的未来结果和影响。现代后期和后现代之间的区别往往表现在全球化影响的时期和在文化形式方面不同的程度的、多元性发掘上。

稳妥主义（Prudentialism） 指要求公民对他或她所做的所有决定都尽量采取一种计算的态度。因此，个人而非社会成为了风险管理的主角，“好”公民是负责任的和审慎的。在高级自由主义社会里，人们总是把稳妥主义与管理机制联系在一起。

反省（Reflexivity） 大多指与Gideens的著作所描述的后传统社会生活的关键特征有关的一个术语。“风险社会”呈递给个人无数的风险，其中有许多在本质上是不确定的。因此，个人必须对风险决策和风险选择进行不断的自我监控。

责任化（Responsibilization） 根据Rose的描述，“责任化”是关于管理状态的一个术语，其意是指个人对其自己的行为（包括自己的风险）完全负责，并能够对其自己进行有效的自我管理。

风险社会（Risk society） 大多与Beck和Giddens的著

作有关，出自他们对现代社会晚些时候以及资本主义的生产方式、社会规范模式、传统的社会契约受到冲击的和社会转型的分析。这种转型的一个主要特点是除个别经验外，国内风险的产生，往往辐射到全世界。其主导文化是一种担心和一种渴望安全基础上的预防主义。

参考文献

Adams, J. (1995) *Risk*. London: UCL Press.

Alaszewski, A. (1998) Risk in modern society, in A. Alaszewski, L. Harrison and G. Manthorpe (eds) *Risk, Health and Welfare*. Buckingham: Open University Press.

Alcock, P. (1996) Back to the future: Victorian values for the twenty-first century, in R. Lister (ed.) *Charles Murray and the Underclass: The Developing Debate*. London: Institute for Economic Affairs, Health and Welfare Unit.

Alderson, J. (1979) *Policing Freedom*. Plymouth: McDonald and Evans.

Alderson, J. (1982) Policing the eighties, *Marxism Today*, April: 9–14.

American Psychiatric Association (1994) *Diagnostic and Statistical Manual of Mental Disorders*. Washington DC: American Psychiatric Association.

Andrews, D.A. (1995) The psychology of criminal conduct and effective treatment, in J. McGuire (ed.) *What Works: Reducing Offending, Guidelines from Research and Practice*. Chichester: John Wiley.

Andrews, D.A. and Bonta, J. (1994) *The Psychology of Criminal Conduct* Cincinnati, OH: Anderson.

Andrews, D.A. and Bonta, J. (1995) *The Level of Supervision Inventory-Revised*. Toronto: Multi-Health Systems.

Andrews, D.A., Bonta, J. and Hoge, R.D. (1990) Classification for effective rehabilitation, *Criminal Justice and Behaviour*, 17: 19–51.

Ansell, J. and Wharton, F. (eds) (1992) *Risk: Analysis, Assessment and Management*. Chichester: John Wiley.

Association of Chief Officers of Probation (ACOP) (1994) *Guidance on the Management of Risk and Public Protection*. Wakefield: ACOP.

Association of Chief Officers of Probation (ACOP) (1995) *ACOP and Reconviction*. Wakefield: ACOP.

Association of Chief Police Officers (ACPO) (1999) *Sex Offenders: A Risk Assessment Model*. London: ACPO Working Party.

Aubrey, R. and Hough, M. (1997) *Assessing Offenders' Needs: Assessment Scales for the Probation Service*, a report for the Home Office Research and Statistics Directorate. London: Home Office.

Audit Commission (1993) *Helping with Enquiries: Tackling Crime Effectively*. London: Audit Commission.

Audit Commission (1996) *Streetwise: Effective Police Patrol*. London: Audit Commission.

Auerhahn, K. (1999) Selective incapacitation and the problem of prediction, *Criminology*, 37(4): 703–34.

Aye Maung, N. and Hammond, N. (2000) *Risk of Re-offending and Needs Assessment: The User's Perspective*, Home Office research study 216. London: Home Office.

Ayto, J. (1990) *Dictionary of Word Origins*. London: Bloomsbury.

Baird, J. (1981) Probation and parole classifications: the Wisconsin model, *Corrections Today*, 43: 36–41.

Banton, M. (1964) *The Policeman in the Community*. London: Tavistock.

Barr, R. and Pease, K. (1992) The problem of displacement, in D.J. Evans, N.R. Fyfe and D.T. Herbert (eds) *Crime, Policing and Place: Essays in Environmental Criminology*. London: Routledge and Kegan Paul.

Bartlett, P. (1997) *Closing the Asylum: The Mental Patient in Modern Society*, 2nd edn. Harmondsworth: Penguin.

Bauman, Z. (1997) *Postmodernity and its Discontents*. Cambridge: Polity Press.

Baxter, R. and Nuttall, C. (1975) Severe sentences: no deterrent to crime, *New Society*, 2 January.

Bayley, D.H. and Shearing, C.D. (1996) The future of policing, *Law and Society Review*, 30(3): 585–606.

Bean, P. (1976) *Rehabilitation and Deviance*. London: Routledge and Kegan Paul

Beaumont, B., Caddick, B. and Hare-Duke, H. (2001) *Meeting Offenders' Needs: A Summary Report on the Meeting Assessed Needs Evaluation*, a report for the National Probation Service. Nottinghamshire area. Nottingham: Home Office.

Beck, U. (1992a) *Risk Society: Towards a New Modernity*. London: Sage.

Beck, U. (1992b) From industrial society to the risk society: questions of survival, social structure and ecological enlightenment, *Theory, Culture and Society*, 1 (February): 97–123.

Beck, U. (1998) Politics of risk society, in J. Franklin (ed.) *The Politics of Risk Society*. Cambridge: Polity Press in association with the Institute for Public Policy Press.

Beck, U. (1999) *World Risk Society*. Cambridge: Polity Press.

Beetham, D. (1991) *The Legitimation of Power*. London: Macmillan.

Bennett, T. (1994) Recent developments in community policing, in M. Stephens and S. Becker (eds) *Police Force, Police Service*. London: Macmillan.

Bernstein, P.L. (1996) *Against the Gods: The Remarkable Story of Risk*. New York: John Wiley.

Beyer, L. (1991) The logic and possibilities of 'wholistic' community policing, in S. McKillop (ed.) *The Police and the Community*. Canberra: Australian Institute of Criminology.

Blackmore, J. and Welsh, J. (1983) Selective incapacitation: sentencing according to risk, *Crime and Delinquency*, October: 504–28.

Blagg, H., Pearson, G., Sampson, A., Smith, D. and Stubbs, P. (1988) Inter-agency co-ordination: rhetoric and reality, in T. Hope and M. Shaw (eds) *Communities and Crime Reduction*. London: HMSO.

Blair, T. (1993) *Interview January 1993, Today BBC Radio 4*, cited in P. Anderson and N. Mann (1997) *Safety First*. London: Granta.

Blair, T. (1995) The rights we enjoy reflect the duties we owe, *Spectator* Lecture, 22 March.

Blair, T. (1998) *The Third Way*. London: Fabian Society.

Blair, T. (2002) Rebalancing the CJS, *Criminal Justice Management*, September: 14–16.

Blakely, E. and Snyder, M.G. (1997) *Fortress America*. Washington, DC: Brookings Institution.

Bloor, M. (1995) *The Sociology of HIV Transmission*. London: Sage.

Blumstein, A., Cohen, J. and Nagin, D. (1977) The dynamics of a homeostatic punishment process, *Journal of Criminal Law and Criminology*, 67(3): 317–34.

Bonta, J. (1996) Risk-needs assessment and treatment, in A.T. Harland (ed.) *Choosing Correctional Options that Work*. Thousand Oaks, CA: Sage.

Bottoms, A. (1977) Reflections on the renaissance of dangerousness, *Howard Journal of Criminal Justice*, 16: 70–96.

Bottoms, A. (1990) Crime prevention facing the 1990s, *Policing and Society*, 1(1): 3–22.

Bottoms, A. (1995) The politics and philosophy of sentencing, in C. Clarkson and R. Morgan (eds) *The Politics of Sentencing*. Oxford: Clarendon Press.

Bottoms, A. and McWilliams, W. (1979) A non-treatment paradigm for probation practice, *British Journal of Social Work*, 9: 159–202.

Bottoms, A. and Wiles, P. (1996) Crime prevention and late modernity, in T. Bennett (ed.) *Crime Prevention: The Cropwood Papers*. Cambridge: Cropwood.

Bradbury, J. (1989) The policy implications of differing concepts of risk, *Science, Technology, and Human Values*, 14(4): 380–99.

Braithwaite, J. (1989) *Crime, Shame and Reintegration*. Cambridge: Cambridge University Press.

Bratton, W.J. (1997) Crime is down in New York City: blame the police, in N. Dennis (ed.) *Zero Tolerance: Policing a Free Society*. London: Health and Welfare Unit, Institute of Economic Affairs.

Bright, J. (1997) *Turning the Tide: Crime, Community and Prevention*. London: Demos.

Brown, M. (1996) Serious offending and the management of public risk in New Zealand, *British Journal of Criminology*, 36(1): 18–36.

Brown, M. (2000) Risk in contemporary penal practice, in M. Brown and J. Pratt (eds) *Dangerous Offenders: Punishment and Social Order*. London: Routledge.

Brown, M. and Pratt, J. (eds) (2000) *Dangerous Offenders: Punishment and Social Order*. London: Routledge.

Brown, S.L. and Forth, A.E. (1997) Psychopathy and sexual assault: static risk factors, emotional precursors, and rapist subtypes, *Journal of Consulting and Clinical Psychology*, 65: 848–57.

Burgess, E.W. (1928) Factors making for success of failure on parole, *Journal of Criminal Law and Criminology*, 19(2): 239–306.

Burgess, E.W. (1929) Is prediction feasible in social work?, *Social Forces*, 7: 533–45.

Burgess, E.W. (1936) Protecting the public by parole and parole prediction, *Journal of Criminal Law and Criminology*, 27: 491–502.

Butler-Schloss, E. (1988) *Report of the Commission of Inquiry into Child Sexual Abuse in Cleveland*. Presented to the Secretary of State for Social Services by the Right Honorable Lord Butler-Schloss, DBE, Cm 412. London: HMSO.

Campbell, B. (1993) *Goliath: Britain's Dangerous Places*. London: Methuen.

Canter, D. (1989) Offender profiles, *The Psychologist*, 2(1): 12–16.

Carlisle, Rt Hon. Lord of Bucklow (1988) *The Parole System in England and Wales: Report of the Review Committee*. London: HMSO.

Carson, D. (1996) Risking legal repercussions, in H. Kemshall and J. Pritchard (eds) *Good Practice in Risk Assessment and Risk Management*, vol. 1. London: Jessica Kingsley.

Castel, R. (1991) From dangerousness to risk, in G. Burchell, C. Gordon and P. Miller (eds) *The Foucault Effect: Studies in Governmentality*. Hemel Hempstead: Harvester Wheatsheaf.

Cavadino, M. and Dignan, J. (1997) *The Penal System: An Introduction*, 2nd edn. London: Sage.

Cavadino, M., Crow, I. and Dignan, J. (2000) *Criminal Justice 2000*. Winchester: Waterside Press.

Challinger, D. (1974) A predictive device for parolees in Victoria, *Australian and New Zealand Journal of Criminology*, 71: 102–6.

Christie, N. (1994) *Crime Control as Industry: Towards Gulags Western Style*. London: Routledge.

Clark, D. (2002) OASys – an explanation. Paper presented to Home Office 'Criminal Justice Conference: Using Risk Assessment in Effective Sentence Management', Pendley Manor Hotel, Tring, 14–15 March.

Clarke, J. and Newman, J. (1997) *The Managerial State*. London: Sage.

Clarke, J., Cochran, A. and McLaughlin, E. (eds) (1994) *Managing Social Policy*. London: Sage.

Clarke, R.V. (1981) *The Prospects for Controlling Crime*. Research Bulletin 12. London: Home Office.

Clarke, R.V. (1992) *Situational Crime Prevention: Successful Case Studies*. Albany, NY: Harrow and Heston.

Clarke, R.V. and Cornish, D. (1983) *Crime Control in Britain: A Review of Policy Research*. Albany, NY: State University of New York Press.

Clarke, R.V. and Mayhew, P. (eds) (1980) *Designing out Crime*. London: HMSO.

Clarkson, C. (1997) Beyond just deserts: sentencing violent and sexual offenders, *Howard Journal of Criminal Justice*, 36(3): 284–92.

Clements, C. (1986) *Offender Needs Assessment*. College Park, MD: American Corrections Association.

Cobley, C. (2000) *Sex Offenders: Law, Policy and Practice*. Bristol: Jordans.

Cohen, L.E. and Felson, M. (1979) Social change and crime rate trends: a routine activity approach, *American Sociological Review*, 44(4): 588–608.

Cohen, S. (1979) The punitive city: notes on the dispersal of social control, *Contemporary Crises*, 3: 339–63.

Cohen, S. (1985) *Visions of Social Control*. Cambridge: Polity Press.

Cohen, S. (1996) Crime and politics: spot the difference, *British Journal of Sociology*, 47: 1–23.

Cooke, D.J. (1991) Violence in prisons: the influence of regime factors, *Howard Journal of Criminal Justice*, 30: 95–100.

Cooke, D.J. (1998) Psychopathy across cultures, in D.J. Cooke, A.E. Forth, and R.D. Hare (eds) *Psychopathy: Theory, Research and Implications for society*. Dordrecht: Kluwer.

Cooke, D.J. (2000) Current risk assessment instruments. Annex 6 in the MacLean report, *A Report of the Committee on Serious Violent and Sexual Offenders*. Edinburgh: Scottish Executive.

Cooke, D.J. and Michie, C. (1999) Psychopathy across cultures: North America and Scotland compared, *Journal of Abnormal Psychology*, 108: 58–68.

Cooke, D.J., Michie, C. and Ryan, J. (2001) *Evaluating the Risk for Violence: A Preliminary Study of the HCR-20, PCL-R and VRAG in a Scottish Prison Sample*, occasional paper series 5/2001. Glasgow: Scottish Prison Service.

Copas, J. (1995) *Some Comments on Meta-Analysis*. Warwick: Department of Statistics, Warwick University.

Copas, J., Ditchfield, J. and Marshall, P. (1994) *Development of a New Reconviction Score*, research bulletin 36. London: HMSO.

Copas, J., Marshall, P. and Tarling, R. (1996) *Predicting Reoffending for Discretionary Conditional Release*, Home Office research study 150. London: HMSO.

Cornish, D. and Clarke, R. (1986) Situational crime prevention, displacement of crime and rational choice theory, in K. Heal and G. Laycock (eds) *Situational Crime Prevention: From Theory into Practice*. London: HMSO.

Cotswold District Council (1994) *Prison at the Crossroads: The House of Correction at Northleach*. Northleach, Gloucestershire: Cotswold District Council.

Cowburn, M. and Dominelli, L. (2001) Masking hegemonic masculinity: reconstructing the paedophile as the dangerous stranger, *British Journal of Social Work*, 31: 399–415.

Crackanthorpe, M. (1902) The Criminal Sentences Division up to date, *The Nineteenth Century*, November: 847–63.

Crawford, A. (1998) *Crime Prevention and Community Safety: Politics, Policies and Practices*. London: Longman.

Crawford, A. (1999) *The Local Governance of Crime: Appeals to Community and Partnerships*. Oxford: Oxford University Press.

Crawford, A. (2001) Joined-up but fragmented: contradiction, ambiguity and ambivalence at the heart of New Labour's 'Third Way', in R. Matthews and J. Pitts (eds) *Crime, Disorder and Community Safety: A New Agenda?* London: Routledge.

Crawford, A. and Jones, M. (1995) Inter-agency co-operation and community based crime prevention, *British Journal of Criminology*, 35(1): 17–33.

Craze, L. and Moynihan, P. (1994) Violence, meaning and the law: responses to Garry David, *Australian and New Zealand Journal of Criminology*, 27: 30–45.

Cruikshank, B. (1993) Revolutions within: self-government and self-esteem, *Economy and Society*, 22(3): 327–44.

Cruikshank, B. (1996) Revolutions within: self-government and self-esteem, in A. Barry, T. Osborne and N. Rose (eds) *Foucault and Political Reason: Liberalism, Neo-liberalism and Rationalities of Government*. London: UCL Press.

Dandeker, C. (1990) *Surveillance, Power and Modernity*. Cambridge: Polity Press.

Darwin, C. (1859) *On the Origin of Species by Means of Natural Selection*. London: Murray.

Daston, L. (1987) The domestication of risk: mathematical probability and insurance 1650–1830, in L. Kruger, L. Daston and M. Heidelberger (eds) *The Probabilistic Revolution*, Vol. 1, *Ideas in History*. Cambridge, MA: MIT Press.

Daston, L. (1988) *Classical Probability in the Enlightenment*. Princeton, NJ: Princeton University Press.

Davies, M. (1974) *Social Work in the Environment*. London: Heinemann.

Davies, M., Croall, H. and Tyner, J.C. (1995) *Criminal Justice: An Introduction to Criminal Justice in England and Wales*. London: Longman.

Davies, N. (1998) *Dark Heart*. London: Verso.

Davis, M. (1990) *City of Quartz: Excavating the Future of Los Angeles*. London: Verso.

Dean, M. (1995) Governing the unemployed self in an active society, *Economy and Society*, 24: 559–83.

Dean, M. (1999) *Governmentality: Power and Rule in Modern Society*. London: Sage.

Dennis, N. (1993) *Rising Crime and the Dismembered Family*. London: Institute of Economic Affairs.

Dennis, N. (1997) *The Invention of Permanent Poverty*. London: Institute of Economic Affairs.

Dennis, N. and Mallon, R. (1997) Confident policing in Hartlepool, in N. Dennis (ed.) *Zero Tolerance: Policing a Free Society*. London: Health and Welfare Unit, Institute of Economic Affairs.

Department of Health (1992) *The Health of the Nation: A Strategy for Health in England*. London: HMSO.

Dingwall, G. (1989) Some problems about predicting child abuse and neglect, in O. Stevenson (ed.) *Child Abuse: Public Policy and Professional Practice*. Hemel Hempstead: Harvester Wheatsheaf.

Dingwall, G. (1998) Selective incapacitation after the Criminal Justice Act 1991: a proportional response to protecting the public?, *Howard Journal of Criminal Justice*, 37(2): 177–87.

Ditchfield, J. (1991) *Control in Prison: A Review of the Literature*. London: HMSO.

Ditchfield, J. (1997) Actuarial prediction and risk assessment, *Prison Service Journal*, 113: 8–13.

Donzelot, J. (1980) *The Policing of Families*. London: Hutchinson.

Douglas, K.S., Ogloff, J.R.P., Grant, I. and Nicholls, T.L. (1999) Assessing risk for violence among psychiatric patients: the HCR-20 violence risk assessment scheme and the Psychopathy Checklist: screening version, *Journal of Consulting and Clinical Psychology*, 67(6): 917–30.

Douglas, M. (1986) *Risk Acceptability According to the Social Sciences*. London: Routledge and Kegan Paul.

Douglas, M. (1992) *Risk and Blame*. London: Routledge.

Douglas, M. and Wildavsky, A. (1982) How can we know the risks we face? Why risk selection is a social process, *Risk Analysis*, 2(2): 49–51.

Downes, D. (1998) Toughing it out: from Labour opposition to Labour Government, *Policy Studies*, 19(3, 4): 191–8.

Drakeford, M. and Vanstone, M. (2000) Social exclusion and the politics of criminal justice: a tale of two administrations, *Howard Journal of Criminal Justice*, 39(4): 369–81.

Dunbar, I. and Langdon, A. (1998) *Tough Justice Sentencing and Penal Policies in the 1990s*. London: Blackstone Press.

Dunsire, A. (1990) Holistic governance, *Public Policy and Administration*, 5(1): 4–19.

Ehrlich, S. (1998) The discursive reconstruction of sexual consent, *Discourse and Society*, 9(2): 149–71.

Ekblom, P. (1997) Gearing up against crime: a dynamic framework to help designers keep up with the adaptive criminal in a changing world, *International Journal of Risk, Security and Crime Prevention*, 214: 249–65.

Ekblom, P. (1999) Can we make crime prevention adaptive by learning from other evolutionary struggles?, *Studies on Crime and Crime Prevention*, 8/1: 27–51.

Ekblom, P. (2000) The conjunction of criminal opportunity: a tool for clear, 'joined-up' thinking about community safety and crime reduction, in S. Ballintyne, K. Pease and V. McLaren (eds) *Secure Foundations: Key Issues in Crime Prevention, Crime Reduction and Community Safety*. London: Institute of Public Policy Research.

Ekblom, P. (2001) Future imperfect: preparing for the crimes to come, *Criminal Justice Matters*, 46(winter): 38–40.

Elias, N. (1978) *The Civilizing Process*, Vol. 1, *The History of Manners*. Oxford: Basil Blackwell.

Elias, N. (1982) *The Civilizing Process*, Vol. 2, *State Formation and Civilization*. Oxford: Basil Blackwell.

Engel, U. and Strasser, H. (1998) Global risks and social inequality: critical remarks on the risk-society hypothesis, *Canadian Journal of Sociology*, 23: 91–103.

Ericson, R. (1994) The division of expert knowledge in policing and security, *British Journal of Sociology*, 45(2): 149–75.

Ericson, R. and Haggerty, K. (1997) *Policing the Risk Society*. Oxford: Clarendon Press.

Etter, B. and Palmer, M. (eds) (1995) *Police Leadership in Australia*. Sydney: Federation Press.

Etzioni, A. (1994) *The Spirit of Community: The Reinvention of American Society*. New York: Touchstone.

Etzioni, A. (1995) *The Spirit of Community*. London: Fontana.

Etzioni, A. (1997) *The New Golden Rule: Community and Morality in a Democratic Society*. London: Profile Books.

Faulkner, D. (1989) The future of the probation service: a view from government, in R. Shaw and K. Haines (eds) *The Criminal Justice System: A Central Role for the Probation Service*. Cambridge: Cambridge University Press.

Faulkner, D. (2001) *Crime, State and Citizen: A Field Full of Folk*. Winchester: Waterside Press.

Feeley, M. and Simon, J. (1992) The new penology: notes on the emerging strategy for corrections, *Criminology*, 30(4): 449–75.

Feeley, M. and Simon, J. (1994) Actuarial justice: the emerging new criminal law, in D. Nelken (ed.) *The Futures of Criminology*. London: Sage.

Felson, M. (1998) *Crime and Everyday Life*. London: Pine Forge Press.

Fielding, N. (1995) *Community Policing*. Oxford: Clarendon Press.

Fielding, N. (2002) Theorizing community policing, *British Journal of Criminology*, 42: 147–63.

Fischoff, B., Slovic, P., Lichenstein, S., Read, S. and Combs, B. (1978) How safe is safe enough? A psychometric study of the attitudes towards technological risks and benefits, *Policy Studies*, 9: 127–52.

Fletcher, H. (1995) New reconviction scale, *NAPO News*, 72: 1.

Flynn, E.E. (1978) Classification for risk and supervision: a peliminary conceptualization, in J.C. Freeman (ed.) *Prisons Past and Future*. London: Heinemann.

Folkard, M.S., Smith, D.E. and Smith, D.D. (1976) *IMPACT Vol. II: The Results of the Experiment*. London: HMSO.

Foucault, M. (1965) *Madness and Civilization: The History of Insanity in the Age of Reason*. New York: Pantheon.

Foucault, M. (1973) *The Birth of the Clinic: An Archaeology of Medical Perception*. London: Tavistock.

Foucault, M. (1977) *Discipline and Punish: The Birth of the Prison*. London: Allen Lane.

Foucault, M. (1978) About the concept of the 'dangerous individual' in 19th century legal psychiatry, *International Journal of Law and Psychiatry*, 1: 1–18.

Foucault, M. (1979) *The History of Sexuality*, Vol. 1. London: Allen Lane.

Foucault, M. (1982) The subject and power, in H.L. Dreyfus and P. Rabinow (eds) *Michel Foucault: Beyond Structuralism and Hermeneutics*. Chicago: University of Chicago Press.

Foucault, M. (1989) *The Archaeology of Knowledge*. London: Routledge.

Foucault, M. (1991) Governmentality, in G. Burchell, C. Gordon and P. Miller (eds) *The Foucault Effect: Studies in Governmentality*. London: Harvester Wheatsheaf.

Frazer, H. (1999) Capital common sense, *SCOPE*, September: 12–13.

Freiberg, A. (2000) Guerillas in our midst? Judicial responses to governing the dangerous, in M. Brown and J. Pratt (eds) *Dangerous Offenders: Punishment and Social Order*. London: Routledge.

Freiberg, A. (2001) Affective versus effective justice: instrumentalism and emotionalism in criminal justice, *Punishment and Society*, 3(2): 265–78.

Freudenberg, W.R. (1988) Perceived risk, real risk: social science and the art of probabilistic risk assessment, *Science*, 242 (October): 44–49.

Freudenberg, W.R. (1993) Risk and recreancy: Weber, the division of labour, and the rationality of risk perception, *Social Forces*, 71: 909–32.

Fukuyama, F. (1996) *Trust*. Harmondsworth: Penguin.

Furedi, F. (1997) *Culture of Fear: Risk-taking and the Morality of Low Expectation*. London: Cassell.

Furlong, A. and Cartmel, F. (1997) *Young People and Social Change: Individualisation and Risk in Late Modernity*. Buckingham: Open University Press.

Fyfe, N. and Bannister, J. (1996) City watching: closed circuit television surveillance in public spaces, *Area*, 28(1): 37–46.

Gamble, A. (1979) The free economy and the strong state, in R. Miliband and J. Saville (eds) *The Socialist Register*. London: Merlin Press.

Gamble, A. (1986) The political economy of freedom, in R. Levitas (ed.) *The Ideology of the New Right*. Cambridge: Polity.

Gamble, A. (1988) *The Free Economy and the Strong State*. London: Macmillan.

Garland, D. (1985) *Punishment and Welfare: A History of Penal Strategies*. Aldershot: Gower.

Garland, D. (1990) *Punishment and Modern Society: A Study in Social Theory*. Oxford: Clarendon Press.

Garland, D. (1995) Penal modernism and postmodernism, in T. Blomberg and S. Cohen (eds) *Punishment and Social Control: Essays in Honor of Sheldon Messinger*. New York: Aldine de Gruyter.

Garland, D. (1996) The limits of the sovereign state: strategies of crime control in contemporary society, *British Journal of Criminology*, 36(4): 445–71.

Garland, D. (1997a) The social and political context, in R. Burnett (ed.) *The Probation Service: Responding to Change. Proceedings of the Probation Studies Unit First Annual Colloquium*, Probation Studies Unit, Oxford, December 1996.

Garland, D. (1997b) 'Governmentality' and the problem of crime: Foucault, criminology and sociology, *Theoretical Criminology*, 1(2): 173–214.

Garland, D. (1999) The commonplace and the catastrophic: interpretations of crime in late modernity, *Theoretical Criminology*, 3(3): 353–64.

Garland, D. (2000) The culture of high crime societies, *British Journal of Criminology*, 40: 347–75.

Garland, D. (2001) *The Culture of Crime Control: Crime and Social Order in Contemporary Society*. Oxford: Oxford University Press.

Garland, D. and Sparks, R. (2000) Criminology and social theory and the challenge of our times, *British Journal of Criminology*, 40: 189–204.

Geason, S. and Wilson, P. (1989) *Crime Prevention: Theory and Practice*. Canberra: Australian Institute of Criminology.

Gendreau, P. and Andrews, D. (1990) Tertiary prevention: what the meta-analysis of the offender treatment literature tells us about 'what works', *Canadian Journal of Criminology*, 32: 173–84.

Gerbner, G. (1987) Charting the mainstream: television's contributions to political orientations, in D. Lazere (ed.) *American Media and Mass Culture: Left Perspectives*. Berkeley, CA: University of California Press.

Gibbs, J.C., Basinger, K.C., and Fuller, D. (1992) *Moral Maturity: Measuring the Development of Sociomoral Reflection*. Hillsdale, NJ: Erlbaum.

Giddens, A. (1990) *Consequences of Modernity*. Cambridge: Polity Press.

Giddens, A. (1991) *Modernity and Self-Identity*. Oxford: Polity Press with Blackwell.

Giddens, A. (1998a) Risk society: the context of British politics, in J. Franklin (ed.) *The Politics of Risk Society*. Oxford: Polity Press in association with Institute for Public Policy Research.

Giddens, A. (1998b) *The Third Way: The Renewal of Social Democracy*. Oxford: Polity Press.

Giddens, A. (1999) *BBC 1999 Reith Lectures*. BBC Radio Four. Also published as *Runaway World: How Globalisation is Reshaping our Lives*. London: Profile Books.

Gilling, D. (1997) *Crime Prevention: Theory, Policy and Politics*. London: UCL Press.

Glaser, D. (1955) The efficacy of alternative approaches to parole prediction, *American Sociological Review*, 20: 283–7.

Glaser, D. (1962) Prediction tables as accounting devices for judges and parole boards, *Crime and Delinquency*, 8(3): 239–58.

Glaser, D. (1975) *Routinizing Evaluation*. Rockville, MD: National Institute of Mental Health.

Gocke, B. (1995) Working with people who have committed sex offences. In: B. Williams (ed.) *Probation Values*. Birmingham: Venture Press.

Gordon, C. (1991) Governmental rationality: an introduction, in G. Burchell, C. Gordon and P. Miller (eds) *The Foucault Effect: Studies in Governmentality*. Chicago: University of Chicago Press.

Gordon, P. (1984) Community policing: towards the local police state, *Critical Social Policy*, 10(summer): 39–58.

Gordon, P. (1987) Community policing towards the local police state?, in P. Scraton (ed.) *Law, Order and the Authoritarian State*. Milton Keynes: Open University Press.

Gottfredson, S.D. and Gottfredson, D.M. (1985) Screening for risk among parolees: policy, practice and research, in D.P. Farrington and R. Tarling (eds) *Predicting Crime and Delinquency*. Albany, NY: Suny Press.

Gottfredson, S.D. and Gottfredson, D.M. (1993) The long-term predictive utility of the base expectancy score, *Howard Journal of Criminal Justice*, 32(4): 276–90.

Greco, M. (1993) Psychosomatic subjects and the 'duty to be well': personal agency within medical rationality, *Economy and Society*, 22(3): 357–72.

Green, J. (1997) *Risk and Misfortune*. London: UCL Press.

Greengrass, M. (1996) English Projectors and Contingency Planning in the Later Seventeenth Century. Paper presented to 'Publicists and Projectors in Seventeenth Century Europe Conference', Herzog August Bibliothek, Wolfenbuttel, 8–10 February.

Greenwood, P. and Abrahamse, A. (1982) *Selective Incapacitation*. Santa Monica, CA: RAND Corporation.

Greenwood, P. and Turner, S. (1987) *Selective Incapacitation: Why the High Rate Offenders are Hard to Predict*. Santa Monica, CA: RAND Corporation.

Greenwood, P., Rydell, C., Abrahamse, A., Caulkins, J., Chiesa, J., Model, K. and Klein, S. (1996) Estimated benefits and costs of California's new mandatory sentencing law, in D. Shichor and D. Sechrest (eds) *Three Strikes and You're Out: Vengeance as Public Policy*. Thousand Oaks, CA: Sage.

Grimshaw, R. and Jefferson, T. (1987) *Interpreting Policework*. London: Unwin.

Grinyer, A. (1995) Risk, the real world and naïve sociology, in J. Gabe (ed.) *Medicine, Health and Risk: Sociological Approaches*. Oxford: Blackwell.

Grubin, D. (1998) *Sex Offending against Children: Understanding the Risk*, Police research series 99. London: Home Office.

Grubin, D. (2000) Risk Matrix 2000. Paper presented to Risk Assessment and Management Police Conference, Moat House Hotel, Cheltenham, 19–20 October.

Grubin, D. and Wingate, S. (1996) Sexual offence recidivism: prediction versus understanding, *Criminal Behaviour and Mental Health*, 6: 349–59.

Hacking, I. (1975) *The Emergence of Probability*. Cambridge: Cambridge University Press.

Hacking, I. (1986) Making up people, in T. Heller, M. Sosna and D. Wellbery (eds) *Reconstructing Individualism*. Stanford, CA: Stanford University Press.

Hacking, I. (1987) Was there a probabilistic revolution 1800–1930?, in L. Kruger, L. Daston and M. Heidelberger (eds) *The Probabilistic Revolution*, Vol. 1, *Ideas in History*. Cambridge, MA: MIT Press.

Hacking, I. (1990) *The Taming of Chance*. Cambridge: Cambridge University Press.

Hagell, A. (1998) *Dangerous Care: Reviewing the Risk to Children from their Carers*. London: Policy Studies Institute and the Bridge Child Care Trust.

Hall, S. (1979) *Drifting into a Law and Order Society*. London: Cobden Trust.

Halliday, J. (2001) *Making Punishments Work: Report of a Review of the Sentencing Framework for England and Wales*. London: Home Office.

Hancock, L. and Matthews, R. (2001) Crime, community safety and toleration, in R. Matthews and J. Pitts (eds) *Crime, Disorder and Community Safety*. London: Routledge.

Hannah-Moffat, K. (1999) Moral agent or actuarial subject: risk and Canadian women's imprisonment, *Theoretical Criminology*, 3(1): 71–94.

Hannah-Moffat, K. and Shaw, M. (1999) Women and risk: a genealogy of classification. Paper presented to the British Criminology Conference, Liverpool, July.

Hanson, R.K. (1997) *The Development of a Brief Actuarial Risk Scale for Sexual Offence Recidivism*, user report 1997–04. Ottawa: Department General of Solicitor General of Canada.

Hanson, R.K. and Bussiere, M.T. (1998) Predicting relapse: a meta-analysis of sexual offender recidivism studies, *Journal of Consulting Clinical Psychology*, 66(2): 348–62.

Hanson, R.K. and Thornton, D.M. (1999) *Static 99: Improving Actuarial Risk Assessments for Sex Offenders*. Ottawa: Public Works and Government Services, Canada.

Hanson, R.K. and Thornton, D.M. (2000) Improving risk assessments for sex offenders: a comparison of three actuarial scales, *Law and Human Behaviour*, 24(1): 119–36.

Hardiker, P. (1977) Social work ideologies in the Probation Service, *British Journal of Social Work*, 7(2): 131–54.

Hare, R.D. (1991) *The Hare Psychopathy Check-list Revised*. Toronto: Multi-Health Systems.

Hare, R.D. (1998) *Without Conscience: The Disturbing World of Psychopaths among Us*. New York: Pocket Books.

Hare, R.D. (2000) Presentation to 'Risk Assessment and Risk Management: Implications for the Prevention of Violence' Conference, Vancouver, 17–19 November. Reproduced in Annex 4 of the MacLean Report, *A Report for the Committee on Serious Violent and Sexual Offenders*. Edinburgh: Scottish Executive.

Hare, R.D. and Hart, S.D. (1993) Psychopathy, mental disorder, and crime, in S. Hodgins (ed.) *Mental Disorder and Crime*. Newbury Park, CA: Sage.

Harris, G.T., Rice, M.E. and Quinsey, V.L. (1993) Violent recidivism of mentally disordered offenders: the development of a statistical prediction instrument, *Criminal Justice and Behaviour*, 20: 387–97.

Harris, P. (1994) Client management classification and prediction of probation outcomes, *Crime and Delinquency*, 40(2): 154–74.

Harris, P. (1999) Public welfare and liberal governance, in A. Petersen, I. Barns, J. Dudley and P. Harris (eds) *Poststructuralism, Citizenship and Social Policy*. London: Routledge.

Hart, G. and Boulton, M. (1995) Sexual behaviour in gay men: towards a sociology of risk, in P. Aggleton, P. Davies and G. Hart (eds) *AIDS: Safety, Sexuality and Risk*. London: Taylor & Francis.

Hart, H. (1923) Predicting parole success, *Journal of Criminal Law and Criminology*, 14: 405–13.

Hart, S.D. (1999) Assessing violence risk: thoughts and second thoughts. Violent offenders: appraising and managing risk, *Contemporary Psychology*, 44: 6–8.

Hart, S.D., Hare, R.D. and Forth, A.E. (1994) Psychopathy as a risk marker for violence: development and validation of a screening version of the revised psychopathy checklist, in J. Monahan and H. Steadman (eds) *Violence and Mental Disorder: Developments in Risk Assessment*. Chicago: University of Chicago Press.

Hebenton, B. and Thomas, T. (1995) *Policing Europe: Co-operation, Conflict and Control*. London: Macmillan.

Hebenton, B. and Thomas, T. (1996) Tracking sex offenders, *Howard Journal of Criminal Justice*, 35(2): 97–112.

Hebenton, B. and Thomas, T. (1997) *Keeping Track? Observations on Sex Offender Registers in the U.S.*, Police Research Group Crime Detection and Prevention paper 83. London: Home Office.

Her Majesty's Inspectorate of Probation (HMIP) (1995) *Dealing with Dangerous People: The Probation Service and Public Protection. Report of a Thematic Inspection*. London: Home Office.

Her Majesty's Inspectorate of Probation (HMIP) (1998) *Exercising Constant Vigilance: The Role of the Probation Service in Protecting the Public from Sex Offenders. Report of a Thematic Inspection*. London: Home Office.

Her Majesty's Inspectorate of Probation (HMIP) (2000) *Serious Incidents. Probation Services' Compliance with the Notification Requirements of Probation Circular 71/1998*. London: Home Office.

Heydebrand, W. and Seron, C. (1990) *Rationalizing Justice: The Political Economy of Federal District Courts*. Albany, NY: State University of New York Press.

Higgs, H. (ed.) (1931) *Richard Cantillon: Essay on the Nature of Commerce in General*. London: Royal Economics Society.

Home Office (1984a) *Probation Service in England and Wales: Statement of National Objectives and Priorities*. London: Home Office.

Home Office (1984b) *Crime Prevention*, Home Office circular 8/84. London: Home Office.

Home Office (1988) *Home Office Letter to Chief Probation Officers, July 1988: The Registration and Review of Serious Offenders*. London: Home Office.

Home Office (1990) *Crime, Justice and Protecting the Public: The Government's Proposals for Legislation*, Cm 965. London: HMSO.

Home Office (1991) *Safer Communities: The Local Delivery of Crime Prevention through the Partnership Approach*. London: Home Office.

Home Office (1994a) *The Police and Magistrates Court Act*. London: Home Office.

Home Office (1994b) *Review of the Police Core and Ancillary Tasks: Interim Report*. London: HMSO.

Home Office (1995a) *National Standards for the Supervision of Offenders in the Community*. London: Home Office.

Home Office (1995b) *Review of the Police Core and Ancillary Tasks: Final Report*. London: HMSO.

Home Office (1996a) *Three Year Plan for the Probation Service 1996–1999*. London: HMSO.

Home Office (1996b) *Protecting the Public: The Government's Strategy on Crime in England and Wales*. London: HMSO.

Home Office (1998) *Joining Forces to Protect the Public: Joint Prisons–Probation Review*. London: Home Office.

Home Office (1999) *Managing Dangerous People with Severe Personality Disorder*. London: Home Office.

Home Office (2000a) Government proposals to better protect children from sex and violent offenders, Home Office news release, 15 September.

Home Office (2000b) *Recorded Crime Statistics, England and Wales, October 1998–September 1999*, Statistical Bulletin 1/00. London: Home Office.

Home Office (2001a) *The Offender Assessment System: OASys*. London: Home Office.

Home Office (2001b) *Initial Guidance to the Police and Probation Services on Sections 67 and 68 of the Criminal Justice and Court Services Act 2000*. London: Home Office.

Home Office (2001c) *Criminal Justice and Police Act 2001*. London: Home Office.

Home Office (2002a) *Further Guidance to the Police and Probation Services on the Criminal Justice and Court Services Act 2000, Sections 67 and 68*. London: Home Office.

Home Office (2002b) *Justice for All*, Criminal Justice White Paper. London: Home Office.

Home Office (2002c) Home secretary welcomes stable crime figures, news and press release, 12 July. http: www.Homeoffice.gov.uk

Home Office and Association of Chief Officers of Probation (ACOP) (1997) *The Management and Assessment of Risk*. London: Home Office and ACOP.

Home Office, Northern Ireland Office and Scottish Office (1993) *Inquiry into Police Responsibilities and Rewards* (Sheehy report); Cm 2280. London: HMSO.

Home Office Special Conference Unit (1997) *Inter-agency Work with Dangerous Offenders: Sharing Information to Manage Risk*. London: Home Office.

Hood, C. (1991) A public management for all seasons?, *Public Administration*, 69(1): 3–19.

Hood, C. (1996) Where extremes meet sprat: sprat versus shark in public risk management, in C. Hood and D.K.C. Jones (eds) *Accident and Design: Contemporary Debates in Risk Management*. London: UCL Press.

Hood, C. and Jones, D.K.C. (eds) (1996) *Accident and Design: Contemporary Debates in Risk Management*. London: UCL Press.

Hood, C., Jones, D., Pidgeon, N., Turner, B. and Gibson, R. (1992) Risk management, in The Royal Society, *Risk: Analysis, Perception and Management*, report of a Royal Society Study Group. London: Royal Society.

Hood, R. and Shute, S. (2000a) *Parole Decision-Making: Weighing the Risk to the Public*, research findings 114. London: Home Office Research, Development and Statistics Directorate.

Hood, R. and Shute, S. (2000b) *The Parole System at Work: A Study of Risk Based Decision Making*, Home Office research study 202. London: Home Office.

Hope, T. (1996) Community crime prevention, in M. Tonry and D. Farrington (eds) *Building a Safer Society: Strategic Approaches to Crime Prevention*. Chicago: University of Chicago Press.

Hope, T. and Murphy, D.J. (1983) Problems of implementing crime prevention: the experience of a demonstration project, *Howard Journal of Criminal Justice*, 22(1): 38–50.

Hope, T. and Shaw, M. (eds) (1988) *Communities and Crime Reduction*. London: HMSO.

Hope, T. and Sparks, R. (eds) (2000) *Crime, Risk and Insecurity*. London: Routledge.

Hopton, J. (1998) Risk assessment using psychological profiling techniques: an evaluation of possibilities, *British Journal of Social Work*, 28: 247–61.

Horlick-Jones, T. (1998) Meaning and contextualisation in risk assessment, *Reliability Engineering and System Safety*, 5: 79–89.

Hough, M. and Tilley, N. (1998) *Auditing Crime and Disorder: Guidance for Local Partnerships*, Crime Detection and Prevention series 91. London: HMSO.

Hudson, B. (1987) *Justice through Punishment*. London: Macmillan.

Hudson, B. (1993) *Penal Policy and Social Justice*. London: Macmillan.

Hudson, B. (1996) *Understanding Justice*. Buckingham: Open University Press.

Hudson, B. (1998) Punishment and governance, *Social and Legal Studies*, 7(4): 581–7.

Hudson, B. (2000) Balancing risks and rights: dilemmas of justice and difference. Paper presented at the Colloquium on Risk and Criminal Justice, Cardiff University, 18–19 May.

Hudson, B. (2001) Crime, risk and justice, in K. Stenson and R. Sullivan (eds) *Crime, Risk and Justice: The Politics of Crime Control in Liberal Democracies*. Cullompton, Devon: Willan.

Hudson, B. (2002) Punishment and control, in M. Maguire, R. Morgan and R. Reiner (eds) *The Oxford Handbook of Criminology*. Oxford: Oxford University Press.

Hughes, G. (1998) *Understanding Crime Prevention: Social Control, Risk and Late Modernity*. Buckingham: Open University Press.

Hughes, G. (2000) Community safety in the age of risk society, in S. Ballintyne, K. Pease and V. McLaren (eds) *Secure Foundations: Key Issues in Crime Prevention, Crime Reduction and Community Safety*. London: Institute for Public Policy Research.

Humphrey, C., Carter, P. and Pease, K. (1992) A reconviction predictor for probationers, *British Journal of Social Work*, 22: 33–46.

Irwin, A. and Wynne, B. (1996) *Misunderstanding Science? The Public Reconstruction of Science and Technology*. Cambridge: Cambridge University Press.

Jackson, S. and Scott, S. (1999) Risk anxiety and the social construction of childhood, in D. Lupton (ed.) *Risk and Sociocultural Theory: New Directions and Perspectives*. Cambridge: Cambridge University Press.

James, A. and Jenks, C. (1996) Public perceptions of childhood criminality, *British Journal of Sociology*, 47(2): 315–31.

James, A. and Raine, J. (1998) *The New Politics of Criminal Justice*. London: Longman.

Jasanoff, S. (1993) Bridging the two cultures of risk analysis, *Risk Analysis*, 13(2): 123–9.

Jessop, B. (1993) Towards a Schumpeterian welfare state? Preliminary remarks on post-Fordist political economy, *Studies in Political Economy*, 40: 7–39.

Jessop, B. (1994) The transition to a Post-Fordist and Schumpeterian Welfare State, in R. Burrows and B. Loader (eds) *Towards a Post-Fordist Welfare State*? London: Routledge.

Jessop, B. (2000) From the KWNS to the SWPR, in G. Lewis, S. Gerwitz and J. Clarke (eds) *Rethinking Social Policy*. London: Sage and Open University.

Johnston, L. (1987) Controlling policework: problems of organisational reform in large public bureaucracies, *Work, Employment and Society*, 2: 1.

Johnston, L. (1992) *The Rebirth of Private Policing*. London: Routledge.

Johnston, L. (1994) Policing plutonium: issues in the provision of policing services and security systems at nuclear facilities and for related materials in transit, *Policing and Society*, 4: 53–72.

Johnston, L. (1997) Policing communities of risk, in P. Francis, P. Davies and V. Jupp (eds) *Policing Futures. The Police, Law Enforcement and the Twenty-First Century*. London: Macmillan.

Johnston, L. (2000) *Policing Britain: Risk, Security and Governance*. London: Longman.

Jones, P.R. (1996) Risk prediction in criminal justice, in A.T. Harland (ed.) *Choosing Correctional Options that Work*. Thousand Oaks, CA: Sage.

Jones, T. and Newburn, T. (1994) *How Big is the Private Security Industry?* London: Policy Studies Institute.

Jones, T. and Newburn, T. (1997) *Policing after the Act*. London: Policy Studies Institute.

Jones, T. and Newburn, T. (1998) *Private Security and Public Policing*. Oxford: Oxford University Press.

Jones, T. and Newburn, T. (2002) The transformation of policing? Understanding current trends in policing systems, *British Journal of Criminology*, 4(1): 129–46.

Jones, T., Newburn, T. and Smith, D. (1994) *Democracy and Policing*. London: Policy Studies Institute.

Jordan, B. (1992) Basic income and common good, in P. van Parijs (ed.) *Arguing for Basic Income*. London: Verso.

Jordan, B. (1996) *A Theory of Poverty and Social Exclusion*. Cambridge: Polity Press.

Jordan, B. (1998) *The New Politics of Welfare*. London: Sage.

Jordan, B. (2000) *Social Work and the Third Way: Tough Love as Social Policy*. London: Sage.

Kanka, M. (2000) How Megan's death changed us all: the personal story of a mother and anti-crime advocate. The Megan Nicole Kanka Foundation: http://www.apbnews.com/safetycenter/family/kanka/sooo/03/28/kanka0328_ol.htm (accessed 28 March 2002).

Karmen, A. (1990) *Crime and Victims: An Introduction to Victimology*. Pacific Grove, CA: Brooks Cole.

Keat, R. (1991) Introduction: starship Britain or universal enterprise?, in R. Keat and N. Abercrombie (eds) *Enterprise Culture*. London: Routledge.

Kellner, D. (1999) Theorizing the present moments: debates between modern and postmodern theory, *Theory and Society*, 28: 639–56.

Kemshall, H. (1993) Are we all accountants now? Financial management in the Probation Service, *Probation Journal*, 41: 2–8.

Kemshall, H. (1995) Risk in probation practice: the hazards and dangers of supervision, *Probation Journal*, 42(2): 67–72.

Kemshall, H. (1996) *Reviewing Risk: A Review of Research on the Assessment and Management of Risk and Dangerousness: Implications for Policy and Practice in the Probation Service*, report for the Home Office Research and Statistics Directorate. London: Home Office.

Kemshall, H. (1997a) Risk in probation practice training issues, in Home Office and Association of Chief Officers of Probation (ACOP) *Management and Assessment of Risk in the Probation Service, Part 3*. London: Home Office and ACOP.

Kemshall, H. (1997b) Training materials for risk assessment and risk management, in Home Office and Association of Chief Officers of Probation (ACOP) *Management and Assessment of Risk in the Probation Service, Part 2*. London: Home Office ACOP.

Kemshall, H. (1998) *Risk in Probation Practice*. Aldershot: Ashgate.

Kemshall, H. (2000) Conflicting knowledges of risk: the case of risk knowledge in the probation service, *Health, Risk and Society*, 2(2): 143–58.

Kemshall, H. (2001) *Risk Assessment and Management of Known Sexual and Violent Offenders: A Review of Current Issues*, Police Research series 140. London: Home Office.

Kemshall, H. (2002a) *Risk, Social Policy and Welfare*. Buckingham: Open University Press.

Kemshall, H. (2002b) Effective probation practice: an example of 'advanced liberal' responsibilisation?, *Howard Journal of Criminal Justice*, 41(1): 41–58.

Kemshall, H. and Maguire, M. (2001) Public protection, partnership and risk penality: the multi-agency risk management of sexual and violent offenders, *Punishment and Society*, 3(2): 237–64.

Kemshall, H. and Maguire, M. (2002) Community justice, risk management and Multi-Agency Public Protection Panels, *Community Justice*, 1(1): 11–27.

Kemshall, H., Parton, N., Walsh, M. and Waterson, J. (1997) Concepts of risk in relation to organisational structure and functioning within the Personal Social Services and Probation, *Social Policy and Administration*, 31(3): 213–32.

Kemshall, H., Holt, P., Boswell, G. and Bailey, R. (2002) *The Implementation of Effective Practice in the Northwest Probation Region*, report for the Northwest Probation Region. Leicester: DeMontfort University.

Kitzinger, J. (1999a) Researching risk and the media, *Health, Risk and Society*, 1(1): 55–70.

Kitzinger, J. (1999b) The ultimate neighbour from hell: media framing of paedophiles, in B. Franklin (ed.) *Social Policy, Media and Misrepresentation*. London: Routledge.

Kitzinger, J. and Skidmore, P. (1995) Playing safe: media coverage of child sexual abuse prevention strategies, *Child Abuse Review*, 4: 47–56.

Klassen, C. (1999) Predicting aggression in psychiatric in-patients using 10 historical factors: validating the 'H' of the HCR-20. Unpublished PhD thesis, Simon Fraser University, Vancouver.

Knock, K. and Thomas, N. (2002) Issuing orders, *Police Review*, 2 August: 22–3.

Labour Party (1997) *New Labour Because Britain Deserves Better (1997 General Election Manifesto)*. London: Labour Party.

Langan, M. (1998) *Welfare: Needs, Rights and Risks*. London: Open University and Routledge.

Lasch, C. (1980) *The Culture of Narcissism*. London: Sphere.

Lash, S. (1990) *The Sociology of Postmodernism*. London: Routledge.

Lawrie, C. (1996) Dealing with dangerous people: the Probation Service and public protection. Paper presented to the Public Protection Conference, Her Majesty's Inspectorate of Probation, Daventry, 27–29 March.

Lawrie, C. (1997) Risk: the role and responsibilities of middle managers, in H. Kemshall and J. Pritchard (eds) *Good Practice in Risk Assessment and Risk Management: Protection, Rights and Responsibilities*. Vol. 2. London: Jessica Kingsley.

Laycock, G. and Heal, K. (1989) Crime prevention: the British experience, in D.J. Evans and D.T. Herbert (eds) *The Geography of Crime*. London: Routledge.

Leishman, F., Cope, S. and Starie, P. (1996) Reinventing and restructuring: towards a 'new policing order', in F. Leishman, B. Loveday and S. Savage (eds) *Core Issues in Policing*. London: Longman.

Leiss, W. and Chociolko, C. (1994) *Risk and Responsibility*. Toronto: McGill-Queen's University Press.

Leonard, P. (1997) *Postmodern Welfare*. London: Sage.

Letwin, O. (2002) *Beyond the Causes of Crime*, Sixth Keith Joseph Memorial Lecture. London: Centre for Policy Studies.

Lianos, M. with Douglas, M. (2000) Dangerization and the end of deviance, *British Journal of Criminology*, 40: 261–78.

Liddle, M. and Gelsthorpe, L. (1994a) *Crime Prevention and Inter-agency Cooperation*, Crime Prevention Unit paper 52. London: HMSO.

Liddle, M. and Gelsthorpe, L. (1994b) *Inter-agency Crime Prevention: Organising Local Delivery*, Crime Prevention Unit paper 53. London: HMSO.

Liddle, M. and Gelsthorpe, L. (1994c) *Inter-agency Crime Prevention: Further Issues*, Supplementary Paper to Crime Prevention Unit papers 52, 53. London: HMSO.

Lister, R. (ed.) (1996) *Charles Murray and the Underclass: The Developing Debate*. London: Health and Welfare Unit, Institute of Economic Affairs.

Lloyd, C., Mair, G. and Hough, M. (1994) *Explaining Reconviction Rates: A Critical Analysis*, Home Office research study 136. London: HMSO.

Loader, I. (1996) *Youth, Policing and Democracy*. London: Macmillan.

Loader, I. (1997a) Private security and the demand for protection in contemporary Britain, *Policing and Society*, 7: 143–62.

Loader, I. (1997b) Thinking normatively about private security, *Journal of Law and Society*, 24(3): 377–94.

Loader, I. (1999) Consumer culture and the commodification of policing and security, *Sociology*, 33(2): 373–92.

Loader, I. and Sparks, R. (2002) Contemporary landscapes of crime, order and control: governance, risk and globalisation, in M. Maguire, R. Morgan and R. Reiner (eds) *The Oxford Handbook of Criminology*. Oxford: Oxford University Press.

Losel, E. (1995) The efficacy of correctional treatment: a review and synthesis of meta-evaluation, in J. McGuire (ed.) *What Works: Reducing Reoffending. Guidelines from Research and Practice*. Chichester: John Wiley.

Loveday, B. (1991) The new police authorities, *Policing and Society*, 1(3): 193–212.

Loveday, B. (1994) The Police and Magistrates Court Act, *Policing*, 10(4): 221–33.

Loveday, B. (1995) Reforming the police: from local service to state police?, *Political Quarterly*, 66(2): 141–56.

Loveday, B. (1996) Contemporary challenges to police management in England and Wales: developing for effective service delivery, *Policing and Society*, 5(4): 281–302.

Lupton, D. (1993) Risk as a moral danger: the social and political functions of risk discourse in public health, *International Journal of Health Services*, 23: 425–35.

Lupton, D. (1995) *The Imperative of Health: Public Health and the Regulated Body*. London: Sage.

Lupton, D. (1999a) *Risk*. London: Routledge.

Lupton, D. (1999b) Dangerous places and the unpredictable stranger: constructions of fear of crime, *Australian and New Zealand Journal of Criminology*, 32(1): 1–15.

Lupton, D. (2000) Part of living in the late twentieth century: notions of risk and fear in relation to crime, *Australian and New Zealand Journal of Criminology*, 33(1): 21–36.

Lupton, D. and Tulloch, J. (1999) Theorizing fear of crime: beyond the rational/irrational opposition, *British Journal of Sociology*, 50(3): 507–23.

Lynch, M. (1998) Waste managers? The new penology, crime fighting and the parole agent identity, *Law and Society Review*, 32(4): 839–69.

Lynch, M. (2000) Rehabilitation and rhetoric: the ideal of reformation in contemporary parole discourse and practices, *Punishment and Society*, 2(1): 40–65.

Lynch, W. (1996) Method in the early Royal Society of London. PhD thesis, Cornell University (cited in Rigakos and Hadden 2001).

Lyon, D. (1994) *The Electronic Eye: The Rise of Surveillance Society*. Cambridge: Polity Press.

Lyon, D. (2001) *Surveillance Society: Monitoring Everyday Life*. Buckingham: Open University Press.

McConville, M. and Shepherd, D. (1992) *Watching Police, Watching Communities*. London: Routledge.

McEwan, S. and Sullivan, J. (1996) Sex offender risk assessment, in H. Kemshall and J. Pritchard (eds) *Good Practice in Risk Assessment and Risk Management*, Vol. 1. London: Jessica Kingsley.

McGuire, J. (ed.) (1995) *What Works: Reducing Reoffending: Guidelines from Research and Practice*. Chichester: John Wiley.

McGuire, J. (ed.) (1997) A short introduction to meta-analysis, *VISTA*, 3(3): 163–76.

McGuire, J. and Priestley, P. (1995) Reviewing 'what works': past, present and future, in J. McGuire (ed.) *What Works: Reducing Reoffending: Guidelines from Research and Practice*. Chichester: John Wiley.

McIvor, G. (1997) Evaluative research in probation: progress and prospects, in G. Mair (ed.) *Evaluating the Effectiveness of Community Penalties*. Aldershot: Avebury.

McIvor, G., Moodie, K. with Perrott, S. and Spencer, F. (2001) *The Relative Effectiveness of Risk Assessment Instruments*, Social Work research findings No. 40. Edinburgh: Scottish Executive Central Research Unit.

Mackenzie, G. (1996) Danger, necessity and tribulation: a theme for reason. Paper presented to the Public Protection Conference, Her Majesty's Inspectorate of Probation, Daventry, 27–29 March.

McLaughlin, E. (1991) Police accountability and black people: into the 1990s, in E. Cashmore and E. McLaughlin (eds) *Out of Order? Policing Black People*. London: Routledge.

McLaughlin, E. (1994) *Community Policing and Accountability: The Politics of Policing in Manchester in the 1980s*. Aldershot: Avebury.

McLaughlin, E. (1996) Political violence, terrorism and crimes of the State, in J. Muncies and E. McLaughlin (eds) *The Problem of Crime*. London: Sage.

McLaughlin, E. and Muncie, J. (1996) *Controlling Crime*. London: Sage.

McLaughlin, E. and Murji, K. (1993) The end of public policing. Paper presented to British Criminology Conference, Cardiff, July.

McMullan, J.L. (1987) Policing the criminal underworld: state power and decentralised social control in London 1550–1700, in J. Lowman, J. Menzies and T.S. Palys (eds) *Transcarceration: Essays in the Sociology of Social Control*. Aldershot: Gower.

McMullan, J.L. (1998) Social surveillance and the rise of the 'police machine', *Theoretical Criminology*, 2(1): 93–117.

McNeill, W.H. (1977) *Plagues and People*. Oxford: Basil Blackwell.

MacPherson, W. (1999) *The Stephen Lawrence Inquiry*. London: HMSO.

McWilliams, W. (1987) Probation, pragmatism and policy, *Howard Journal of Criminal Justice*, 25: 97–121.

McWilliams, W. (1992a) Statement of purpose for the Probation Service: a criticism, *NAPO News*, 39: 8–9.

McWilliams, W. (1992b) The rise and development of management thought, in R. Statham and P. Whitehead (eds) *Managing the Probation Service*. London: Longman.

McWilliams, W. and Pease, K. (1990) Probation practice and the end to punishment, *Howard Journal of Criminal Justice*, 29: 14–24.

Maguire, M. (1998) POP, ILP and partnership, *Criminal Justice Matters*, 32: 21–2.

Maguire, M. (2000) Policing by risks and targets: some dimensions and implications of intelligence-led crime control, *Policing and Society*, 9: 315–36.

Maguire, M. and John, T. (1995) *Intelligence, Surveillance and Informants: Integrated Approaches*, Crime Detection and Prevention series 64. London: Home Office.

Maguire, M., Kemshall, H., Noaks, L. and Wincup, E. (2001) *Risk management of sexual and violent offenders: The work of Public Protection Panels*, Police Research series 139. London: Home Office.

Mair, G. (1996) Intensive probation, in G. McIvor (ed.) *Working with Offenders*. London: Jessica Kingsley.

Mair, G. (ed.) (1997) *Evaluating the Effectiveness of Community Penalties*. Aldershot: Avebury.

Martinson, R. (1974) What works? Questions and answers about prison reform, *The Public Interest*, 10: 22–54.

Mastrofski, S.D. (1991) Community policing as reform: a cautionary tale, in C.B. Klockars and S.D. Mastrofski (eds) *Thinking about Policing*. New York: McGraw-Hill.

Matthews, R. and Pitts, J. (eds) (2001) *Crime, Disorder and Community Safety: A New Agenda?* London: Routledge.

Maupin, J.R. (1993) Risk classification systems and the provision of juvenile aftercare, *Crime and Delinquency*, 39: 90–105.

May, C. (1999) *Explaining Reconviction Following a Community Sentence: The Role of Social Factors*, Home Office research study 192. London: Home Office.

Maynard-Moody, S., Musheno, M. and Palumbo, D. (1990) Street-wise social policy: resolving the dilemma of street-level influence and successful implementation, *Western Political Quarterly*, 43: 831–48.

Meek, J. (1995) The revival of preventive detention in New Zealand 1986–1993, *Australian and New Zealand Journal of Criminology*, 28(3): 225–57.

Menzies, R., Webster, C.D., McMain, S., Stanley, S. and Scaglione, R. (1994) The dimensions of dangerousness revisited, *Law and Human Behaviour*, 18(1): 1–20.

Millar, M. and Buchanan, J. (1995) Probation: a crisis of identity and purpose, *Probation Journal*, 42(4): 195–8.

Miller, C. (2000) Citizenship and inclusion, *Openmind*, 105(Sept./Oct): 10–11.

Miller, P. and Rose, N. (1988) The Tavistock programme: the government of subjectivity and social life, *Sociology*, 22(2): 171–92.

Miller, P. and Rose, N. (1992) Political power beyond the state: problematics of government, *British Journal of Sociology*, 43(2): 173–205.

Mills, A. and Pearson, S. (2000) From audit to strategy: a practice view, in S. Ballintyne, K. Pease and V. McLaren (eds) *Secure Foundations: Key Issues in Crime Prevention, Crime Reduction and Community Safety*. London: Institute for Public Policy Research.

Moir, P. and Eijkman, H. (eds) (1992) *Policing Australia*. Sydney: Macmillan.

Moir, P. and Moir, M. (1992) Community based policing and the role of community consultation, in P. Moir and H. Eijkman (eds) *Policing Australia*. Sydney: Macmillan.

Monahan, J. (1981) *The Clinical Prediction of Violence*. Beverly Hills, CA: Sage.

Monahan, J., Steadman, H., Appelbaum, P. et al. (2000) Developing a clinically useful actuarial tool for assessing violence risk, *British Journal of Psychiatry*, 176: 312–19.

Moore, B. (1996) *Risk Assessment: A Practitioner's Guide to Predicting Harmful Behaviour*. London: Whiting Birch.

Morgan, J. (1991) *Safer Communities: The Local Delivery of Crime Prevention through the Partnership Approach*, Standing Conference on Crime Prevention (Morgan report). London: Home Office.

Morris, L. (1994) *Dangerous Classes, the Underclass and Social Citizenship*. London: Routledge.

Morris, A. and Giller, H. (1987) *Understanding Juvenile Justice*. London: Croom Helm.

Moss, P., Dillon, J. and Statham, J. (2000) The 'child in need' and 'the rich child': discourses, constructions of practice, *Critical Social Policy*, 20(2): 233–54.

Mossman, D. (1994) Assessing prediction of violence: being accurate about accuracy, *Journal of Consulting and Clinical Psychology*, 62(4): 783–92.

Mudd, J. (1984) *Neighbourhood Services*. New Haven, CT: Yale University Press.

Muncie, J. (1999) Exorcising demons: media, politics and criminal justice, in B. Franklin (ed.) *Social Policy, the Media and Misrepresentation*. London: Routledge.

Muncie, J., Coventry, G. and Walters, R. (1994) Politics of youth crime prevention: developments in Australia and England and Wales, in L. Noaks, M. Leive and M. Maguire (eds) *Contemporary Issues in Criminology*. Cardiff: University of Wales Press.

Murray, C. (1990) *The Emerging British Underclass*. London: Health and Welfare Unit, Institute for Economic Affairs.

Murray, C. (1994) *The Underclass: The Crisis Deepens*. London: Institute for Economic Affairs.

Murray, C. (1996) The underclass, in J. Muncie and E. McLaughlin (eds) *Criminological Perspectives*. London: Sage.

Murray, C. (1997) *Does Prison Work?* Choice in welfare 38. London: Institute for Economic Affairs.

Mykannen, J. (1994) To methodize and regulate them: William Petty's governmental science of statistics, *History of the Human Sciences*, 7: 65–88.

Nash, M. (1999) *Police, Probation and Protecting the Public*. London: Blackstone Press.

Nash, M. (2000) Deconstructing the Probation Service: The Trojan Horse of public protection, *International Journal of the Sociology of Law*, 28: 201–13.

National Association of Probation Officers (NAPO) (1977) *Risk*. London: NAPO.

National Probation Service (2001) *A New Choreography: An Integrated Strategy for the National Probation Service for England and Wales. Strategic Framework 2001–2004*. London: Home Office.

Nellis, M. (1995) Probation values for the 1990s, *Howard Journal of Criminal Justice*, 34(1): 19–44.

Nellis, M. (1999) Towards the field of corrections: modernizing the Probation Service in the late 1990s, *Social Policy and Administration*, 33: 302–23.

Newburn, T. (1992) *Permissiveness and Regulation*. London: Routledge.

Newman, O. (1972) *Defensible Space: People and Design in the Violent City*. London: Architectural Press.

Noaks, L. (2000) Private cops on the block: a review of private security in residential communities, *Policing and Society*, 10: 143–61.

Norris, C., Moran, J. and Armstrong, G. (eds) (1998) *Surveillance, Closed Circuit Television and Social Control*. Aldershot: Ashgate.

Nuffield, J. (1982) *Parole Decision-making in Canada*. Ottawa: Solicitor General of Canada.

Nuttall, C. with Barnard, E.E., Fowles, A.J., Frost, A. et al. (1977) *Parole in England and Wales*. London: Her Majesty's Stationery Office.

Ohlin, L. (1951) *Selection for Parole*. New York: Russell Sage.

O'Malley, P. (1992) Risk, power and crime prevention, *Economy and Society*, 21(3): 252–75.

O'Malley, P. (1994) Responsibility and crime prevention: a response to Adam Sutton, *Australian and New Zealand Journal of Criminology*, 21(4): special edition.

O'Malley, P. (1995) Neo-liberal crime control: political agendas and the future of crime prevention in Australia, in D. Chappell and P. Wilson (eds) *The Australian Criminal Justice System: The Mid-1990s*. Adelaide: Butterworth.

O'Malley, P. (1996) Post-social criminologies. Some implications of current political trends for criminological theory and practice, *Current Issues in Criminal Justice*, 8(1): 26–39.

O'Malley, P. (1997) The politics of crime prevention, in P. O'Malley and A. Sutton (eds) *Crime Prevention in Australia: Issues in Policy and Research*. Sydney: Federation Press.

O'Malley, P. (1999a) Volatile and contradictory punishment, *Theoretical Criminology*, 3(2): 175–96.

O'Malley, P. (1999b) Imagining insurance: risk, thrift and industrial life in Britain, *Connecticut Insurance Law Journal*, 5(2): 675–705.

O'Malley, P. (2000) Risk societies and the government of crime, in M. Brown and J. Pratt (eds) *Dangerous Offenders: Punishment and Social Order*. London: Routledge.

O'Malley, P. (2001a) Discontinuity, government and risk, *Theoretical Criminology*, 5(1): 85–92.

O'Malley, P. (2001b) Risk, crime and prudentialism revisited, in K. Stenson and R. Sullivan (eds) *Crime, Risk and Justice: The Politics of Crime Control in Liberal Democracies*. Cullompton, Devon: Willan.

O'Malley, P. and Palmer, D. (1996) Post-Keynesian policing, *Economy and Society*, 25(2): 137–55.

O'Malley, P., Weir, L. and Shearing, C. (1997) Governmentality, criticism and politics, *Economy and Society*, 26(4): 501–17.

Osborne, D. and Gaebler, T. (1993) *Reinventing Government*. New York: Plume.

Osborne, T. (1993) On liberalism, neo-liberalism and the 'liberal profession' of medicine, *Economy and Society*, 22: 345–56.

Otway, H.J. and Thomas, K. (1982) Reflections on risk perception and policy, *Risk Analysis*, 2: 69–82.

Oxford English Dictionary (1989) *The Oxford English Dictionary*, 2nd edn. Prepared by J.A. Simpson and E.S.C. Weiner, Oxford: Clarendon Press.

Parker, H. (1982) *The Moral Hazard of Social Insurance*, research monograph 37. London: Institute of Economic Affairs.

Parton, N., Thorpe, D. and Wattam, C. (1997) *Child Protection and the Moral Order*. London: Macmillan.

Pearson, G., Blagg, H., Smith, D., Sampson, A. and Stubbs, P. (1992) Crime, community and conflict, in D. Downes (ed.) *Unravelling Criminal Justice*. London: Routledge.

Pease, K. (1997) Crime prevention, in M. Maguire, R. Morgan and R. Reiner (eds) *Oxford Handbook of Criminology*, 2nd edn. Oxford: Clarendon Press.

Peters, A.G. (1986) Main currents in criminal law theory, in J. van Dijk (ed.) *Criminal Law in Action: An Overview of Current Issues in Western Societies*. Arnhem: Gowda Quint.

Petersen, A. (1997) Risk, government and the new public health, in A. Petersen and R. Bunton (eds) *Foucault, Health and Medicine*. London: Routledge.

Petersen, A. and Lupton, D. (1996) *The New Public Health: Health and Self in the Age of Risk*. London: Sage.

Petrunik, M.G. (2002) Managing unacceptable risk: sex offenders, community response, and social policy in the United States and Canada, *International Journal of Offender Therapy and Comparative Criminology*, 46(4): 483–511.

Phillips (Lord) (2000) *The BSE Inquiry – Main Volume: Vol. 1, Findings and Conclusions*. London: The Stationery Office.

Pitts, J. (1992) The end of an era, *Howard Journal of Criminal Justice*, 31: 133–49.

Plotnikoff, J. and Woolfson, R. (2000) *Where are They Now? An Evaluation of Sex Offender Registration in England and Wales*. London: Home Office.

Police Foundation and Policy Studies Institute (PSI) (1994) *Independent Committee of Inquiry into the Role and Responsibilities of the Police*. London: PSI.

Pollard, C. (1997) Zero tolerance: short-term fix, long-term liability?, in N. Dennis (ed.) *Zero Tolerance: Policing a Free Society*. London: Health and Welfare Unit, Institute of Economic Affairs.

Pollock, N., McBain, I. and Webster, C.D. (1989) Clinical decision making and the assessment of dangerousness, in K. Howells and C.R. Hollin (eds) *Clinical Approaches to Violence*. Chichester: John Wiley.

Polvi, N. and Pease, K. (1991) Parole and its problems: a Canadian–English comparison, *Howard Journal of Criminal Justice*, 30(3): 218–30.

Posner, R.A. (1985) An economic theory of the criminal law, *Columbia Law Review*, 85: 1193–231.

Power, H. (1998) The Crime and Disorder Act 1998: sex Offenders, privacy and the police, *Criminal Law Review*, 3–16.

Power, M. (1999) *The Audit Society: Pitfalls of Verification*. Oxford: Oxford University Press.

Pratt, J. (1989) Corporatism: the third model of juvenile justice, *British Journal of Criminology*, 29(3): 236–54.

Pratt, J. (1995) Dangerousness, risk and technologies of power, *Australian and New Zealand Journal of Criminology*, 28(1): 3–31.

Pratt, J. (1996) Governing the dangerous: an historical overview of dangerous offender legislation, *Social and Legal Studies*, 5(1): 21–36.

Pratt, J. (1997) *Governing the Dangerous*. Sydney: Federation Press.

Pratt, J. (2000a) The return of the wheelbarrow men: or, the arrival of postmodern penality?, *British Journal of Criminology*, 40: 127–45.

Pratt, J. (2000b) Emotive and ostentatious punishment: its decline and resurgence in modern society, *Punishment and Society*, 2(4): 417–39.

Pratt, J. (2000c) Dangerousness and modern society, in M. Brown and J. Pratt (eds) *Dangerous Offenders: Punishment and Social Order*. London: Routledge.

Pratt, J. (2000d) Civilization and punishment, *Australian and New Zealand Journal of Criminology*, 33(2): 183–201.

Prentky, A. (1996) Community notification and constructive risk reduction, *Journal of Interpersonal Violence*, 11(2): 295–8.

Probation Services Division (1994) *Risk Assessment for Temporary Release of Prisoners*, Probation Circular PC96/1994. London: Probation Services Division, Home Office.

Probation Services Division (1996) *Guidance to the Probation Service on the Offender Group Reconviction Scale (OGRS)*, Probation Circular PC63/1996. London: Probation Services Division, Home Office.

Probation Services Division (1997) *Serious Incident Reports: Analysis*, Probation Circular PC36/1997. London: Probation Services Division, Home Office.

Probation Services Division (1999) *Early Warning Mechanism for the Release or Discharge of Potentially Dangerous Offenders*, Probation Circular PC15/1999. London: Probation Services Divisions, Home Office.

Putnam, R.D. (1995) Bowling alone: America's declining social capital, *Journal of Democracy*, 6(1): 65–78.

Quinsey, V.L., Rice, M.E. and Harris, G.T. (1995) Actuarial prediction of sexual recidivism, *Journal of Interpersonal Violence*, 10: 85–103.

Quinsey, V.L., Harris, G., Rice, M. and Cornier, C. (1998) *Violent Offenders: Appraising and Managing the Risk*. Washington, DC: American Psychological Association.

Radzinowicz, L. (1999) *Adventures in Criminology*. London: Routledge.

Radzinowicz, L. and Hood, R. (1986) *A History of the Criminal Law and its Administration from 1750*, Vol. V, *The Emergence of Penal Policy*. London: Stevens.

Raine, J. and Wilson, M. (1993) *Managing Criminal Justice*. London: Harvester Wheatsheaf.

Rayner, S. (1986) Management of radiation hazards in hospitals: plural rationalities in a single institution, *Social Studies of Science*, 16: 573–91.

Rayner, S. (1992) Cultural theory and risk analysis, in S. Krimsky and D. Golding (eds) *Social Theories of Risk*. Westport CT: Praeger.

Raynor, P. (1980) Is there any sense in social inquiry reports?, *Probation Journal*, 27(3): 78–84.

Raynor, P. (1997a) *Implementing the 'Level of Service Inventory-Revised' (LSI-R) in Britain: Initial Results from Five Probation Areas*. Swansea: Cognitive Centre Foundation.

Raynor, P. (1997b) Some observations on rehabilitation and justice, *Howard Journal of Criminal Justice*, 36(3): 248–62.

Raynor, P. (1999) Risk, needs and effective practice: the impact and potential of new assessment methods in probation. Paper presented to the British Criminology Conference, Liverpool, July.

Raynor, P. (2002) Community penalties: probation, punishment and 'what works', in M. Maguire, R. Morgan and R. Reiner (eds) *The Oxford Handbook of Criminology*. Oxford: Oxford University Press.

Raynor, P. and Vanstone, M. (1994) Probation practice, effectiveness and the non-treatment paradigm, *Howard Journal of Criminal Justice*, 36: 248–62.

Raynor, P., Kynch, J., Roberts, C. and Merrington, S. (2000) *Risk and Need Assessment in Probation Services: An Evaluation*, Home Office research study 211. London: Home Office.

Reason, J. (1990) *Human Error*. Cambridge: Cambridge University Press.

Reddy, S. (1996) Claims to expert knowledge and the subversion of democracy: the triumph of risk over uncertainty, *Economy and Society*, 25(2): 222–54.

Reichman, N. (1986) Managing crime risks: towards an insurance based model of social control, *Research in Law and Social Control*, 8: 151–72.

Reiner, R. (1992) Policing a postmodern society, *Modern Law Review*, 55(6): 761–81.

Reiner, R. (1993) Race, crime and justice: models of interpretation, in L. Gelsthorpe and W. McWilliams (eds) *Minority Ethnic Groups and the Criminal Justice System*. Cambridge: Institute of Criminology, University of Cambridge.

Reiner, R. (1997a) *Policing and the Police*, in M. Maguire, R. Morgan and R. Reiner (eds) *The Oxford Handbook of Criminology*, 2nd edn. Oxford: Oxford University Press

Reiner, R. (1997b) Media made criminality, in M. Maguire, R. Morgan and R. Reiner (eds) *The Oxford Handbook of Criminology*, 2nd edn. Oxford: Oxford University Press.

Reiner, R. (2000) *The Politics of the Police*, 3rd edn. Oxford: Oxford University Press.

Reiner, R. and Cross, M. (eds) (1991) *Beyond Law and Order: Criminal Justice and Politics into the 1990s*. London: Macmillan.

Rhodes, R. (1996) The new governance: governing without government, *Political Studies*, 44: 652–67.

Rhodes, T. (1997) Risk theory in epidemic times: sex, drugs and the social organisation of 'risk behaviour', *Sociology of Health and Illness*, 19(2): 208–27.

Rice, M.E. and Harris, G.T. (1995) Violent recidivism: assessing predictive validity, *Journal of Consulting and Clinical Psychology*, 63: 737–48.

Rigakos, G. (1999) Risk society and actuarial criminology: prospects for a critical discourse, *Canadian Journal of Criminology*, 41: 137–50.

Rigakos, G. and Hadden, R.W. (2001) Crime, capitalism and the 'risk society': towards the same olde modernity?, *Theoretical Criminology*, 5(1): 61–84.

Roberts, C. and Robinson, G. (1997) *A Comparative Study of Assessment Tools to Aid the Preparation of Pre-Sentence Reports: A Summary Report for the Greater Manchester Probation Service*. Oxford: Centre for Criminological Research.

Robertson, A. (2000) Embodying risk, embodying political rationality: women's accounts of risks for breast cancer, *Health, Risk and Society*, 2(2): 219–36.

Robertson, K. (1994) Practical police co-operation in Europe: the intelligence dimension, in M. Anderson and M. Den Boer (eds) *Policing across National Boundaries*. London: Pinter.

Robinson, G. (1999) Risk management and rehabilitation in the Probation Service: collision and collusion, *Howard Journal of Criminal Justice*, 38(4): 421–33.

Robinson, G. (2001) Power, knowledge and 'what works' in Probation, *Howard Journal of Criminal Justice*, 40(3): 235–54.

Robinson, G. (2002) A rationality of risk in the Probation Service: its evolution and contemporary profile, *Punishment and Society*, 4(1): 5–25.

Rodger, J. (2000) *From a Welfare State to a Welfare Society: The Changing Context of Social Policy in a Postmodern Era*. London: Macmillan.

Rose, N. (1993) Government, authority and expertise in advanced liberalism, *Economy and Society*, 22(3): 283–99.

Rose, N. (1996a) Governing 'advanced' liberal democracies, in A. Barry, T. Osborne and N. Rose (eds.) *Foucault and Political Reason: Liberalism, Neo-liberalism and Rationalities of Government*. London: UCL Press.

Rose, N. (1996b) The death of the social? Re-figuring the territory of government, *Economy and Society*, 25(3): 327–56.

Rose, N. (2000) Government and control, *British Journal of Criminology*, 40: 321–39.

Rosenbaum, D.P. (1988) Community crime prevention: a review and synthesis of the literature, *Justice Quarterly*, 5(3): 323–93.

Rosenbaum, D.P. (1994) *The Challenge of Community Policing: Testing the Promises*. London: Sage.

Rotman, E. (1990) *Beyond Punishment: A New View of the Rehabilitation of Offenders*. Westport, CT Greenwood Press.

Rowe, M.D. (1977) *An Anatomy of Risk*. Chichester: John Wiley.

Royal Society Study Group (1983) *Risk: Analysis, Perception and Management*. London: Royal Society.

Rudin, J. (1996) Megan's Law: can it stop sexual predators – and at what cost to constitutional rights? *Criminal Justice*, 11(3): 2–10, 60–3.

Ryan, T. (1996) Risk management and people with mental health problems, in H. Kemshall and J. Pritchard (eds) *Good Practice in Risk Assessment and Risk Management*, Vol. 1. London: Jessica Kingsley.

Sampson, A., Stubbs, P., Smith, D., Blagg, H. and Pearson, G. (1988) Crime, localities and the multi-agency approach, *British Journal of Criminology*, 28: 478–93.

Sanders, C.R. and Lyon, E. (1995) Repetitive retribution: media images and the cultural construction of criminal justice, in J. Ferrell and C. Sanders (eds) *Cultural Criminology*. Boston, MA: Northeastern University Press.

Satayamurti, C. (1981) *Occupational Survival*. Oxford: Blackwell.

Scarman, L. (1981) *The Brixton Disorders: 10–12 April 1981*, Cmnd 8427. London: HMSO.

Schram, D. and Milloy, C. (1995) *Community Notification: A Study of Offender Characteristics and Recidivism*. Seattle, WA: Urban Policy Research.

Shaw, R. (1991) Supervising the dangerous offender: communication, the vital but often missing factor, *NASPO News*, 10: 4.

Shaw, R. (1996) Supervising the dangerous in the community, in N. Walker (ed.) *Dangerous People*. Oxford: Blackstone Press.

Shearing, C. (1992) The relation between public and private policing, in M. Tonry and N. Morris (eds) *Modern Policing: Crime and Justice: A Review of Research*, Vol. 15. Chicago: University of Chicago Press.

Shearing, C. (2001) Punishment and the changing face of governance, *Punishment and Society*, 3(2): 203–20.

Shearing, C. and Stenning, P.C. (1981) Private security: its growth and implications, in M. Tonry and N. Morris (eds.) *Crime and Justice: An Annual Review of Research*. Chicago: University of Chicago Press.

Shearing, C. and Stenning, P.C. (eds) (1987) *Private Policing*. Newbury Park, CA: Sage.

Sheehy, P. (1993) *Report of the Inquiry into Police Responsibilities and Rewards*, Cm 2280. London: HMSO (see also Home Office, Northern Ireland Office and Scottish Office 1993).

Sheppard, D. (1996) *Learning the Lessons: Mental Health Inquiry Reports Published in England and Wales between 1969–1996 and their Recommendations for Improving Practice*. London: Zito Trust.

Sheptycki, J. (1995) Transnational policing and the makings of a modern state, *British Journal of Criminology*, 35(4): 613–35.

Sheptycki, J. (1997) Transnationalism, crime control and the European state system: a review of the literature, *International Criminal Justice Review*, 7.

Simon, J. (1987) The emergence of a risk society: insurance, law and the state, *Socialist Review*, 95: 61–89.

Simon, J. (1988) The ideological affects of actuarial practices, *Law and Society Review*, 22(4): 772–800.

Simon, J. (1993) *Poor Discipline: Parole and the Social Control of the Underclass*. Chicago: University of Chicago Press.

Simon, J. (1997) Governing through crime, in M. Lawrence Friedman and G. Fisher (eds) *The Crime Connection: Essays in Criminal Justice*. Boulder, CO: Westview Press.

Simon, J. (1998) Managing the monstrous: sex offenders and the new penology, *Psychology, Public Policy and Law*, 4(1–2): 452–67.

Slovic, P. (1987) Perceptions of risk, *Science*, 236: 280–5.

Slovic, P. (1992) Perceptions of risk: reflections on the psychometric paradigm, in S. Krimsky and D. Golding (eds) *Social Theories of Risk*. Westport, CT: Praeger.

Slovic, P., Fischoff, B. and Lichtenstein, S. (1980) Facts and fears: understanding perceived risk, in R.C. Schwing and W.A. Albers (eds) *Societal Risk Assessment: How Safe is Safe Enough?* New York: Plenum Press.

Slovic, P., Fischoff, B. and Lichtenstein, S. (1985) Regulation of risk: a psychological perspective, in R.G. Noll (ed.) *Regulatory Policy and the Social Sciences*. Berkeley, CA: University of California Press.

Smith, D. (1996) Developments in Probation in England and Wales 1984–1993, in G. McIvor (ed.) *Working with Offenders*. London: Jessica Kingsley.

Smith, G. (1996) Dealing with dangerous people: the Probation Service and public Protection. Paper presented to the Public Protection Conference, Her Majesty's Inspectorate of Probation, Daventry, 27–29 March.

Smith, K. (1992) *Environmental Hazards: Assessing Risk and Reducing Disaster*. London: Routledge.

Smith, R. (2002) Foucault's Law: The Crime and Disorder Act 1988, *Youth Justice*, 1(2): 17–29.

Social Exclusion Unit (SEU) (2000) *National Strategy for Neighbourhood Renewal*. London: SEU.

Solly, H. (1887) Our vagrant and leisure classes, *The Leisure Hour*, 36: 763–7.

Soothill, K. and Francis, B. (1997a) Sexual reconvictions and the Sex Offenders Act 1997 (part one), *New Law Journal*, 5 September: 1285–6.

Soothill, K. and Francis, B. (1997b) Sexual reconvictions and the Sex Offenders Act 1997 (part two), *New Law Journal*, 12 September: 1324–5.

Soothill, K. and Soothill, D. (1993) Prosecuting the victim? A study of the reporting barristers' comments in rape cases, *Howard Journal of Criminal Justice*, 32: 12–24.

Soothill, K. and Walby, S. (1991) *Sex Crime in the News*. London: Routledge.

Soothill, K., Francis, B. and Ackerley, E. (1998) Paedophilia and paedophiles, *New Law Journal*, 12 June: 882–3.

Sparks, R. (1992) *Television and the Drama of Crime*. Buckingham: Open University Press.

Sparks, R. (1997) Recent social theory and the study of crime and punishment, in M. Maguire, R. Morgan and R. Reiner (eds) *The Oxford Handbook of Criminology*, 2nd edn. Oxford: Oxford University Press.

Sparks, R. (2000) Risk and blame in criminal justice controversies: British press coverage and official discourse on prison security (1993–6), in M. Brown and J. Pratt (eds) *Dangerous Offenders: Punishment and Social Order*. London: Routledge

Sparks, R. (2001a) 'Bringin' it all back home': populism, media coverage and the dynamics of locality and globality in the politics of crime control, in K. Stenson and R.R. Sullivan (eds) *Crime, Risk and Justice: The Politics of Crime Control in Liberal Democracies*. Cullompton. Devon: Willan.

Sparks, R. (2001b) Degrees of enstrangement: the cultural theory of risk and comparative penology, *Theoretical Criminology*, 5(2): 159–76.

Spitzer, S. (1987) Security and the secret thereof, in J. Lowman, R.J. Menzies and T.S. Palys (eds) *Transcarceration: Essays in the Sociology of Social Control*. Aldershot: Gower.

Spitzer, S. and Scull, A. (1977) Privatisation and capitalist development: the case of the private police, *Social Problems*, 25(1): 18–29.

Stenson, K. (1993) Community policing as a government technology, *Economy and Society*, 22: 373–89.

Stenson, K. (1999) Crime control, governmentality and sovereignty, in R. Smandych (ed.) *Governable Places: Readings in Governmentality and Crime Control*. Aldershot: Dartmouth.

Stenson, K. (2000a) Crime control, social policy and liberalism, in G. Lewis, S. Gerwitz and J. Clarke (eds) *Rethinking Social Policy*. London: Sage.

Stenson, K. (2000b) Someday our prince will come: zero tolerance policing in Britain, in T. Hope and R. Sparks (eds) *Crime, Risk and Insecurity*. London: Routledge.

Stenson, K. (2001) The new politics of crime control, in K. Stenson and R.R. Sullivan (eds) *Crime, Risk and Justice: The Politics of Crime Control in Liberal Democracies*. Cullompton, Devon: Willan.

Stenson, K. and Edwards, A. (2001) Crime control and liberal government: the 'third way' and the return to the local, in K. Stenson and R.R. Sullivan (eds) *Crime, Risk and Justice: The Politics of Crime Control in Liberal Democracies*. Cullompton, Devon: Willan.

Stenson, K. and Sullivan, R.R. (eds) (2001) *Crime, Risk and Justice: The Politics of Crime Control in Liberal Democracies*. Cullompton, Devon: Willan.

Stenson, K. and Watt, P. (1999) Crime, risk and governance in a Southern English village, in G. Dingwall and S. Moody (eds) *Crime and Conflict in the Countryside*. Cardiff: University of Wales Press.

Steuer, M. (1998) A little too risky, *London School of Economics Magazine*, 10: 15–16.

Stockdale, J.E., Whitehead, C.M.E. and Gresham, P.J. (1999) *Applying Economic Evaluation to Policing Activity*, Police research series 103. London: The Stationery Office.

Stoker, G. and Young, P. (1993) *Cities in the 1990s*. London: Longman.

Strand, S., Belfrage, H., Fransson, G. and Levander, S. (1999) Clinical and risk management factors in risk prediction of mentally disordered offenders – more important than historical data, *Legal and Criminological Psychology*, 4(1): 67–76.

Sullivan, R.R. (2001) The schizophrenic state: neo-liberal criminal justice, in K. Stenson and R.R. Sullivan (eds) *Crime, Risk and Justice: The Politics of Crime Control in Liberal Democracies*. Cullompton, Devon: Willan.

Sutton, A. (1994) Crime prevention: promise or threat? *Australian and New Zealand Journal of Criminology*, 27: 5–20.

Sutton, A. and Cherney, A. (2002) Prevention and politics? The cyclical progress of crime prevention in an Australian state, *Criminal Justice*, 2(3): 325–44.

Teggin, V. (1998) Crime (Sentences) Act 1997, *Legal Action*, June: 18–20.

Tewksbury, R. (2002) Validity and utility of the Kentucky Sex Offender Registry, *Federal Probation*, June: 21–6.

Thomas, T. (2001) Sex offenders, the Home Office and the Sunday papers, *Journal of Social Welfare and Family Law*, 23(1): 103–4.

Thompson, K. (1998) *Moral Panics*. London: Routledge.

Thompson, M. and Wildavsky, A. (1982) A proposal to create a cultural theory of risk, in H.C. Kunreuther and E.V. Ley (eds) *The Risk Analysis Controversy: An Institutional Perspective*. New York: Springer-Verlag.

Thornton, D. and Travers, R. (1991) *A Longitudinal Study of the Criminal Behaviour of Convicted Sex Offenders: Proceedings of the Prison Psychologists' Conference*. London: HM Prison Service.

Thorpe, D.H., Smith, D., Green, C.J. and Paley, J.G. (1980) *Out of Care: The Community Support of Juvenile Offenders*. London: George Allen and Unwin.

Tilley, N. (2001) Evaluation and evidence-led crime reduction policy and practice, in R. Matthews and J. Pitts (eds) *Crime, Disorder and Community Safety: A New Agenda?* London: Routledge.

Tilley, N. (2002) *Evaluation for Crime Prevention*. New York: Criminal Justice Press.

Tonry, M. (1999) Rethinking unthinkable punishment policies in America. *UCLA Law Review*, 46: 1751.

Turner, B.S. (2001) Risks, rights and regulation: an overview, *Health, Risk and Society*, 3(1): 9–18.

Tutt, N. and Giller, H. (1984) *Social Inquiry Reports*. Lancaster: Audiotape Lancaster Information Systems.

Uglow, S. (1995) *Criminal Justice*. London: Sweet and Maxwell.

Van Reenen, P. (1989) Policing Europe after 1992: co-operation and competition, *European Affairs*, 3(2): 45–53.

Vanstone, M. (2000) Cognitive-behavioural work with offenders in the UK: a history of an influential endeavour, *Howard Journal of Criminal Justice*, 39(2): 171–83.

Van Swaaningen, R. (1997) *Critical Criminology: Visitors from Europe*. London: Sage.

Van Swaaningen, R. (2000) Dutch crime prevention politics and the possibilities of a replacement discourse. Paper delivered to the symposium on 'Rethinking Crime Prevention and Community Safety', The Open University, Milton Keynes, 29 June.

Velez, M.B. (2001) The role of public social control in urban neighbourhoods: a multi-level analysis of victimization risk, *Criminology*, 39(4): 837–64.

Vennard, J. (1996) Evaluating the effectiveness of community programmes with offenders, *VISTA*, 2(1): 15–27.

Visser, K. (1991) First reaction, *Shell World: The International Business Magazine of Royal Dutch Shell*, February.

Von Hirsch, A. and Ashworth, A. (1996) Protective sentencing under section 2 (2) b: the criteria for dangerousness, *Criminal Law Review*, 175–83.

Waddington, P. (1999) *Policing Citizens*. London: UCL Press.

Walker, N. (1996) *Dangerous People*. London: Blackstone Press.

Walklate, S. (1996) Community and crime prevention, in E. McLaughlin and J. Muncie (eds) *Controlling Crime*. London: Sage.

Walklate, S. (1997) Risk and criminal victimisation, *British Journal of Criminology*, 37(1): 35–45.

Walklate, S. (1998) *Understanding Criminology: Current Theoretical Debates*. Buckingham: Open University Press.

Walklate, S. (2000) Trust and the problem of community in the inner city, in T. Hope and R. Sparks (eds) *Crime, Risk and Insecurity*. London: Routledge.

Walklate, S. and Evans, K. (1999) *Zero Tolerance or Community Tolerance?* Aldershot: Ashgate.

Wallis, E. (1997) A new choreography: breaking away from the elaborate corporate dance, in R. Burnett (ed.) *The Probation Service: Responding to Change*. Oxford: Probation Studies Unit, Oxford University.

Walters, A. (2001) *Acid Row*. London: Macmillan.

Wasik, M. and Taylor, R.D. (1991) *Blackstone's Guide to the Criminal Justice Act 1991*. Oxford: Blackstone Press.

Weatheritt, M. (1983) Community policing: does it work and how do we know?, in T. Bennett (ed.) *The Future of Policing*, Cropwood Conference Series 15. Cambridge: Institute of Criminology.

Weatheritt, M. (1986) *Innovations in Policing*. London: Croom Helm.

Weatheritt, M. (1987) Community policing now, in P. Wilmott (ed.) *Policing and the Community*. London: Policy Studies Institute.

Weatheritt, M. (1988) Community policing: rhetoric or reality?, in J.R. Greene and S.D. Mastrofski (eds) *Community Policing Rhetoric or Reality?* New York: Praeger.

Weatheritt, M. (2002) Risk assessment in parole decisions. Paper presented to Home Office 'Criminal Justice Conference: Using Risk Assessment in Effective Sentence Management', Pendley Manor Hotel, Tring, 14–15 March.

Weber, M. (1949) *The Methodology of the Social Sciences*, translated and edited by E.A. Shils and H.A. Finch. Glencoe, IL: The Free Press.

Webster, C.D., Harris, G.T., Rice, M.E., Cormier, C. and Quinsey, V.L. (1994) *The Violence Prediction Scheme: Assessing Dangerousness in High Risk Men*. Toronto: Centre for Criminology, University of Toronto.

Webster, C.D., Eaves, D., Douglas, K. and Wintrup, A. (1995) *The HCR-20 Scheme: The Assessment of Dangerousness and Risk*. Vancouver: Simon Fraser University.

Webster, C.D., Douglas, K.S., Eaves, D. and Hart, S.D. (1997) *HCR-20 Assessing Risk for Violence: Version 2*. Vancouver: Simon Fraser University.

Welch, M., Fenwick, M. and Roberts, M. (1997) Primary definitions of crime and moral panic: a content analysis of experts' quotes in feature newspaper articles on crime, *Journal of Research on Crime and Delinquency*, 34: 474–94.

Wilczynski, A. and Sinclair, K. (1999) Moral tales: representations of child abuse in the quality and tabloid media, *Australian and New Zealand Journal of Criminology*, 32(3): 262–83.

Wildavsky, A. (1985) *Trial without Error: Anticipation versus Resilience as Strategies for Risk Reduction*. Sydney: Centre for Independent Studies.

Wildavsky, A. (1988) *Searching for Safety*. New Brunswick, NJ: Transaction Books.

Wilson, J.Q. and Kelling, G.L. (1982) Broken windows, *Atlantic Monthly*, March: 29–38.

Wilson, J.Q. and Kelling, G.L. (1989) Making neighbourhoods safe, *Atlantic Monthly*, February: 46–52.

Wintrup, A. (1996) *Assessing Risk of Violence in the Mentally Disordered with the HCR-20*. Vancouver: Simon Fraser University.

Wood, D. (1988) Dangerous offenders and the morality of protective sentencing, *Criminal Law Review*, 424–33.

Worrall, A. (1997) *Punishment in the Community: The Future of Criminal Justice*. London: Longman.

Wright Mills, C. (1970) *The Sociological Imagination*. New York: Oxford University Press.

www.foresight.gov.uk *Turning the Corner*. London: Home Office.

Wynne, B. (1982) *Rationality and Ritual: The Windscale Inquiry and Nuclear Decisions in Britain*. Chalfont St Giles: The British Society for the History of Science.

Wynne, B. (1988) Unruly technology, *Social Studies of Science*, 18: 155.

Wynne, B. (1989) Sheepfarming after Chernobyl, *Environment*, 31(11–115): 33–9.

Wynne, B. (1992) Risk and social learning: reification to engagement, in S. Krimsky and D. Golding (eds) *Social Theories of Risk*. Westport, CT: Praeger.

Wynne, B. (1996) May the sheep safely graze? A reflexive view of the expert–lay knowledge divide, in S. Lash, B. Szerszynski and B. Wynne (eds) *Risk, Environment and Modernity*. London: Sage.

Wyre, R. (1997) Marked for life, *Community Care*, 26–7, February: 20–6.

Young, A. (1996) *Imagining Crime: Textual Outlaws and Criminal Conversations*. London: Sage.

Young, J. (1986) The failure of criminology: the need for a radical realism, in R. Matthews and J. Young (eds) *Confronting Crime*. London: Sage.

Young, J. (1992) Ten points of realism, in J. Young and R. Matthews (eds) *Rethinking Criminology: The Realist Debate*. London: Sage.

Young, J. (1994) Incessant chatter: recent paradigms in criminology, in M. Maguire, R. Morgan and R. Reiner (eds) *Oxford Handbook in Criminology*, 1st edn. Oxford: Clarendon Press.

Young, J. (1997) Charles Murray and the American prison experiment: the dilemmas of a libertarian, in C. Murray (ed.), *Does Prison Work?* London: Health and Welfare Unit, Institute of Economic Affairs.

Young, J. (1998) From inclusive to exclusive society: nightmares in the European dream, in V. Ruggiero, N. South and I. Taylor (eds) *The New European Criminology: Crime and Social Order in Europe*. London: Routledge.

Young, J. (1999) *The Exclusive Society*. London: Sage.

Zevitz, R. and Farkas, M. (2000a) Sex offender community notification: managing high risk criminals or exacting further vengeance?, *Behavioural Sciences and the Law*, 18(2/3): 375–91.

Zevitz, R. and Farkas, M. (2000b) Sex Offender community notification: examining the importance of neighbourhood meetings, *Behavioural Sciences and the Law*, 18(2/3): 393–408.

译后记

对刑罚政策的形成和贯彻执行来说，风险具有怎样的意义？人们特别是政策制定者对一线刑事司法工作者的任务和活动中的风险评估和管理是否关注，关注的程度如何？当前的刑事司法是否已发生了明显的“巨变”，如果是的话，其未来的影响是什么？——这是《解读刑事司法中的风险》一书提出的核心问题。

有证据表明，在英美等国，评估和风险管理已成为刑事司法政策的一个核心主题。一些惩教政策的评论者甚至认为，这正是犯罪管理因“巨变”而进入了“精算司法”新时代的标志，并以犯罪机会管理和分散风险而非管理个别的犯罪人为主要特征。《解读刑事司法中的风险》一书通过对警务、感化和预防犯罪等重点领域的刑事司法实践的阐述，探讨了这一变化的实际状况，为新的基于风险的刑罚学研究做了铺垫。

《解读刑事司法中的风险》考查了刑事司法政策中风险的概念及其所具有的重要意义，分析了风险意识在刑事司法机构和预防犯罪措施中的作用，并以其所提供的较充分的实例为基础，对目前用于犯罪人的风险评估工具作了全面的考察和评价。书中在各章节都作了常规总结，给出了深入阅读资料、词汇，是在学者的理想读物。

《解读刑事司法中的风险》一书也对一线的实际工作机构中现行的精算司法实践进行了深入的分析和阐述，其结果可作为重要的参考资料，呈献给刑事司法领域中的专业人士。

本书的翻译工作主要由中国人民公安大学犯罪学系的部

分同志合作完成，具体分工为：第一章由王莉、范德华翻译；第二章由张学超翻译；第三章由王宏玉翻译；第四章由陈琴翻译；第五章由王莉、范德华翻译；第六章由靳高风翻译；第七章及导言等由李明琪翻译。由李明琪完成最后的统稿和校对工作。

译　者

2008 年 10 月 25 日于北京